经典常谈

（详注讲解本）

朱自清／著

侯会／编注

生活·讀書·新知 三联书店

Copyright © 2023 by SDX Joint Publishing Company.
All Rights Reserved.
本作品版权由生活·读书·新知三联书店所有。
未经许可，不得翻印。

图书在版编目（CIP）数据

经典常谈：详注讲解本 / 侯会编注. —北京：生活·读书·新知三联书店，2023.9
ISBN 978-7-108-07668-7

Ⅰ.①经⋯　Ⅱ.①侯⋯　Ⅲ.①社会科学 - 古籍 - 介绍 - 中国　Ⅳ.① Z835

中国国家版本馆 CIP 数据核字 (2023) 第 111307 号

责任编辑	王海燕
装帧设计	崔欣晔
责任校对	陈　明
责任印制	卢　岳
出版发行	生活·讀書·新知 三联书店
	（北京市东城区美术馆东街 22 号 100010）
网　　址	www.sdxjpc.com
经　　销	新华书店
印　　刷	河北松源印刷有限公司
版　　次	2023 年 9 月北京第 1 版
	2023 年 9 月北京第 1 次印刷
开　　本	880 毫米 × 1230 毫米　1/32　印张 12.5
字　　数	300 千字
印　　数	00,001-10,000 册
定　　价	49.00 元

（印装查询：01064002715；邮购查询：01084010542）

目录

编者的话 1

序 1

《说文解字》第一 1

《周易》第二 15

《尚书》第三 25

《诗经》第四 39

「三礼」第五 51

《春秋》三传第六（《国语》附） 61

「四书」第七 71

《战国策》第八 83

《史记》《汉书》第九 91

诸子第十 115

辞赋第十一 135

诗第十二 151

文第十三 175

编者的话

一

书总是越读越薄——大多数书都是如此;但也有越读越厚的,如《老子》《论语》《孟子》等经典,再如摆在眼前的这本朱自清先生的《经典常谈》。

初读此书是在四十年前,一看书名就十分喜欢:"经典常谈"的意思,就是聊聊经典吧。翻开目录:五经四书,史汉诸子,辞赋诗文,全都是急需"充电"的内容。书中的语言又是那么平易亲切,把你引入经典的殿堂,却让你毫无畏难心、陌生感……

以前只知道朱自清先生是散文大家,拜读过他的散文名篇《荷塘月色》《背影》;其实他还是成就很高的诗人,写新诗也写旧体诗,后者的数量甚至比前者还要多些。

当然,朱先生还是学者、教育家,教大学之前曾教过中学和师范,对国文(语文)教学有着丰富的实践和深入的思考。20世纪三四十年代之交,正是语文教育发生变革的关键时期,文言文面临着被语体文全面取代的局面,一直延伸到"五四"以后的"读经"教育,也听到了下课的钟声。

当此之际,朱先生高瞻远瞩,大声疾呼:"我可还主张中学生应该诵读相当分量的文言文,特别是所谓古文,乃至古书。这是古典的训练,文化的教育。一个受教育的中国人至少必得经过这种古典的训练,才成其为一个受教育的中国人。"(《再论中学生的国文程度》)

当时的语文改革讨论中,有一种普遍论调,即"大学国文……

主要的是一种语文训练"。朱先生则认为:"大学国文不但是一种语文训练,而且是一种文化训练。……所谓文化训练,就是使学生对于物,对于我,对于今,对于古,更能明达,也就是……'深一层'的'立本'。"(《论大学国文选目》)——当时正值抗战时期,朱先生的主张含蕴深刻。

今天,我们的中学语文教材中仍保留着相当数量的文言文,不能不说与朱自清等学者当年的力争与坚持有关。在那场语文学科建设与改革的讨论中,朱先生是举足轻重的参与者,他的意见最终得到尊重和采纳。他的主张不是空泛的,《经典常谈》便是他随后交出的一篇"古典训练"的教学大纲。

二

我初读《经典常谈》时,总以为这本读起来很轻松的"小册子",作者写起来一定也很轻松,说不定一个暑假就搞定了。然而我想错了。

作者早就想为年轻人写一本经典入门书,为此做了长期而充分的准备。1940年夏至1941年夏,按照西南联大的规定,作者获得了为期一年的学术假,于是携全家临时迁居到物价较低的四川成都,开始了《经典常谈》的写作。

据日记记载,作者在1940年年底已写好部分书稿,并拿给同在成都的叶圣陶先生征询意见;但全稿的最终完成以及序言的撰写,已是1942年的1月。直到当年5月,作者的日记中还记录着书稿修改的消息。该书于当年8月由国民图书出版社首次刊出;抗战胜利后的1946年,又由上海文光书店再版,传播益广。

两年后，朱自清先生病故，中华文化界为之痛悼。在成百上千的挽联中，有一副挽联这样写道："经典常谈雅俗共赏为文坛确立了标准与尺度；荷塘仍在月色失辉教我辈怎觅得背影和踪迹。"侧面记录了《经典常谈》在当时所产生的巨大影响。

三

有位学者把《经典常谈》称作"一些古书'切实而浅明的白话文导言'"。① 也有学者评价说："一副冲淡夷旷的笔墨，往往能把顶笨重的事实或最繁复的理论，处分得异常轻盈生动。"② 还有学者指出："作为文学的散文，朱先生努力运用语言文字而得其自然；作为国学的著作，他对运用语言文字亦非常努力，这一点我们应当特别指出。"③

不过话说回来，尽管文字上"切实浅明""冲淡夷旷""轻盈生动""得其自然"，这本"小册子"本质上却是一部华夏数千年文化的"浓缩版"。书中依次介绍经史子集的代表作，其中经、史采取逐书讲解的方式，而诸子、诗、文等因作品繁多，不能一一列举，只能概述源流，略陈演变之迹。有位学者由衷赞叹："……说一点自己的偏见，即这本书中我认为写得最好的，乃是'诗''文'的两部分，抵得上一部清晰精到的文学史，甚至比那些粗制滥造的整部文学史还好！"④ 对一般读者而言，仅这两部分，若结合作品细细

---

① 叶圣陶《读〈经典常谈〉》。
② 吴小如《读朱自清先生〈经典常谈〉——代序》。
③ 季镇淮《回忆朱佩弦自清先生》。
④ 吴小如《读朱自清〈经典常谈〉——代序》。

咀嚼理解，已是十分艰巨的任务。

况且，此书毕竟是八十年前的作品，当时的学生，不但能读文言文，有的还能写上几笔。朱先生为当时的学生所写的书，八十年后的读者来读，就不能不感到吃力——难点不一定是文字上的，可能是表述习惯上的、文化背景上的，以及词汇术语方面的。

四

对这样一本不可错过的好书，我作为一名老读者，能不能为今天的年轻读者做一点"扶轮"的工作呢？

譬如，朱先生的文字简练平易，深入浅出；但简练的文字与密集的知识点又是"孪生兄弟"。而且书中所叙内容毕竟是学术性的，层次细密，颇多转折；没有一定的学术基础，读起来难免感到费劲。

我的做法，是在各节开篇撰写二三百字的"题解"，对本节内容做出扼要介绍，让读者对将要接触的新话题做到心中有数。而阅读正文时，我又在每个（或几个）自然段结束时，用几句简单明了的话，对前述内容做出总结提示；你把这看作一名老读者所作的读书笔记也无妨。年轻读者在不熟悉的语境中埋头阅读，难免有深一脚浅一脚的感觉。待读至段尾，看到老读者写下的笔记，再回顾原文，没准本来拿不准的地方，会忽有所悟；对原文固有的逻辑线索，会看得更清楚一些。这也算是新老读者的一种交流吧！对于初学者，这样的交流还是需要的。

此外，困扰年轻读者的，还有不常见的术语、人名、典故等，我也替他们做一点注释的工作。书中原有注释近二百条，多半是对引文出处的提示，我们全部予以保留，并标明"原注"；需要做进一步解释和补充的，则以"编者按"的形式，将疏解文字附于原注之后。原注偶有讹误，也都做了调整修正。由于注释部分内容较多，我们特将其中涉及古今人物介绍的条目抽出，另立为"《经典常谈》人名词典"。——这是我这个老读者所做的第二项工作。

第三项工作，是结合各节原文，提供一些有助于阅读理解的参考资料，其中包括：一、相关典籍的目录（如"《尚书》篇目"、"《左传》目次"等）；二、具有参考对照意义的典籍原文节录（如"《乾》卦的卦爻辞、《象》辞"，《离骚》节录等）；三、与本节主题相关的朱自清其他论述（如《〈诗言志辨〉序》、《陶渊明〈饮酒〉一首》）等。——其中第二、三类资料例加"题解"；而第二类资料因涉及典籍原文，也都详加注释，并附有译文。

不得不说，第二类资料的选择，颇费踌躇，因为可选的内容太多，只好自定标准，务求合理。譬如，在"《诗经》第四"的附录中，我们选录了《关雎》《芣苢》两诗，目的是让读者通过实例了解何为"起兴"，何为"复沓"。再如，"'《春秋》三传'第六"的原文节录，选择了《左传》和《穀梁传》对同一段经文"郑伯克段于鄢"的不同阐释，使读者通过对照阅读，了解两书的异同。类似的安排还有"《史记》《汉书》第九"，节录了两书对"鸿门宴"的不同记述。此外，"文第十三"涉及大量文体形式，不能一一举例，便挑选了不常见的"骈体""义疏"和"语录"三种体裁，各举一例。至于奇句单行的散文，因唐宋八大家的文章人们容易接触到，故略去；只选了明人归有光和清人姚鼐的文章各一篇，借以展示"唐宋派"和"桐城派"的散文面貌。

为了保持《经典常谈》原书的独立性与完整性，我们将各节附录连同"作者介绍"及"《经典常谈》人名词典"另编为《〈经典常谈〉参考资料》的小册子，作为《经典常谈》（详注讲解本）的"伴侣"书，一同发行。

以上所做的工作，无形中已让这本"薄"书"厚"了起来；然而我们的最终目的，仍是希望读者朋友能准确、深入地把握作品的精髓，再逐渐把书由"厚"读"薄"，相信有这套详注讲解本的帮助，大多数读者都不难做到。

侯　会

序

在中等以上的教育里，经典训练应该是一个必要的项目。经典训练的价值不在实用，而在文化。有一位外国教授说过，阅读经典的用处，就在教人见识经典一番。这是很明达的议论。再说做一个有相当教育的国民，至少对于本国的经典，也有接触的义务。本书所谓经典是广义的用法，包括群经、先秦诸子、几种史书、一些集部；要读懂这些书，特别是经、子，得懂"小学"，就是文字学，所以《说文解字》等书也是经典的一部分。我国旧日的教育，可以说整个儿是读经的教育。经典训练成为教育的唯一的项目，自然偏枯失调；况且从幼童时代就开始，学生食而不化，也徒然摧残了他们的精力和兴趣。新式教育施行以后，读经渐渐废止。民国以来虽然还有一两回中小学读经运动，可是都失败了，大家认为是开倒车。另一方面，教育部制定的初中国文课程标准里却有"使学生从本国语言文字上，了解固有文化"的话，高中的标准里更有"培养学生读解古书，欣赏中国文学名著之能力"的话。初高中的国文教材，从经典选录的也不少。可见读经的废止并不就是经典训练的废止，经典训练不但没有废止，而且扩大了范围，不以经为限，又按着学生程度选材，可以免掉他们囫囵吞枣的弊病。这实在是一种进步。

我国经典，未经整理，读起来特别难，一般人往往望而生畏，结果是敬而远之。朱子似乎见到了这个，他注"四书"，一种作用就是使"四书"普及于一般人。他是成功的，他的"四书"注后来成了小学教科书。又如清初人选注的《史记菁华录》，价值和影响虽然远在"四书"注之下，可是也风行了几百年，帮助初学不少。但到了现在这时代，这些书都不适用了。我们知道清代"汉学家"对于经典的校勘和训诂贡献极大。我们理想中一般人的经典读本——有些该是全书，有些只该是选本、节本——应该尽可能地采取他们的结论：一面将本文分段，仔细地标点，并用白话文作简要的注释。每种读本还得有一篇切实而浅明的白话文导言。这需要见解、学力和经验，不是一个人一个时期所能成就的。商务印书馆编印的一些《学生国学丛书》，似乎就是这番用意，但离我们理想的标准还远着呢。理想的经典读本既然一时不容易出现，有些人便想着先从治标下手。顾颉刚先生用浅明的白话文译《尚书》，又用同样的文体写《汉代学术史略》，用意便在这里。这样办虽然不能教一般人直接亲近经典，却能启发他们的兴趣，引他们到经典的大路上去。这部小书也只是向这方面努力的工作。如果读者能把它当作一只船，航到经典的海里去，编撰者将自己庆幸，在经典训练上尽了他做尖兵的一份儿。可是如果读者念了这部书，便以为已经受到了经典训练，不再想去见识经典，那就是以筌为鱼，未免辜负编撰者的本心了。

这部书不是"国学概论"一类。照编撰者现在的意见，"概论"这名字容易教读者感到自己满足；"概论"里好像什么都有了，再用不着别的——其实什么都只有一点儿！"国学"这名字，和西洋人所谓"汉学"一般，都未免笼统的毛病。国立中央研究院的历史语言研究所分别标明历史和语言，不再浑称"国学"，确是正办。这部书以经典为主，以书为主，不以"经学""史学""诸子学"等作纲领。但《诗》《文》两篇,却还只能叙述源流;因为书太多了,没法子一一详论,而集部书的问题,也不像经、史、子的那样重要,在这儿也无需详论。书中各篇的排列,按照传统的经、史、子、集的顺序;并照传统的意见,将"小学"书放在最前头。各篇的讨论,尽量采择近人新说;这中间并无编撰者自己的创见,编撰者的工作只是编撰罢了。全篇的参考资料,开列在各篇后面;局部的,随处分别注明。也有袭用成说而没有注出的,那是为了节省读者的注意力;一般的读物和考据的著作不同,是无需乎那样严格的。末了儿编撰者得谢谢杨振声先生,他鼓励编撰者写下这些篇常谈。还得谢谢雷海宗先生允许引用他还没有正式印行的《中国通史选读》讲义,陈梦家先生允许引用他的《中国文字学》稿本。还得谢谢董庶先生,他给我钞了全份清稿,让排印时不至有太多的错字。

朱自清

一九四二年二月,昆明西南联合大学

《说文解字》第一

【题解】《说文解字》是东汉学者许慎编纂的一部划时代的"字书",是第一部系统分析汉字字形、考究字源的语文辞书,也是世界上最早的字典之一。许慎在《说文解字》中提出并详析"六书"造字原则,还首创部首编排法,全书分为五百四十个部首,收字九千多个。——文字学在古代属于"小学"范畴,研究经书要从辨识文字开始,朱自清先生因此"照传统的意见,将'小学'书放在最前头"(朱自清《经典常谈》序)。

中国文字相传是黄帝的史官叫仓颉的造的。这仓颉据说有四只眼睛,他看见了地上的兽蹄儿鸟爪儿印着的痕迹,灵感涌上心头,便造起文字来。文字的作用太伟大了,太奇妙了,造字真是一件神圣的工作。但是文字可以增进人的能力,也可以增进人的巧诈。仓颉泄漏了天机,却将人教坏了。所以他造字的时候,"天雨粟,鬼夜哭"。人有了文字,会变机灵了,会争着去做那容易赚钱的商人,辛辛苦苦去种地的便少了。天怕人不够吃的,所以降下米来让他们存着救急。鬼也怕这些机灵人用文字来制他们,所以夜里嚎哭[①];文字原是有巫术的作用的。但仓颉造字的传说,战国末期才有。那时人

[①] 原注:《淮南子·本经训》及高诱注。编者按:此处原文是"昔者苍颉作书而天雨粟,鬼夜哭"。高诱注:"苍颉始视鸟迹之文,造书契,则诈伪萌生。诈伪萌生,则去本趋末,弃耕作之业而务锥刀之利。天知其将饿,故为雨粟。鬼恐为书文所劾(hé),故夜哭也。……"锥刀之利,即商业之利。劾,审理揭发。

并不都相信，如《易·系辞》里就只说文字是"后世圣人"造出来的。这"后世圣人"不止一人，是许多人。我们知道，文字不断地在演变着；说是一人独创，是不可能的。《系辞》的话自然合理得多。

"仓颉造字说"也不是凭空起来的。秦以前是文字发生与演化的时代，字体因世、因国而不同，官书虽是系统相承，民间书却极为庞杂①。到了战国末期，政治方面，学术方面，都感到统一的需要了，鼓吹的也有人了；文字统一的需要，自然也在一般意识之中。这时候抬出一个造字的圣人，实在是统一文字的预备功夫，好教人知道"一个"圣人造的字当然是该一致的。《荀子·解蔽》篇说，"好书者众矣，而仓颉独传者，一也②"，"一"是"专一"的意思，这儿只说仓颉是个整理文字的专家，并不曾说他是造字的人；可见得那时"仓颉造字说"还没有凝成定

这两段从"仓颉造字"的传说讲起，指出文字的创造曾被神化，或许与巫术有关。

---

① 官书：官府文书所用的正规书体。民间书：民间书写所用的书体，杂乱无序。书体即字体，是指传统书写中不同的文字体式，一般分为篆书、隶书、草书、行书、楷书五大类。

② "好书者"三句：大意是喜欢鼓捣文字的人很多，但只有仓颉的成果传下来，就因为他专注此道。

型。但是，仓颉究竟是什么人呢？照近人的解释，"仓颉"的字音近于"商契"，造字的也许指的是商契。商契是商民族的祖宗。"契"有"刀刻"的义；古代用刀笔刻字，文字有"书契"的名称。可能因为这点儿联系，商契便传为造字的圣人。事实上商契也许和造字全然无涉，但这个传说却暗示着文字起于夏商之间。这个暗示也许是值得相信的。至于仓颉是黄帝的史官，始见于《说文序》。"仓颉造字说"大概凝定于汉初，那时还没有定出他是哪一代的人；《说文序》所称，显然是后来加添的枝叶了。

《易经·系辞》中又有"后世圣人造字"的说法，比较合理。仓颉造字之说产生于战国末期，反映了对文字统一的时代要求。荀子认为文字是众人创造的，仓颉只是文字的整理传播者。近人研究，"仓颉"有可能是"商契"的谐音，虽然牵强，但由此可以判断，文字的兴起大致在夏商之间。

识字是教育的初步。《周礼·保氏》说贵族子弟八岁入小学，先生教他们识字。秦以前字体非常庞杂，贵族子弟所学的，大约只是官书罢了。秦始皇统一了天下，他也统一了文字；小篆成了国书①，别体②渐归淘汰，识字便简易多了。

---

① 小篆：一种早期字体。秦始皇统一六国，推行"书同文，车同轨"，由丞相李斯主持，在大篆籀（zhòu）文的基础上进行简化，创制了统一的汉字书写形式——小篆，通行于秦汉时期，后为隶书所取代。
  国书：国家规定的法定字体，略同于"官书"。
② 别体：其他（各种）字体。

这时候贵族阶级已经没有了，所以渐渐注重一般的识字教育。到了汉代，考试史、尚书史（书记秘书）等官儿[1]，都只凭识字的程度；识字教育更注重了。识字需要字书[2]。相传最古的字书是《史籀篇》，是周宣王的太史籀作的。这部书已经佚去[3]，但许慎《说文解字》里收了好些"籀文"[4]，又称为"大篆"，字体和小篆差不多，和始皇以前三百年的碑碣[5]器物上的秦篆简直一样。所以现在相信这只是始皇以前秦国的字书。"史籀"是"书记必读"的意思，只是书名，不是人名。

始皇为了统一文字，教李斯作了《仓颉篇》七章，赵高作了《爱历篇》六章，胡母敬作了《博学篇》七章。所选的

> 这两段讲文字的统一，涉及识字教育。识字教育最早为贵族专利，秦以后发展为平民

---

① 考试史、尚书史（书记秘书）等官儿：据《说文序》上下文意，"考试史……"或当为"考试吏……"，全句意为通过考试选拔书吏及尚书史等官职。

② 字书：以字为单位，解说汉字的形、音、义的书，略等于今天的字典、词典。字书在古代也指识字课本。

③ 佚（yì）去：失传。

④ 籀文：古代字体的一种，又称大篆，是秦统一中国之前所使用的字体。

⑤ 碑碣（jié）：古代把文字刻在石头上，用来作为某种标记（纪功、颂德，或墓碑）；长方形的叫"碑"，圆顶的叫"碣"。以后碑、碣不分，成为刻石的统称。

字，大部分还是《史籀篇》里的，但字体以当时通用的小篆为准，便与"籀文"略有不同。这些是当时官定的标准字书。有了标准字书，文字统一就容易进行了。汉初，教书先生将这三篇合为一书，单称为《仓颉篇》。秦代那三种字书都不传了；汉代这个《仓颉篇》，现在残存着一部分。西汉时期还有些人作了些字书，所选的字大致和这个《仓颉篇》差不多。其中只有史游的《急就篇》还存留着。《仓颉》残篇四字一句，两句一韵。《急就篇》不分章而分部，前半三字一句，后半七字一句，两句一韵；所收的都是名姓、器物、官名等日常用字，没有说解。这些书和后世"日用杂字"相似，按事类收字①——所谓分章或分部，都据事类而言。这些一面供教授学童用，一面供民众检阅用，所收约三千三百字，是通俗的字书。

　　东汉和帝时，有个许慎，作了一部《说文解字》。这是一部划时代的字书。经典和别的字书里的字，他都搜罗在他的书里，所以有九千字。而且小篆之外，

教育。汉代官吏考试，主要考识字程度。随着秦朝的统一，小篆成为国家法定的字体——国书。早期的"字书"（相当于字典或识字课本）为周宣王太史籀所作的《史籀篇》。秦时的字书以李斯所作《仓颉篇》为主，至汉代已经残缺。只有汉代史游的《急就篇》保存完整，收字三千三百多个，按事类编排，是通俗的字书。注意：下文要介绍的《说文解字》，是帮助人通读古籍的字书，与《急就篇》有雅俗之别。

---

① 按事类收字：以事物分类为序，编排例字。

兼收籀文"古文";"古文"是鲁恭王所得孔子宅"壁中书"及张仓所献《春秋左氏传》的字体,大概是晚周民间的别体字。许氏又分析偏旁,定出部首,将九千字分属五百四十部首。书中每字都有说解,用晚周人作的《尔雅》①,扬雄的《方言》,以及经典的注文的体例。这部书意在帮助人通读古书,并非只供通俗之用,和秦代及西汉的字书是大不相同的。它保存了小篆和一些晚周文字,让后人可以溯源沿流;现在我们要认识商周文字,探寻汉以来字体演变的轨迹,都得凭这部书。而且不但研究字形得靠它,研究字音字义也得靠它。研究文字的形音义的,以前叫"小学"②,现在叫文字学。从前学问限于经典,所以说研究学问必须从小学入手;现在学问的范围是广了,但要研究古典、古史、古文化,也还

此段介绍东汉许慎的《说文解字》,这是一部划时代的字书,收字九千多个,首创部首编排法。书中保存了小篆及晚周文字,可借此探寻字体的演变、研究字的形音义。这门研究文字的学问,称"小学"。——注意,"小学"还指初级学校,参见本书《"四书"第七》所引朱熹的解说。

---

① 《尔雅》:儒家"十三经"之一,是辞书之祖,大致成书于战国末到西汉初。书中收词语四千三百多个,分成两千多个条目,共十九篇,是按词义分类编排的。

② 小学:汉代称文字学为"小学",因儿童入小学先学文字,故名。隋唐以后,"小学"是文字学、训诂学、音韵学的总称。训诂学是解释语词和研究语义的学问,训、诂都有解释的意思。

得从文字学入手。《说文解字》是文字学的古典，又是一切古典的工具或门径①。

《说文序》提起出土的古器物，说是书里也搜罗了古器物铭②的文字，便是"古文"的一部分，但是汉代出土的古器物很少；而拓墨③的法子到南北朝才有，当时也不会有拓本，那些铭文，许慎能见到的怕是更少。所以他的书里还只有秦篆和一些晚周民间书，再古的可以说是没有。

到了宋代，古器物出土的多了，拓本也流行了，那时有了好些金石④图录考释的书。"金"是铜器，铜器的铭文称为"金文"。铜器里钟鼎⑤最是重器，所以也称为"钟鼎文"。这些铭文都是记事的。而宋以来发现的铜器大都是周代所作，所以金文多是两周的文字。清代古器物出土的更多，而光绪二十五年（1899）河南安阳发现了商代的甲骨，尤其是划时代的。甲是龟的腹甲，骨是牛胛骨。商人钻灼甲骨，以卜吉凶，卜完了就在上面刻字记录。这称为"甲骨文"，又称为"卜辞"，是盘庚（约前1300）以后的商代文

---

① 门径：入门的路径。
② 铭：本指在器物上刻文，引申为刻在器物上的文字，也叫铭文。这类文字多半带有警诫自己或称述功德的性质。
③ 拓（tà）墨：一种摄取碑刻或器物之文字、图案的方法。一般做法是把纸蒙在待拓的碑刻、器物上，使纸张与器物的凹凸完全吻合，然后用鬃刷蘸墨在纸上捶打，使纸上留下文字、图案的黑白影像。这些拓好的作品就叫"拓片"，也叫"拓本"。
④ 金石：指古代镌刻文字、颂功纪事的金属质钟鼎及石刻的碑碣之类，有时也专指金石类器物上的铭文。
⑤ 钟鼎：钟和鼎，商周时期的乐器、礼器，铜质，常铸刻铭文。

字。这大概是最古的文字了。甲骨文、金文,以及《说文》里所谓"古文",还有籀文,现在统统算作古文字,这些大部分是文字统一以前的官书。甲骨文是"契^①"的,金文是"铸"的。铸是先在模子上刻字,再倒铜^②。古代书写文字的方法除"契"和"铸"外,还有"书"和"印",因用的材料而异。"书"用笔,竹木简以及帛和纸上用"书"。"印"是在模子上刻字,印在陶器或封泥上^③。古代用竹木简最多,战国才有帛,纸是汉代才有的。笔出现于商代,却只用竹木削成。竹木简、帛、纸,都容易坏,汉以前的,已经荡然无存了^④。

造字和用字有六个条例,称为"六

> 这两段是说,《说文解字》的"古文"中包括古器物的铭文,顺带介绍了铸在金属器物上的"金文"(又叫"钟鼎文"),刻在甲骨上的"甲骨文"(又称"卜辞")。而文字的书写,也有"铸""刻""书""印"等不同方式。

---

① 契(qì):用刀刻,也指所刻的文字。
② 倒铜:把熔化的铜汁倒入模具制造铜器的工序。
③ 原注:古代简牍(dú)用泥封口,在泥上盖印。编者按:古代无纸,把信写在竹简木片上,用绳子捆为一束,打结处以泥封固,盖上印,防人偷看。
④ 竹木简……汉以前的,已经荡然无存了:作者写此书之后,陆续有汉以前的竹简实物被发掘出土。如,1975年12月,湖北云梦睡虎地秦墓出土竹简一千一百多枚,为秦昭王元年(前306)至秦始皇三十年(前217)之物。此外,如长沙子弹库楚帛书、信阳楚简、郭店楚简、包山楚简、里耶秦简等,都是汉以前文字的实物载体。

书"。"六书"这个总名初见于《周礼》,但六书的各个的名字到汉人的书里才见。一是"象形",象物形的大概,如"日""月"等字。二是"指事",用抽象的符号,指示那无形的事类,如"二"(上)、"二"(下)两个字,短画和长画都是抽象的符号,各代表着一个物类。"二"指示甲物在乙物之上,"二"指示甲物在乙物之下。这"上"和"下"两种关系便是无形的事类。又如"刃"字,在"刀"形上加一点,指示刃之所在,也是的。三是"会意",会合两个或两个以上的字为一个字,这一个字的意义是那几个字的意义积成的,如"止""戈"为"武","人""言"为"信"等。四是"形声",也是两个字合成一个字,但一个字是形,一个字是声;形是意符,声是音标。如"江""河"两字,"氵"(水)是形,"工""可"是声①。但声也有兼义的。如"浅""钱""贱"三字,"水""金""贝"是形,同以"戋(jiān)"为声;但水小为"浅",金小为"钱",贝小为"贱",三字共有的这个"小"的意义,正是从"戋"字来的。象形、指事、会意、形声,都是造字的条例;形声最便,用处最大,所以我们的形声字最多。五是"转注",就是互训②。两个字或两个以上的字,意义全部相同或一部相同,可以互相解释的,便是转注字,也可以叫作同义字。如"考""老"等字,又如"初""哉""首""基"③等字;

---

① "工""可"是声:许多字的古今字音有所变化(包括同一字在不同方言中字音也有不同),从"工""可"的普通话读音,已看不出它们的声符作用。

② 互训:训诂学中用同义词互相注释的方法。

③ "初""哉""首""基":这四个字,都有初始的意思,其中"初"指裁衣之始,"哉"指草木之始,"首"指人体之始,"基"指筑墙之始,放在一起,可以互训。

前者同形同部，后者不同形不同部，却都可以"转注"。同义字的孳生，大概是各地方言不同和古今语言演变的缘故。六是"假借"，语言里有许多有音无形的字，借了别的同音的字，当作那个意义用。如代名词，"予""汝""彼"等，形况字①"犹豫""孟浪""关关""突如"等；虚助字"于""以""与""而""则""然""也""乎""哉"等，都是假借字。又如"令"，本义是"发号"，借为县令的"令"；"长（cháng）"本义是"久远"，借为县长的"长（zhǎng）"。"县令""县长"是"令""长"的引申义。假借本因有音无字，但以后本来有字的也借用别的字。所以我们现在所用的字，本义的少，引申义的多，一字数义，便是这样来的。这可见假借的用处也很广大。但一字借成数义，颇不容易分别。晋以来通行了四声，这才将同一字分读几个音，让意义分得开些。如"久远"的"长"平声，"县长"的"长"读上声之类。这样，一个字便变成几

> 此段是对"六书"的介绍，这是六种造字"条例"，也就是造字方法及字的构成方式；六书依次是：一象形，二指事，三会意，四形声，五转注，六假借。作者一一举例作了说明。按，许慎《说文序》中"六书"的顺序略有不同，依次是一指事、二象形、三形声、四会意、五转注、六假借。

---

① 形况字：即今天我们说的形容词，用以表示事物的形状、性质和状态等。

个字了。转注、假借都是用字的条例。

象形字本于图画。初民常以画记名，以画记事；这便是象形的源头。但文字本于语言，语言发于声音，以某声命物，某声便是那物的名字，这是"名"；"名"该只指声音而言。画出那物形的大概，是象形字。"文字"与"字"都是通称；分析地说，象形的字该叫作"文"，"文"是"错画"的意思①。"文"本于"名"，如先有"日"名，才会有"日"这个"文"；"名"就是"文"的声音。但物类无穷，不能一一造"文"，便只得用假借字。假借字以声为主，也可以叫作"名"。一字借为数字，后世用四声分别，古代却用偏旁分别，这便是形声字。如"囚"本像箕形，是"文"，它的"名"是"丩"。而日期的"期"，旗帜的"旗"，麒麟的"麒"等，在语言中与"囚"同声，却无专字，便都借用"囚"字。后来才加"月"为"期"，加"扩"为"旗"，加"鹿"为"麒"，一个字变

此段是对六书造字法的进一步解析和

---

① 原注：《说文·文部》。编者按：原文是"文，错画也，象交文"。错画，由线条交错所形成的图案。"文"意为纹，即花纹图案。

成了几个字。严格地说,形声字才该叫作"字","字"是"孳乳而渐多"的意思①。象形有抽象作用,如一画可以代表任何一物,"二"(上)"二"(下)"一""二""三"其实都可以说是象形。象形又有指示作用,如"刃"字上加一点,表明刃在那里。这样,旧时所谓指事字其实都可以归入象形字。象形还有会合作用,会合两个或两个以上的分子,表示一个意义;那么,旧时所谓会意字其实也可以归入象形字。但会合成功的不是"文",也该是"字"。象形字、假借字、形声字,是文字发展的逻辑的程序,但甲骨文里三种字都已经有了。这里所说的程序,是近人新说,和六书说颇有出入。六书说原有些不完备不清楚的地方,新说加以补充修正,似乎更可信些。

秦以后只是书体演变的时代。演变的主因是应用,演变的方向是简易。始皇用小篆统一了文字,不久便又有了隶书。

评价。这里引入"名""文""字"等概念,并作了辨析:"名"与字音相呼应,假借字以声为主,这是"名"。"文(纹)"与字形相呼应,象形字以形为主,故可称"文"。而"字"的本义是"孳乳而渐多",也就是由一个派生出多个,故形声字可称"字"。此外,六书体例多有交叉重叠,"原有些不完备不清楚的地方",作者在讲解"六书"时,也指出了其不足。

---

① 原注:《说文序》。编者按:《说文序》原文作"孳乳而浸多","浸"即"渐"之义。另,古人常用同音字相互训释,这里的"字"和"孳乳"的"孳"同音,故许慎认为"字"有"孳乳"(繁殖、派生)的意思。

当时公事忙，文书多，书记虽遵用小篆，有些下行文书，却不免写得草率些。日子长了，这样写的人多了，便自然而然成了一体，称为"隶书"，因为是给徒隶等下级办公人看的。这种字体究竟和小篆差不多。到了汉末，才渐渐变了，椭圆的变为扁方的，"敛笔"变为"挑笔"①。这是所谓汉隶，是隶书的标准。晋唐之间，又称为"八分书"。汉初还有草书，从隶书变化，更为简便。这从清末以来在新疆和敦煌发现的汉晋间的木简里最能见出。这种草书，各字分开，还带着挑笔，称为"章草"。魏晋之际，又嫌挑笔费事，改为敛笔，字字连书，以一行或一节为单位。这称为"今草"。隶书方整，去了挑笔，又变为"正书"②。这起于魏代。晋唐之间，却称为"隶书"，而称汉隶为"八分书"。晋代也称为"楷书"。宋代又改称为"真书"。正书本也是扁方的，到陈隋的时候，渐渐变方了。到了唐代，

最后讲到秦以后字体的演变，这种演变出于应用的需要，总的趋势是更加简易。先从小篆演变为隶书（分汉隶、八分书），又演化出草书（分章草、今草）、楷书（真书）、行书。民间更有"简笔字"流行。

---

① "敛笔"变为"挑笔"：指由篆书演变为隶书，横画收笔处由向内收敛变为向右上挑起。

② 正书：方正的楷书，又称真书。

又渐渐变长了。这是为了好看。正书简化，便成"行书"，起于晋代。大概正书不免于拘，草书不免于放，行书介乎两者之间，最为适用。但现在还通用着正书，而辅以行草。一方面却提倡民间的"简笔字①"，将正书行书再行简化；这也还是求应用便利的缘故。

[参考资料]《说文解字序》。容庚《中国文字学》。陈梦家《中国文字学》稿本。

---

① 简笔字：这里指民间约定俗成的不正规简化字。

《周易》第二

【题解】《周易》是儒家五经之一。相传"易"本有三,为《连山》《归藏》《周易》,最终只有《周易》保存下来。《周易》的基础是八卦,把八卦两两重叠,组成六十四组不相重复的卦,再对卦作出解释,便是《周易》的主要内容。《周易》又包括《易经》和《易传》,"传"是对"经"的解释。《易传》有七种十篇,又叫"十翼"。

在人家门头上,在小孩的帽饰上,我们常见到八卦①那种东西。八卦是圣物,放在门头上,放在帽饰里,是可以辟邪的。辟邪还只是它的小神通,它的大神通在能够因往知来,预言吉凶。算命的,看相的,卜课的,都用得着它。他们普通只用五行生克②的道理就够了,但要详细推算,就得用阴阳和八卦的道理。八卦及阴阳五行和我们非常熟习,这些道理直到现在还是我们大部分人的信仰,我们大部分人的日常生活不知不觉之中教这些道理支

---

① 八卦:《周易》中的八种具有象征意义的基本图形,每一图形都由三条平行的爻(yáo)构成。爻分阴阳,阳爻为一横线,阴爻为中间断开的横线。八卦各有名称,各代表一种事物。详见文中的阐释。
② 五行生克:古人认为世间万物都是由金、木、水、火、土五种元素构成的。五种元素之间存在着相生相克的关系。"五行相生"的规律是金生水、水生木、木生火、火生土、土生金;"五行相克"的规律是金克木、木克土、土克水、水克火、火克金。可参看本书"诸子第十"对阴阳家的介绍。

配着。行人不至，谋事未成，财运欠通，婚姻待决，子息不旺[①]，乃至种种疾病疑难，许多人都会去求签问卜，算命看相，可见影响之大。讲五行的经典，现在有《尚书·洪范》[②]；讲八卦的便是《周易》。

八卦相传是伏羲氏画的。另一个传说却说不是他自出心裁[③]画的。那时候有匹龙马从黄河里出来，背着一幅图，上面便是八卦，伏羲只照着描下来罢了。但这因为伏羲是圣人，那时代是圣世，天才派了龙马赐给他这件圣物。所谓"河图"，便是这个。那讲五行的《洪范》，据说也是大禹治水时在洛水中从一只神龟背上得着的，也出于天赐。所谓"洛书"，便是那个。但这些神怪的故事显然是八卦和五行的宣传家造出来抬高这两种学说的地位的。伏羲氏恐怕压根儿就没有这个人，他只是秦汉间儒家假托的圣王。至于八卦，大概是有了筮法[④]以后才有的。商民族是用龟的腹甲或牛的胛骨卜吉凶，他们先在甲骨上钻一下，再用火灼；甲骨经火，有裂痕，便

[①] "行人不至"五句：都是指人们生活中遇到的困难或疑问：出远门的人回归无期，谋划某事没有成功，总碰不到发财的机会，婚姻举棋不定，没有子嗣，无人继承家族香火。

[②] 《尚书·洪范》：指《尚书》中的《洪范》篇，内容是商代贵族总结的统治经验，如"五行""五事""八政""三德"等，共九种大法，又称"洪范九畴"。"洪"意为"大"，"范"意为"法"，"洪范"即统治大法。

[③] 自出心裁：出于自己的创制，不是抄袭、模仿别人的。心裁，心中的设计筹划。

[④] 筮（shì）法：筮、占、卜，都是占卜的意思。筮法指用蓍（shī）草占卜的方法，卜法指用龟甲占卜的方法。

是兆象,卜官细看兆象①,断定吉凶;然后便将卜的人、卜的日子、卜的问句等用刀笔刻在甲骨上。这便是卜辞。卜辞里并没有阴阳的观念,也没有八卦的痕迹。

卜法用牛骨最多,用龟甲是很少的。商代农业刚起头,游猎和畜牧还是主要的生活方式,那时牛骨头不缺少。到了周代,渐渐脱离游牧时代,进到农业社会了。牛骨头便没有那么容易得了。这时候却有了筮法,作为卜法的辅助。筮法只用些蓍草,那是不难得的。蓍草是一种长寿草,古人觉得这草和老年人一样,阅历多了,知道的也就多了,所以用它来占吉凶。筮的时候用它的秆子,方法已不能详知,大概是数的。取一把蓍草,数一下看是什么数目,看是奇数还是偶数②,也许这便可以断定吉凶。古代人看见数目整齐而又有变化,认为是神秘的东西。数目的连续、循环以及

> 这三段是说,八卦与阴阳五行之说的作用都是预言吉凶。讲五行的书是《尚书·洪

---

① 兆象:征兆,迹象。这里专指龟甲经过烧灼后显现的裂纹,占卜者能从中看出吉凶的兆头。卜官:朝廷上专门负责占卜的官。另外,巫也负责占卜。在古代,卜官通常又是史官,如汉代的太史令,便负有占卜之责。

② 奇(jī)数:单数。偶数:双数。

奇偶，都引起人们的惊奇。那时候相信数目是有魔力的，所以巫术里用得着它。——我们一般人直到现在，还嫌恶奇数，喜欢偶数，该是那些巫术的遗迹。那时候又相信数目是有道理的，所以哲学里用得着它。我们现在还说，凡事都有定数①，这就是前定的意思；这是很古的信仰了。人生有数，世界也有数，数是算好了的一笔账；用现在的话说，便是机械的。数又是宇宙的架子，如说太极生两仪，两仪生四象②，就是一生二、二生四的意思。筮法可以说是一种巫术，是靠了数目来判断吉凶的。

八卦的基础便是一二三的数目。整画"—"是一；断画"--"是二；三画叠而成卦是三。这样配出八个卦，便是（☰、☱、☲、☳、☴、☵、☶）；乾、兑（duì）、

范》，讲八卦的书是《周易》。根据传说，八卦是圣人伏羲依照"河图"所绘，五行则出于"洛书"。——不过伏羲很可能是秦汉间儒生伪托的圣人。八卦的出现，应在筮法出现之后。商代人使用甲骨占卜在先，周人改用筮法预卜吉凶在后。筮法用蓍草占卜，与数字密切相关。

---

① 定数：迷信的说法，认为国家的兴亡、人世的祸福，都由某种神秘的力量所决定，是人力无法抗拒和改变的，因称"定数"。

② 原注：二语见《易·系辞》。太极是混沌的元气，两仪是天地，四象是日月星辰。编者按：《系辞》原文是"《易》有太极，是生两仪，两仪生四象，四象生八卦"。孔颖达解释为"太极谓天地未分之前，元气混而为一，即是太初、太一也"。

离、震、艮（gèn）、坎、巽（xùn）、坤，是这些卦的名字。那整画断画的排列，也许是在排列着蓍草时触悟出来的。八卦到底太简单了，后来便将这些卦重起来，两卦重作一个，按照算学里错列与组合的必然①，成了六十四卦，就是《周易》里的卦数。蓍草的应用，也许起于民间；但八卦的创制，六十四卦的推演，巫与卜官大约是重要的角色。古代巫与卜官同时也就是史官，一切的记载，一切的档案，都掌管在他们手里。他们是当时知识的权威，参加创卦或重卦的工作是可能的。筮法比卜法简便得多，但起初人们并不十分信任它。直到春秋时候，还有"筮短龟长"的话②。那些时代，大概小事才用筮，大事还得用卜的。

筮法袭用卜法的地方不少。卜法里的兆象，据说有一百二十体，每一体都有十条断定吉凶的"颂"辞③。这些是现成的辞。但兆象是自然灼出来的，有时不能凑合到那一百二十体里去，便得另造新辞。筮法里的六十四卦，就相当于一百二十体的兆象。那断定吉

---

① 重（chóng）：这里指上下重叠。错列：错杂排列，这里指数学中的数列。

② 原注：《左传·僖公四年》。编者按：原文是——初，晋献公欲以骊姬为夫人，卜之，不吉；筮之，吉。公曰："从筮。"卜人曰："筮短龟长，不如从长……"。筮短龟长，是说用蓍草卜问不如用甲骨卜问来得准确。

③ 原注：《周礼·春官·太卜》。编者按：《太（大）卜》原文是"大卜掌三兆之法：一曰玉兆，二曰瓦兆，三曰原兆。其经兆之体皆百有二十，其颂皆千有二百"。大意是太卜之官掌管对三类兆象的占卜法：一是玉兆，二是瓦兆，三是原兆（这三种是对龟甲经灼烤后所形成裂纹的归类）。其基本兆象有一百二十种，有颂辞（即繇辞）一千二百条。

凶的辞，原叫作繇（zhòu）辞，"繇"是抽出来的意思。《周易》里一卦有六画，每画叫作一爻——六爻的次序是由下向上数的。繇辞有属于卦的总体的，有属于各爻的；所以后来分称为卦辞和爻辞。这种卦爻辞也是卜筮官的占筮纪录，但和甲骨卜辞的性质不一样。

从卦爻辞里的历史故事和风俗制度看，我们知道这些是西周初叶的纪录，纪录里好些是不连贯的，大概是几次筮辞并列在一起的缘故。那时卜筮官将这些卦爻辞按着卦爻的顺序编辑起来，便成了《周易》这部书。"易"是"简易"的意思，是说筮法比卜法简易的意思。本来呢，卦数既然是一定的，每卦每爻的辞又是一定的，检查起来，引申推论起来，自然就"简易"了。不过这只在当时的卜筮官如此。他们熟习当时的背景，卦爻辞虽"简"，他们却觉得"易"。到了后世就不然了，筮法久已失传，有些卦爻辞简直就看不懂了。《周易》原只是当时一部切用①的筮书。

这三段介绍《周易》的内容，罗列八卦的卦名；八卦两两重叠，组成六十四种不相重复的卦（称"别卦"），每卦有六爻。六十四卦附有断定吉凶的繇辞，繇辞又分为卦辞（每卦整体的吉凶判断之辞）和爻辞（每卦各爻的吉凶判断之辞），二者合称"卦爻辞"。卜筮官将这些卦爻辞按照卦的顺序编辑起来，便成《周易》一书。《周易》的"易"，有简易之意。

---

① 切用：实用，切实好用。

《周易》现在已经变成了儒家经典的第一部；但早期的儒家还没注意这部书。孔子是不讲怪、力、乱、神的[①]。《论语》里虽有"五十以学《易》，可以无大过矣"的话，但另一个本子作"五十以学，亦可以无大过矣"[②]；所以这句话是很可疑的。孔子只教学生读《诗》《书》和《春秋》，确没有教读《周易》。《孟子》[③]称引《诗》《书》，也没说到《周易》。《周易》变成儒家的经典，是在战国末期。那时候阴阳家[④]的学说盛行，儒家大约受了他们的影响，才研究起这部书来。那时候道家的学说也盛行，也从另一面影响了儒家。儒家就在这两家学说的影响之下，给《周易》的卦爻辞作了种种新解释。这些新解释并非在忠实地确切地解释卦爻辞，其实倒是借着卦爻辞发挥他们的哲学。这种新解释存下来的，便是所谓《易传》。

　　《易传》中间较有系统的是彖（tuàn）辞和象辞。彖辞断定一卦的涵义——"彖"就是"断"的意思。象辞推演卦和爻的象，这个"象"字相当于现在所谓"观念"。这个字后来成为解释《周易》的专门名词。但彖辞断定的涵义，象辞推演的观念，其实不是真正从卦爻里探究出来的；那些只是作传的人傅会[⑤]在卦爻上面的。这里面包含着多量的儒家伦理思想和政治哲学；象辞的话更有许多和《论

---

① 孔子是不讲怪、力、乱、神的：出自《论语·述而》，"子不语怪、力、乱、神"，大意是说，孔子对怪异、勇力、悖乱、鬼神之事避而不谈。

② 原注：《古论语》作"易"，《鲁论语》作"亦"。

③ 《孟子》：孟子的言论集。孟子是儒家学派的重要代表人物，与孔子并称"孔孟"。

④ 阴阳家：先秦诸子"九流十家"之一。可参看本书"诸子第十"的相关内容。

⑤ 傅会：今作"附会"，把不相干的事勉强拉在一起，说成有关系。

语》相近的。但说到"天"的时候，不当作有人格的上帝，而只当作自然的道，却是道家的色彩了。这两种传似乎是编纂起来的，并非一人所作。此外有《文言》和《系辞》。《文言》解释乾坤两卦；《系辞》发挥宇宙观人生观，偶然也有分别解释卦爻的话。这些似乎都是抱残守缺①，汇集众说而成。到了汉代，又新发现了《说卦》《序卦》《杂卦》三种传。《说卦》推演卦象，说明某卦的观念象征着自然界和人世间的某些事物，譬如乾卦象征着天，又象征着父之类。《序卦》说明六十四卦排列先后的道理。《杂卦》比较各卦意义的同异之处。这三种传据说是河内一个女子在什么地方找着的，后来称为《逸易》；其实也许就是汉代人作的。

八卦原只是数目的巫术，这时候却变成数目的哲学了。那整画"—"是奇数，代表天，那断画"--"是偶数，代表地。奇数是阳数，偶数是阴数；阴阳的观念是从男女来的。有天地，不能没有

这两段指出，《周易》是在战国末期才受到儒家重视的，在阐释过程中，不免受到阴阳家和道家的影响。这些新的解释，保留在《易传》中。《易传》是对《易经》的解释，《易传》不止一种，包括《彖》（上下）、《象》（上下）、《文言》、《系辞》（上下）、《说卦》、《序卦》和《杂卦》。

---

① 抱残守缺：死抱着残缺陈旧的东西不放，形容思想守旧，不肯接受新事物。语出东汉班固《汉书·刘歆传》。

万物，正和有男女就有子息一样，所以三画才能成一卦。卦是表示阴阳变化的；《周易》的"易"，也便是变化的意思。为什么要八个卦呢？这原是算学里错列与组合的必然，但这时候却想着是万象的分类。乾是天，是父等；坤是地，是母等；震是雷，是长子等；巽是风，是长女等；坎是水，是心病等；离是火，是中女等；艮是山，是太监等；兑是泽，是少女等。这样，八卦便象征着也支配着整个的大自然，整个的人间世了。八卦重为六十四卦，卦是复合的，卦象也是复合的①，作用便更复杂更具体了。据说伏羲神农黄帝尧舜一班圣人看了六十四卦的象，悟出了种种道理，这才制造了器物，建立了制度、耒耜以及文字等等东西，"日中为市"等等制度②，都是他们从六十四卦推演出来的。

这个观象制器③的故事，见于《系辞》。《系辞》是最重要的一部《易传》。这传里借着八卦和卦爻辞发挥着融合儒道的哲学，和观象制器的故事，都大大地增加了《周易》的价值，抬高了它的地位。《周易》的地位抬高了，关于它的传说也就多了。《系辞》里只说伏羲作八卦；后来的传说却将重卦的，作卦爻辞的，作《易传》的人，都补出来了。但这些传说都比较晚，所以有些参差④，不尽能像"伏羲画卦说"那样成为定论。重卦的人，有说是伏羲的，有说是神农

---

① "卦是复合的"二句：指六十四卦（又称"别卦"）是两两重合（复合）的，其意义（卦象）也是将两卦的意义合起来解释。

② 耒耜（lěi sì）：古代用于翻整土地、播种庄稼的农具。日中为市：指古代以物易物的集市，按规定在中午进行交易。

③ 观象制器：上文提到的，圣人从卦象中悟出道理，创制耒耜等器物。

④ 参差（cēncī）：长短、高低不齐。这里指（说法）不统一。

的，有说是文王的。卦爻辞有说全是文王作的，有说爻辞是周公作的，有说全是孔子作的。《易传》却都说是孔子作的。这些都是圣人。《周易》的经传都出于圣人之手，所以和儒家所谓道统①关系特别深切；这成了他们一部传道的书。所以到了汉代，便已跳到"六经"之首了②。但另一面阴阳八卦与五行结合起来，三位一体的演变出后来医卜星相③种种迷信，种种花样，支配着一般民众，势力也非常雄厚。这里面儒家的影响却很少了，大部分还是《周易》原来的卜筮传统的力量。儒家的《周易》是哲学化了的；民众的《周易》倒是巫术的本来面目。

[参考资料] 顾颉刚《周易卦爻辞中的故事》(《古史辨》第三册上)。李镜池《易传探原》(同上)。余永梁《易卦爻辞的时代及其作者》(同上)。

> 这两段进一步介绍了《易传》的内容：如对八卦象征意义的发掘，以及对八卦作用的鼓吹（圣人"观象制器"及"日中为市"制度的建立）。在儒家手中，《周易》被哲学化，成为儒家的传道书，一跃居于"六经"之首；在民间，《周易》则回归巫术的本来面目。

---

① 道统：指儒家传道的脉络和系统。
② 原注：《庄子·天运篇》和《天下篇》所说"六经"的次序是《诗》《书》《礼》《乐》《易》《春秋》；到了《汉书·艺文志》，便成了《易》《书》《诗》《礼》《乐》《春秋》了。
③ 星相（xiàng）：星相学，也称占星术，是占卜方式的一种。星相学家通过观测天体，根据日月星辰的位置及其变化，来预测人间各种事物的发展趋势。

《尚书》第三

【题解】《尚书》最早称《书》,是儒家"五经"之一,又称《书经》,是古老的历史文献汇编。书中主要记载了虞、夏、商、周四代统治者的言论,又有"典""谟""诰""誓"等不同体裁,属于"记言"的历史。该书在长期流传中有所残缺,一些篇章真伪难辨,从汉代起便有《今文尚书》《古文尚书》之争。我们今天见到的《尚书》底本,是东晋时由豫章内史梅赜(zé)献给朝廷的《古文尚书》,内收文章五十八篇,据考其中掺有《今文尚书》的篇章。

　　《尚书》是中国最古的记言的历史。所谓记言,其实也是记事,不过是一种特别的方式罢了。记事比较的是间接的,记言比较的是直接的。记言大部分照说的话写下来;虽然也须略加剪裁,但是尽可以不必多费心思。记事需要化自称为他称①,剪裁也难,费的心思自然要多得多。

　　中国的记言文是在记事文之先发展的。商代甲骨卜辞大部分是些问句,记

这两段是说,《尚书》是中国最早的"记

---

① 记事需要化自称为他称:"记言"是直接记录说话者的言论,用的是第一人称"我"(也就是"自称");"记事"是用第三人称(也就是"他称")来记述历史事件,遇到人物对话,要改用第三人称。

事的话不多见。两周金文也还多以记言为主①。直到战国时代，记事文才有了长足的进展。古代言文大概是合一的②；说出的写下的都可以叫作"辞"。卜辞我们称为"辞"，《尚书》的大部分其实也是"辞"。我们相信这些辞都是当时的"雅言"③，就是当时的官话或普通话。但传到后世，这种官话或普通话却变成诘屈聱牙的古语了④。

《尚书》包括虞夏商周四代⑤，大部分是号令，就是向大众宣布的话，小部分是君臣相告的话。也有记事的，可是照近人的说数⑥，那记事的几篇，大都是战国末年人的制作，应该分别地看。那些号令多称为"誓"或"诰（gào）"，后

言"的历史著作。商代的甲骨卜辞和两周的金文，也都以记言为主，而记事文直到战国时代才有进展。《尚书》中的文字称为"辞"，用的是当时的"雅言"，但年代久远，也就变成难懂的古语了。

---

① 两周：指西周、东周。
② 言文：这里指口语（言）和书面语（文）。
③ 原注："雅言"见《论语·述而》。编者按：原文是"子所雅言，《诗》、《书》、执礼，皆雅言也"。大意是孔子有用官话（普通话）的时候，读《诗》、读《书》、行礼，都用官话。
④ 诘（jí）屈聱（áo）牙：形容文字艰涩生僻、读着费劲，不顺口。诘屈，曲折，不顺畅。聱牙，拗嘴。
⑤ 虞（yú）夏商周：虞是传说中舜所建立的王朝。夏商周是由夏禹、商汤、周武所开创的王朝。
⑥ 说数：说法。

人便用"誓""诰"的名字来代表这一类。平时的号令叫"诰",有关军事的叫"誓"。君告臣的话多称为"命";臣告君的话却似乎并无定名,偶然有称为"谟（mó）"的①。这些辞有的是当代史官所记,有的是后代史官追记。当代史官也许根据亲闻,后代史官便只能根据传闻了。这些辞原来似乎只是说的话,并非写出的文告;史官纪录,意在存作档案,备后来查考之用。这种古代的档案,想来很多,留下来的却很少。汉代传有《书序》②,来历不详,也许是周秦间人所作。有人说,孔子删《书》为百篇,每篇有序,说明作意。这却缺乏可信的证据。孔子教学生的典籍里有《书》,倒是真的。那时代的《书》是个什么样子,已经无从知道。"书"原是纪录的意思③;大约那所谓"书"只是指当时留存着的一些古代的档案而言;那些档案恐怕还是一件件的,并未结集成书。成书也许

此段是说,《尚书》中的篇章体裁不同,记录时间有早有晚。曾有孔子"删《书》"之说,但所删之"书"没准儿只是零散的古史档案。这些档案,可能是在汉代才被集结成书,冠以"尚书"之名的。

---

① 原注:《说文·言部》:"谟,议谋也。"
② 《书序》:《尚书》有《书序》一篇,在汉代随同古文《尚书》一起出现。
③ 原注:《说文·书部》:"书,著也。"

是在汉人手里。那时候这些档案留存着的更少了，也更古了，更稀罕了；汉人便将它们编辑起来，改称《尚书》。"尚"，"上"也；《尚书》据说就是"上古帝王的书"①。"书"上加一"尚"字，无疑的是表示着尊信的意味。至于《书》称为"经"，始于《荀子》②；不过也是到汉代才普遍罢了。

儒家所传的《五经》中，《尚书》残缺最多，因而问题也最多。秦始皇烧天下诗书及诸侯史记，并禁止民间私藏一切书。到汉惠帝时，才开了书禁；文帝接着更鼓励人民献书。书才渐渐见得着了。那时传《尚书》的只有一个济南伏生③。伏生本是秦博士。始皇下诏烧诗书的时候，他将《书》藏在墙壁里。后来兵乱，他流亡在外。汉定天下，才回家；检查所藏的《书》，已失去数十篇，剩下的只二十九篇了。他就守着这一些，私自教授于齐鲁之间。文帝知道了他的名字，想召他入朝。那时他已九十多岁，不能远行到京师去。文帝便派掌故官晁错来从他学。伏生私人的教授，加上朝廷的提

---

① 原注：《论衡·正说篇》。编者按：原文是"《尚书》者，以为上古帝王之书，或以为上所为下所书，授事相实而为名，不依违作意以见奇"。大意是有人说，《尚书》是上古帝王的书，也有人说是帝王所作所为，由臣子加以记录，是根据事实给它取的名字，不是毫无根据有意编造以炫奇的。

② 原注：《劝学篇》。编者按：原文是"学恶乎始？恶乎终？曰：其数则始乎诵经，终乎读《礼》；其义则始乎为士，终乎为圣人"。大意是学习从哪里开始？到哪里结束？回答：学习的顺序是从诵读《诗》《书》等经书开始，到阅读《礼》等经书结束。学习的意义是从做士开始，到修成圣人结束。荀子所说的"诵经"，指的就是诵读《诗》《书》等书，这是古文献中第一次把《书》称为"经"。恶，音wū，哪里，何。

③ 原注：裴骃《史记集解》引张晏曰："伏生名胜，《伏氏碑》云。"

倡，使《尚书》流传开去。伏生所藏的本子是用"古文"写的，还是用秦篆写的，不得而知；他的学生却只用当时的隶书钞录流布。这就是东汉以来所谓《今尚书》或《今文尚书》。汉武帝提倡儒学，立《五经》博士；宣帝时每经又都分家数立官，共立了十四博士。每一博士各有弟子员若干人。每家有所谓"师法"或"家法"，从学者必须严守。这时候经学①已成利禄的途径，治经学的自然就多起来了。《尚书》也立下欧阳（和伯）、大小夏侯（夏侯胜、夏侯建）三博士，却都是伏生一派分出来的。当时去伏生已久②，传经的儒者为使人尊信的缘故，竟有硬说《尚书》完整无缺的。他们说，二十九篇是取法天象的，一座北斗星加上二十八宿，不正是二十九吗③！这二十九篇，东汉经学大师马融、郑玄都给作过注；可是那些注现在差不多亡失干净了。

汉景帝时，鲁恭王为了扩展自己的宫殿，去拆毁孔子的旧宅。在墙壁里得着"古文"经传数十篇，其中有《书》。这些经传都是用"古文"写的；所谓"古文"，其实只是晚周民间别体字。那时恭王肃然起敬，不敢再拆房子，并且将这些书都交还孔家的主人孔子的后人叫孔安国的。安国加以整理，发现其中的《书》比通行本多出

---

① 经学：指注解儒家经书的学问，是中国传统学术的主体。
② 去伏生已久：离伏生在世时已有很长时间。去，距离。
③ 原注：《论衡·正说篇》。编者按：原文是"或说《尚书》二十九篇者，法曰斗（四）七宿也。四七二十八篇，其一曰斗矣，故二十九"。大意是有人说《尚书》选文二十九篇的原因，是效法天上的北斗星和四七（二十八）宿。四七二十八篇，再加上北斗星，所以是二十九（篇）。——这显然是附会的说法。

十六篇；这称为《古文尚书》。武帝时，安国将这部书献上去。因为语言和字体的两重困难，一时竟无人能通读那些"逸书"[①]，所以便一直压在皇家图书馆里。成帝时，刘向、刘歆父子先后领校皇家藏书。刘向开始用《古文尚书》校勘今文本子，校出今文脱简及异文各若干[②]。哀帝时，刘歆想将《左氏春秋》《毛诗》《逸礼》及《古文尚书》立博士；这些都是所谓"古文"经典。当时的"五经"博士不以为然，刘歆写了长信和他们争辩[③]。这便是后来所谓今古文之争。

今古文之争是西汉经学一大史迹。所争的虽然只在几种经书，他们却以为关系孔子之道即古代圣帝明王之道甚大。"道"其实也是幌子，骨子里所争的还在禄位与声势；当时今古文派在这一点上是一致的。不过两派的学风确也有不同处。大致今文派继承先秦诸子的风气，"思以其道易天下"[④]，所以主张通经致

---

① 逸书：泛指散佚失传的古籍，也特指出自孔壁的《古文尚书》。

② 校勘（jiàokān）：一般指用同一书的不同版本和有关资料加以校对、勘正，以求最大限度地揭示原文的面目。脱简：指书本中有缺页或内容脱漏的情况。早期的文字是写在竹简上的，在编连时有竹简脱落的现象，故称。异文：指同一书的不同版本或不同书在记载同一事件时，字句互异，称为异文。

③ 原注：《汉书》本传。编者按：这里说的本传，即《汉书·刘歆传》。

④ 原注：语见章学诚《文史通义·言公上》。编者按：原文是"诸子之奋起，由于道术既裂，而各以聪明才力之所偏，每有得于大道之一端，而遂欲以之易天下。其持之有故而言之成理者，故将推衍其学术而传着其徒焉"。大意是诸子的兴起是由于道术分裂之后，他们各自发挥自己聪明才智的优势，在大道的一个方面有所得，于是就想用它来改变天下。他们的主张有根据，言论有道理，因而想着推广他们的学术，并传授给门徒。又，"思以其道易天下"此前见于《文史通义·原道中》。

用①。他们解经，只重微言大义②；而所谓微言大义，其实只是他们自己的历史哲学和政治哲学。古文派不重哲学而重历史，他们要负起保存和传布文献的责任；所留心的是在章句训诂典礼名物③之间。他们各得了孔子的一端，各有偏畸④的地方。到了东汉，书籍流传渐多，民间私学日盛。私学压倒了官学，古文经学压倒了今文经学；学者也以兼通为贵，不再专主一家。但是这时候"古文"经典中《逸礼》即《礼》古经已经亡佚⑤，《尚书》之学，也不昌盛。

东汉初，杜林曾在西州（今新疆境）得漆书《古文尚书》一卷，非常宝爱，流离兵乱中，老是随身带着。他是怕《古文尚书》学"会绝传，所以这般珍惜。当时经师贾逵、马融、郑玄都给那一卷《古

这四段是说，《尚书》是"五经"中残缺最多、问题最多的一部。秦始皇烧书时，济南伏生私藏了一部；后经战乱，只残存二十九篇。伏生的弟子用当时流行的隶书传抄，因称《今文尚书》。汉宣帝时

---

① 通经致用：通晓经学，用以治世，达到实用的目的。
② 微言大义：含蓄微妙的言语蕴含着精深的义理。
③ 章句训诂典礼名物：指汉代经学家研究经书的方法，注重逐章逐句地解释经义，对仪典制度、事物名称做详细考证。
④ 偏畸：偏颇。
⑤ 亡佚：失传。与下文中的"亡失"意同。

文尚书》作注,从此《古文尚书》才显于世①。原来"《古文尚书》学"直到贾逵才真正开始;从前是没有什么师说②的。而杜林所得只一卷,决不如孔壁所出的多。学者竟爱重到那般地步。大约孔安国献的那部《古文尚书》,一直埋没在皇家图书馆里,民间也始终没有盛行,经过西汉末年的兵乱,便无声无臭地亡失了罢。杜林的那一卷,虽经诸大师作注,却也没传到后世;这许又是三国兵乱的缘故。《古文尚书》的运气真够坏的,不但没有能够露头角,还一而再地遭到了些冒名顶替的事儿。这在西汉就有。汉成帝时,因孔安国所献的《古文尚书》无人通晓,下诏征求能够通晓的人。东莱有个张霸,不知孔壁的书还在。便根据《书序》,将伏生二十九篇分为数十,作为中段,又采《左氏传》及《书序》所说,补作首尾,共成《古文尚书百二篇》。每篇都很简短,文意又浅陋。他将这伪书献上去。成帝教用皇

朝廷立《尚书》博士。汉景帝时,鲁恭王从孔子旧宅的墙壁中拆出用古文书写的《尚书》数十篇,由孔子后人孔安国整理后献给朝廷,称《古文尚书》。由此引发今古文之争。今文派主张"通经致用",解经只重"微言大义",意在宣传自己的哲学主张;古文派更注重文字训诂以及名物制度的解释,两派各有偏颇。孔安国所献的《古文尚书》于汉末亡佚,民间却时有发现。如东汉初杜林得到漆书《古文尚书》一卷,当时的经学家纷纷为之作注。汉成

---

① 原注:《后汉书·杨伦传》。编者按:杨伦是东汉人,他的传记中有从师学习《古文尚书》的记载。

② 师说:老师传授。

家图书馆藏着的孔壁《尚书》对看，满不是的。成帝便将张霸下在狱里，却还存着他的书，并且听它流传世间。后来张霸的再传弟子①樊并谋反，朝廷才将那书毁废；这第一部伪《古文尚书》就从此失传了。

到了三国末年，魏国出了个王肃，是个博学而有野心的人。他伪作了《孔子家语》《孔丛子》②，又伪作了一部孔安国的《古文尚书》，还带着孔安国的传。他是个聪明人，伪造这部《古文尚书》孔传，是很费了心思的。他采辑群籍中所引"逸书"，以及历代嘉言③，改头换面，巧为联缀，成功了这部书。他是参照汉儒的成法，先将伏生二十九篇分割为三十三篇，另增多二十五篇，共五十八篇④，以合于东汉儒者如桓谭、班固所记的《古文尚书》篇数。所增各篇，

帝时，东莱人张霸伪造了一部《古文尚书》献上，事发后因此坐牢。这两部《古文尚书》也都失传了。

---

① 再传弟子：弟子的弟子，也称徒孙。
② 原注：《家语》托名孔安国，《孔丛子》托名孔鲋。编者按：孔鲋（前264？—前208），字子鱼，孔子八世孙。博通经史，入秦不仕。
③ 嘉言：美言，善言。
④ 原注：桓谭《新论》作五十八，《汉书·艺文志》自注作五十七。编者按：桓谭是东汉学者，著有《新论》二十九篇，多佚。他在书中指出，《古文尚书》旧有四十六卷，为五十八篇。

用力阐明儒家的"德治主义",满纸都是仁义道德的格言。这是汉武帝罢黜百家,专崇儒学①以来的正统思想,所谓大经大法,足以取信于人。只看宋以来儒者所口诵心维的"十六字心传"②,正在他伪作的《大禹谟》里,便见出这部伪书影响之大。其实《尚书》里的主要思想,该是"鬼治主义",像《盘庚》等篇所表现的。"原来西周以前,君主即教主,可以为所欲为,不受什么政治道德的拘束。逢到臣民不听话的时候,只要抬出上帝和先祖来,自然一切解决。"这叫作"鬼治主义"。"西周以后,因疆域的开拓,交通的便利,富力的增加,文化大开。自孔子以至荀卿、韩非,他们的政治学说都建筑在人性上面。尤其是儒家,把人性扩张得极大。他们觉得政治的良好

这两段是说,三国末年,魏人王肃伪造了一部《古文尚书》,

---

① 罢黜百家,专崇儒学:又作"罢黜百家,独尊儒术",是西汉学者董仲舒提出的治国思想,在汉武帝时开始推行。
② 原注:见真德秀《大学衍义》。所谓十六字心传,是"人心惟危,道心惟微,惟精惟一,允执厥中"。出伪《大禹谟》,是舜对禹说的话。编者按:真德秀(1178—1235),字景元,号西山。南宋后期理学家、名臣,是朱熹之后理学的正宗传人,所修《大学衍义》,成为元明清三代必读之书。

只在诚信的感应；只要君主的道德好，臣民自然风从，用不到威力和鬼神的压迫。"这叫作"德治主义"①。看古代的档案，包含着"鬼治主义"思想的，自然比包含着"德治主义"思想的可信得多。但是王肃的时代早已是"德治主义"的时代；他的伪书所以专从这里下手。他果然成功了。只是词旨坦明②，毫无诘屈聱牙之处，却不免露出了马脚。

晋武帝时候，孔安国的《古文尚书》曾立过博士③；这《古文尚书》大概就是王肃伪造的。王肃是武帝的外祖父，当时即使有怀疑的人，也不敢说话。可是后来经过怀帝永嘉之乱，这部伪书也散失了，知道的人很少。东晋元帝时，豫章内史梅赜发现了它，便拿来献到朝廷上去。这时候伪《古文尚书》孔传便和马、郑注的《尚书》并行起来了。大约

还假托孔安国之名写了传。王肃把伏生《今文尚书》的二十九篇割裂为三十三篇，又自撰二十五篇，以合汉人记录的五十八篇之数。所增各篇极力宣扬儒家的"德治主义"，以迎合汉武帝"罢黜百家，专崇儒学"的文化政策；这与《尚书》原著中的"鬼治主义"思想大相径庭；加上语言上的差距，遂使这部伪书露出了马脚。

不过在晋代的战乱中，王肃伪书也散失了。直到东晋元帝时，

---

① 原注：以上引顾颉刚《盘庚中篇今译》(《古史辨》第二册)。
② 词旨坦明：指词意平易明了。
③ 原注：《晋书·荀崧传》。编者按：荀崧（262—328）是晋代官员，据《荀崧传》记载，当时朝廷设置博士九人，其中包括《王氏尚书》和《郑氏古文尚书》，前者当为王肃伪造的《古文尚书》，后者应是郑玄所注的一卷本漆书《古文尚书》。

北方的学者还是信马、郑的多，南方的学者才是信伪孔的多。等到隋统一了天下，南学压倒了北学，马、郑《尚书》，习者渐少。唐太宗时，因章句繁杂，诏令孔颖达等编撰《五经正义》；高宗永徽四年（653），颁行天下，考试必用此本。《正义》成了标准的官书，经学从此大统一。那《尚书正义》便用的伪《古文尚书》孔传。伪孔定于一尊，马、郑便更没人理睬了；日子一久，自然就残缺了，宋以来差不多就算亡了。伪《古文尚书》孔传如此这般冒名顶替了一千年，直到清初的时候。

这一千年中间，却也有怀疑伪《古文尚书》孔传的人。南宋的吴棫首先发难。他有《书稗传》十三卷[①]，可惜不传了。朱子因孔安国的"古文"字句皆完整，又平顺易读，也觉得可疑[②]。但是他们似乎都还没有去找出确切的证据。至

豫章内史梅赜发现并献出这部带孔传的《古文尚书》，此书才大行其道。到了唐代，唐太宗诏令孔颖达编撰《五经正义》，其中的《尚书》，便用这部伪书作底本。

---

① 原注：陈振孙《直斋书录解题·二》。
② 原注：见《朱子语类·七十八》。编者按：《朱子语类》是朱熹门生记录老师言论所编撰的语录集。朱熹读《尚书》，见《今文尚书》字句深奥，《古文尚书》反而易读，因而提出疑问。

少朱子还不免疑信参半①；他还采取伪《大禹谟》里"人心""道心"的话解释《四书》，建立道统呢。元代的吴澄才断然地将伏生今文从伪古文分出；他的《尚书纂言》只注解今文，将伪古文除外。明代梅鷟著《尚书考异》，更力排伪孔，并找出了相当的证据。但是严密钩稽决疑定谳的人②，还得等待清代的学者。这里该提出三个可尊敬的名字。第一是清初的阎若璩，著《古文尚书疏证》，第二是惠栋，著《古文尚书考》；两书辨析详明，证据确凿，教伪孔体无完肤，真相毕露。但将作伪的罪名加在梅赜头上，还不免未达一间③。第三是清中叶的丁晏，著《尚书余论》，才将真正的罪人王肃指出。千年公案，从此可以定论。这以后等着动手的，便是搜辑汉人的伏生《尚书》说和马、郑注。这方面努力的不少，成绩也斐然可观；不过所能做到的，也只是抱残守缺的工作罢了。伏生《尚

此段是说，从唐代到清初，伪《古文尚书》冒名顶替了一千年。其间，宋、元、明三代都有人提出怀疑，都没能拿出确切的证据。直至清代，学者阎若璩、惠栋和丁晏才以确凿的证据、详明的辨析，指出此书是伪书，作伪者是王肃。近代学者指出，就是伏生的二十九篇，也不全是商周原作，其中也有后代史官追记乃至战国末年人的托古之作。

---

① 疑信参半：半信半疑。
② 钩稽：查考审核。决疑定谳（yàn）：解决疑难，作出定论。谳，议罪。
③ 未达一间：差一点点。

书》从千年迷雾中重露出真面目,清代诸大师的劳绩是不朽的。但二十九篇固是真本,其中也还该分别地看。照近人的意见,《周书》大都是当时史官所记,只有一二篇像是战国时人托古之作。《商书》究竟是当时史官所记,还是周史官追记,尚在然疑之间[①]。《虞夏书》大约多是战国末年人托古之作,只《甘誓》那一篇许是后代史官追记的。这么着,《今文尚书》里便也有了真伪之分了。

[参考资料]王先谦《尚书孔传参正序例》及卷三十六《伪孔安国序》。顾颉刚《论今文尚书著作时代书》(《古史辨》第一册)。

---

① 然疑之间:将信将疑,不能肯定。

《诗经》第四

【题解】《诗经》原称《诗》,是华夏最早的诗歌总集,为儒家"五经"之一;收录了西周初年至春秋中叶(前11世纪至前6世纪)的诗歌305首,又称《诗三百》,至汉代始称《诗经》。全书分为《风》《雅》《颂》三部分:《风》是各地民谣土乐,又按地域分为"十五《国风》";《雅》是正声雅乐,又分《小雅》和《大雅》;《颂》是天子及贵族的宗庙祭祀乐歌,又分《周颂》《鲁颂》和《商颂》。《诗经》作品的写作手法,主要有"赋""比""兴"三种,与《风》《雅》《颂》合称"《诗》六艺"。《诗经》记录了周代中前期的社会生活,保存了华夏早期诗歌创作的原生态,具有很高的认识价值和欣赏价值。孔子推崇《诗》,用"无邪"来概括其宗旨,并用《诗》教导学生。

    诗的源头是歌谣。上古时候,没有文字,只有唱的歌谣,没有写的诗。一个人高兴的时候或悲哀的时候,常愿意将自己的心情诉说出来,给别人或自己听。日常的言语不够劲儿,便用歌唱;一唱三叹地叫别人回肠荡气①。唱叹再不够的话,便手也舞起来了,脚也蹈起来了,反正要将劲儿使到了家。碰到节日,大家聚在一起酬神②作乐,唱歌的机会更多。或一唱众和,或彼此竞胜。传说葛天氏的乐八章,

---

① 一唱三叹:又作"一倡三叹",原指一人唱,三人和,后用来形容音乐、诗文委婉而含义深刻。回肠荡气:又作"荡气回肠",形容文章、乐曲婉转动人。

② 酬神:以祭祀歌舞等形式感谢、报答神灵。

三个人唱,拿着牛尾,踏着脚[1],似乎就是描写这种光景的。歌谣越唱越多,虽没有书,却存在人的记忆里。有了现成的歌儿,就可借他人酒杯,浇自己块垒[2];随时拣一支合适的唱唱,也足可消愁解闷。若没有完全合适的,尽可删一些改一些,到称意为止。流行的歌谣中往往不同的词句并行不悖[3],就是为此。可也有经过众人修饰,成为定本的。歌谣真可说是"一人的机锋,多人的智慧"了[4]。

歌谣可分为徒歌和乐歌。徒歌是随口唱,乐歌是随着乐器唱。徒歌也有节奏,手舞脚蹈便是帮助节奏的;可是乐歌的节奏更规律化些。乐器在中国似乎早就有了,《礼记》里说的土鼓土槌儿、芦管儿[5],也许是我们乐器的老祖宗。到了《诗经》时代,有了琴瑟[6]钟鼓,已是洋洋大观[7]了。歌谣的节奏最主要的靠重叠或叫复

---

[1] 原注:《吕氏春秋·古乐》篇。编者按:此段原文为"葛天氏之乐,三人操牛尾,投足以歌八阕(què):一曰《载民》,二曰《玄鸟》,三曰《遂草木》,四曰《奋五谷》,五曰《敬天常》,六曰《建帝功》,七曰《依地德》,八曰《总禽兽之极》"。葛天氏,远古帝王称号,比伏羲还要早。投足,踏步打拍子。阕,歌词一段叫一阕。

[2] 借他人酒杯,浇自己块垒:借酒浇愁。块垒,土块堆成的土堆,借喻心中积郁的愁闷。

[3] 并行不悖(bèi):同时进行,不相冲突。悖,违反。

[4] 原注:英国吉特生《英国民歌论》。译文据周作人《自己的园地·歌谣》。

[5] 原注:"土鼓""蒉桴(kuì fú)",见《礼运》和《明堂位》,"苇籥(yuè)"见《明堂位》。编者按:土槌儿,即蒉桴;芦管儿即苇籥。

[6] 琴瑟:古代的两种乐器,相传为伏羲发明。均由梧桐木制成,带有空腔,以丝绳为弦。琴弦数初为五,后增为七;瑟弦数为二十五。

[7] 洋洋大观:形容事物丰富多彩,美好繁多,悦人眼目。

沓^①；本来歌谣以表情为主，只要翻来覆去将情表到了家就成，用不着费话。重叠可以说原是歌谣的生命，节奏也便建立在这上头。字数的均齐，韵脚的调协，似乎是后来发展出来的。有了这些，重叠才在诗歌里失去主要的地位。

有了文字以后，才有人将那些歌谣纪录下来，便是最初的写的诗了。但纪录的人似乎并不是因为欣赏的缘故，更不是因为研究的缘故。他们大概是些乐工，乐工的职务是奏乐和唱歌；唱歌得有词儿，一面是口头传授，一面也就有了唱本儿。歌谣便是这么写下来的。我们知道春秋时的乐工就和后世阔人家的戏班子一样，老板叫作太师^②。那时各国都养着一班乐工，各国使臣来往，宴会时都得奏乐唱歌。太师们不但得搜集本国乐歌，还得搜集别国乐歌。不但搜集乐词，还得搜集乐谱。那时的社会有贵族与平民两级。太师们是伺候贵族的，

这三段讲的是诗的产生。诗源于歌谣，

---

① 复沓（tà）：一种诗歌或散文的修辞手法，指句子、段落一再重复，其间只更换少数词语。此种手法为《诗经》作品所常用。
② 太师：古代乐官之长称"太师"，也作"大师"。不同于后世作为辅国重臣的"太师"。

所搜集的歌儿自然得合贵族们的口味；平民的作品是不会入选的。他们搜得的歌谣，有些是乐歌，有些是徒歌。徒歌得合乐才好用。合乐的时候，往往得增加重叠的字句或章节，便不能保存歌词的原来样子。除了这种搜集的歌谣以外，太师们所保存的还有贵族们为了特种事情，如祭祖、宴客、房屋落成、出兵、打猎等等作的诗。这些可以说是典礼的诗。又有讽谏、颂美等等的献诗①；献诗是臣下作了献给君上，准备让乐工唱给君上听的，可以说是政治的诗。太师们保存下这些唱本儿，带着乐谱；唱词儿共有三百多篇，当时通称作"《诗》三百"。到了战国时代，贵族渐渐衰落，平民渐渐抬头，新乐代替了古乐，职业的乐工纷纷散走。乐谱就此亡失，但是还有三百来篇唱词儿流传下来，便是后来的《诗经》了②。

人们最初用歌唱来抒发情感，还常常伴随着舞蹈。歌谣又分为"徒歌"和"乐歌"，唱时最重节奏。"复沓"是早期歌谣的重要特点之一。文字产生以后，歌谣得以被记录下来，也便成了诗。最早跟诗打交道的人是各国的乐工，由太师率领，在外交宴会以及贵族们祭祖、宴客、房屋落成、出兵、打猎等场合奏乐演唱。乐词、乐谱都是由太师搜集整理的。《诗》三百篇便是太师保存下来的唱本儿，后来流传到民间。

---

① 讽谏（jiàn）：下对上用委婉曲折的言语、比喻的方法，进行规劝。颂美：颂扬赞美。
② 原注：今《诗经》共三百十一篇，其中六篇有目无诗，实存三百零五篇。编者按：《小雅》中有六篇"笙诗"，有目无辞，所以不计算在内。

"诗言志"是一句古话;"诗"(訨)这个字就是"言""志"两个字合成的。但古代所谓"言志"和现在所谓"抒情"并不一样;那"志"总是关联着政治或教化的。春秋时通行赋诗①。在外交的宴会里,各国使臣往往得点一篇诗或几篇诗叫乐工唱。这很像现在的请客点戏,不同处是所点的诗句必加上政治的意味。这可以表示这国对那国或这人对那人的愿望、感谢、责难等等,都从诗篇里断章取义。断章取义是不管上下文的意义,只将一章中一两句拉出来,就当前的环境,作政治的暗示。如《左传》襄公二十七年,郑伯宴晋使赵孟于垂陇,赵孟请大家赋诗,他想看看大家的"志"②。子太叔赋的是《野有蔓草》。原诗首章云:"野有蔓草,零露漙兮,有美一人,清扬婉兮。邂逅相遇,适我愿兮③。"子太叔只取末两句,借以表示郑国欢迎赵孟的意思;上文他就不管。全诗原是男女私情之作,他更不管了。可是这样办正是"诗言志";在那回宴会里,赵孟就和子太叔说了"诗以言志"这句话。

---

① 赋诗:从西周初到春秋中叶,在外交宴会等场合,宾主让乐工演唱指定的现成诗篇,以表达彼此的意思和立场,此种活动称"赋诗"。后世则专指吟诗、写诗。
② "郑伯"三句:指襄公二十七年,郑简公在垂陇(地名,在今河南郑州西北)宴请晋使赵孟,赵孟请众人赋诗,子太叔赋《野有蔓草》,其中有"邂逅相遇,适我愿兮"二句,以表示对赵孟的欢迎。在这次宴会上,赵孟讲了"诗以言志"的话。
③ "野有蔓草"六句:诗的大意是野草蔓生连成片,草叶上的露珠圆又圆。有位美女出现,眉清目秀真好看。偶然在路上碰见她,让我如何不想念。零,落。漙(tuán),凝结。扬,明。婉,即腕,形容眼睛很大。邂逅,不期而遇。

到了孔子时代，赋诗的事已经不行了，孔子却采取了断章取义的办法，用《诗》来讨论做学问做人的道理。"如切如磋，如琢如磨"①，本来说的是治玉②，将玉比人。他却用来教训学生做学问的功夫③。"巧笑倩兮，美目盼兮，素以为绚兮"④，本来说的是美人，所谓天生丽质。他却拉出末句来比方作画，说先有白底子，才会有画，是一步步进展的；作画还是比方，他说的是文化，人先是朴野的，后来才进展了文化——文化必须修养而得，并不是与生俱来的⑤。他如

这两段讲"诗言志"："言志"不同于"抒情"，乃与政治教化有关。春秋时，外交场合有"赋诗"的传统，即命乐工演唱指定的诗章，借以传达某种外交信息。这种做法被称作"断章

---

① 原注：《卫风·淇澳》的句子。编者按：切、磋、琢、磨，是古代治玉石器及骨器的不同工艺手法。
② 治玉：整治、雕刻玉石。
③ 原注：《论语·学而》。
④ 原注："巧笑倩兮，美目盼兮"，《卫风·硕人》的句子；"素以为绚兮"一句今已佚。
⑤ 原注：《论语·八佾》。编者按：《论语》原文是——子夏问曰："巧笑倩兮，美目盼兮，素以为绚兮。何谓也？"子曰："绘事后素。"曰："礼后乎？"子曰："起予者商也，始可与言诗已矣。"意思是，子夏问孔子："（《诗》中说：）好看地一笑，露出酒窝；目光流转，黑白分明；素白的底子画上美丽的花。这说的是什么意思？"孔子回答说："（这后一句的意思是，）先有素白的底子，后画花。"子夏又问："那么，是不是礼乐的产生在（朴素的仁义）之后呢？"孔子回答："卜商（子夏）啊，你真是能启发我的人！现在可以跟你讨论

此解诗，所以说"思无邪"一句话可以包括《诗》三百的道理①；又说诗可以鼓舞人，联合人，增加阅历，以泄牢骚，事父事君的道理都在里面②。孔子以后，"《诗》三百"成为儒家的"六经"之一，《庄子》和《荀子》里都说到"诗言志"③，那个"志"便指教化而言。

但春秋时列国的赋诗只是用诗，并非解诗；那时诗的主要作用还在乐歌，因乐歌而加以借用，不过是一种方便罢了。至于诗篇本来的意义，那时原很明白，用不着讨论。到了孔子时代，诗已经不常歌唱了，诗篇本来的意义，经过取义"。到了孔子时代，孔子仍沿用"断章取义"的手法，用诗与学生讨论做学做人的道理。人们对诗的认识，仍以"言志"为核心。

（接上页）《诗》了。"在这里，子夏对孔子"绘事后素"的引申理解是：仁义就是那素白的底子，礼乐就建立在仁义的基础上。孔子听了，由衷赞赏，认为子夏能举一反三。

① 原注："思无邪"，《鲁颂·駉（jiǒng）》的句子；"思"是语词，无义。编者按：历来学者对"思"的解释颇不一致，也有解释为"思想"或"情思"的。

② 原注：《论语·阳货》。编者按：原文为，"子曰：'小子何莫学夫诗。诗，可以兴，可以观，可以群，可以怨。迩之事父，远之事君；多识于鸟兽草木之名。'"迩，近处。

③ "《庄子》"句：《庄子》是道家代表人物庄周的著作，其中的《天下篇》，有"《诗》以道志。《书》以道事，《礼》以道行，《乐》以道和，《易》以道阴阳，《春秋》以道名分"等语。《荀子》是儒家代表人物荀卿的著作，其中《儒效》篇说："《诗》言是其志也。"

了多年的借用，也渐渐含糊了。他就按着借用的办法，根据他教授学生的需要，断章取义地来解释那些诗篇。后来解释《诗经》的儒生都跟着他的脚步走。最有权威的毛氏《诗传》和郑玄《诗笺》差不多全是断章取义，甚至断句取义——断句取义是在一句两句里拉出一个两个字来发挥，比起断章取义，真是变本加厉了。

　　毛氏有两个人：一个毛亨，汉时鲁国人，人称为大毛公，一个毛苌，赵国人，人称为小毛公；是大毛公创始《诗经》的注解，传给小毛公，在小毛公手里完成的。郑玄是东汉人，他是专给毛《传》作《笺》①的，有时也采取别家的解说；不过别家的解说在原则上也还和毛氏一鼻孔出气，他们都是以史证诗。他们接受了孔子"无邪"的见解，又摘取了孟子的"知人论世"的见解②，以为用孔子的诗的哲学，别裁③古代的史说，拿来证明那些诗篇是什么时代作的，为什么事作的，便是孟子所谓"以意逆志"④。其实孟子所谓"以意逆志"倒是说要看全篇大意，不可拘泥在字句上，与他们不同。他们这样猜出来的作诗人的志，自然不会与作诗人相合；但那种志倒是关联着政治教化而与"诗言志"一语相合的。这样的以史证诗的思想，最先具体地表现在《诗序》里。

---

① 笺（jiān）：古代无纸，笺的原意是用来书写的狭窄小竹片。这里用作动词，指对古书的注释，称"笺注"。
② 原注：见《孟子·万章》。编者按：此处原文是"故说诗者，不以文害辞，不以辞害志。以意逆志，是为得之"。大意是因此解说诗的人，不应死抠文字而误解词句，也不应死抠词句而误解原意。要通过自己的思考，去揣摩诗人的本意，自然能获取诗歌的真谛。
③ 别裁：别出心裁，另作解说。
④ 原注：见《孟子·万章》。

《诗序》有《大序》《小序》。《大序》好像总论,托名子夏,说不定是谁作的。小序每篇一条,大约是大小毛公作的。以史证诗,似乎是《小序》的专门任务;传里虽也偶然提及,却总以训诂为主,不过所选取的字义,意在助成序说,无形中有个一定方向罢了。可是《小序》也还是泛说的多,确指的少。到了郑玄,才更详密地发展了这个条理。他按着《诗经》中的国别和篇次,系统地附合史料,编成了《诗谱》,差不多给每篇诗确定了时代;《笺》中也更多地发挥了作为各篇诗的背景的历史。以史证诗,在他手里算是集大成[1]了。

这三段是说,汉代儒生解《诗》,走的仍是"断章取义"乃至"断句取义"的老路。汉代人毛亨、毛苌为《诗经》作传(称《毛传》),秉承孔子、孟子的见解,以史证诗。毛氏为每篇诗撰写《小序》,汉代郑玄又为《毛传》作《笺》,目的是为每篇诗确定时代,讲说其背景和历史——其间自然难免有牵强附会之言。

《大序》说明诗的教化作用;这种作用似乎建立在风、雅、颂、赋、比、兴,所谓"六义[2]"上。《大序》只解释了风雅颂。说风是风化(感化)、讽刺的意思,雅是正的意思,颂是形容盛德的意思。这都是按着教化作用解释的。

---

[1] 集大成:汇集某一主题的各方面见解,达成全面而完备的学说。
[2] 六义:此说可参看《〈经典常谈〉参考资料》中"《诗经》第四附录"的《诗大序》节录部分。

照近人的研究，这三个字大概都从音乐得名。风是各地方的乐调，《国风》便是各国土乐的意思。雅就是"乌"字，似乎描写这种乐的呜呜之音。雅也就是"夏"字，古代乐章叫作"夏"的很多，也许原是地名或族名。雅又分《大雅》《小雅》，大约也是乐调不同的缘故。颂就是"容"字，容就是"样子"；这种乐连歌带舞，舞就有种种样子了。风雅颂之外，其实还该有个"南"。南是南音或南调，《诗经》中《周南》《召南》的诗，原是相当于现在河南、湖北一带地方的歌谣。《国风》旧有十五，分出二南，还剩十三；而其中邶、鄘两国的诗，现经考定，都是卫诗，那么只有十一《国风》了①。颂有《周颂》《鲁颂》《商颂》，《商颂》经考定

---

① 原注：卫、王、郑、齐、魏、唐、秦、陈、桧、曹、豳（Bīn）。编者按：卫国在今天河南淇县附近，是西周时诸侯国。邶（Bèi）国、鄘（Yōng）国也都是诸侯国，位置分别在河南省淇县以北、汤阴县东南一带以及现在的卫辉、新乡一带，这两处的诗，也都属于"卫风"。"王风"为东周洛邑之诗，那里是东周的国都。郑也是西周诸侯国，大致包括今河南的中部及河南邻省的一些地方。齐是东方大国，疆域包括今天山东省大部，河北省南部。魏也是诸侯国，领土先后包括今山西南部、河南中北部、陕西东部、河北南部、江苏北部。魏惠王（梁惠王）将国都从安邑迁到大梁（今河南开封），因此魏又称梁国。唐是西周时成王之弟叔虞的封地，故土相当于今山西翼城、襄汾县一带。秦位于西北地区，占据陕西一带，后来又兼并巴蜀，地盘最大。陈大致在今天河南省东部。桧是小国，大约在今河南省新郑市西北、新密市东南一带。曹的国都是定陶，在山东省境内，今属山东菏泽市。豳同邠（Bīn），古都邑名，在今甘肃庆阳、陕西旬邑、彬州一带，是周族部落的发源地。除此之外，还有"二南"。召（Shào）南是召公统治的南方地区，其最早的封地召，在今陕西岐山西南；后被封在郾，就是燕国，大致在今河北、北京、

实是《宋颂》。至于搜集的歌谣，大概是在二南、《国风》和《小雅》里。

赋比兴的意义，说数最多。大约这三个名字原都含有政治和教化的意味。赋本是唱诗给人听，但在《大序》里，也许是"直铺陈今之政教善恶"①的意思。比兴都是《大序》所谓"主文而谲谏"；不直陈而用譬喻叫"主文"，委婉讽刺叫"谲谏"。说的人无罪；听的人却可警诫自己。《诗经》里许多譬喻就在比兴的看法下，断章断句地硬派作政教的意义了。比兴都是政教的譬喻，但在诗篇发端的叫作兴。《毛传》只在有兴的地方标出，这两段是说，《毛传》中除了《小序》，还有《大序》，也就是全书的总序，托名子夏所作。序中讲说教化的作用，提出"六艺"之说，也就是风、雅、颂、赋、比、兴。《大序》对风、雅、颂的解释，仍从政教入手；而据近人研究，风、雅、颂实应与音乐有关。至

（接上页）内蒙古东部一带。周南是周公统治下的南方地区，包括洛阳在内的黄河以南，直到江汉一带，还包括今天的河南西南部及湖北的西北部。

① "直铺陈"句：出自东汉郑玄的《毛诗正义》，原文是"赋之言铺，直铺陈今之政教善恶。比，见今之失，不敢斥言，取比类以言之。兴，见今之美，嫌于媚谀，取善事以喻劝之"。大意是赋的意思是铺陈，是直接陈说政教的优缺点。比是见到当今政教的缺失，不敢直接批评，找相近的事加以批评，以彼喻此。兴是见到当今政教之美，直接表扬有阿谀奉承之嫌，于是选取类似的好事，以比喻的形式来劝勉鼓励。按，此说完全从政教上着眼，显然是不准确的。一般的理解是，赋、比、兴是当时作诗常用的三种修辞手法，赋是直陈其事的手法，比是比喻的手法，兴是先借别的事物作个由头，再引到要吟咏的事物上来。兴一般放在诗的开端，常与比合用，称"比兴"。

不标赋比；想来赋义是易见的，比兴虽都是曲折成义，但兴在发端，往往关系全诗，比较更重要些，所以便特别标出了。《毛传》标出的兴诗，共一百十六篇，《国风》中最多，《小雅》第二；按现在说，这两部分搜集的歌谣多，所以譬喻的句子也便多了。

［参考资料］顾颉刚《〈诗经〉在春秋战国间的地位》(《古史辨》第三册下)。顾颉刚《论〈诗经〉所录全为乐歌》(同上)。朱自清《言志说》(《语言与文学》)。朱自清《赋比兴说》(《清华学报》十二卷三期)。

于赋、比、兴，《大序》中没有多讲，那应是诗歌常用的三种修辞手法。汉代经学家对赋、比、兴的解释仍不离政教，今天看来多有值得商榷处。

"三礼"第五

【题解】"三礼"是指《仪礼》《周礼》《礼记》三书,均被收入儒家"十三经"。其中,《仪礼》《周礼》是记载并解释礼仪、礼制的经书,相传为周公所作,实为战国时代的产物。《礼记》是汉代儒家学者解释礼仪、讨论礼制变迁等问题的论文集,属于解经之作,后来也升格为"经",成为"五经"中"礼"的代表。本文从政治制度、宗教仪式和社会习俗三个方面,阐述了儒家所倡导的"礼治主义"。对"伪礼"的形成,礼和乐的关系以及"三礼"的由来,也都作了介绍。

许多人家的中堂里,供奉着"天地君亲师①"的大牌位。天地代表生命的本源。亲是祖先的意思,祖先是家族的本源。君师是政教的本源。人情不能忘本,所以供奉着这些。荀子只称这些为礼的三本②;大概是到了后世才宗教化了的。

此段从普通人家供奉的"天地君亲师"说起,说到礼之"三本",即天地、祖先和君师。儒家所说的礼,

---

① 天地君亲师:儒家祭祀的对象,即天神、地祇(qí)、君主、双亲(包括列祖列宗)、老师。内中包含了敬天法祖、孝亲顺长、忠君爱国、尊师重教等价值取向。
② 原注:《荀子·礼论》篇。编者按:原文是"礼有三本:天地者,生之本也;先祖者,类之本也;君师者,治之本也"。意思是礼有三个本源:天地,是生命的本源;祖先,是种族的本源;君主老师,是治国和教化的本源。另,古人也用"君师"称呼天子。

荀子是儒家大师。儒家所称道的礼，包括政治制度、宗教仪式、社会风俗习惯等等，却都加以合理的说明。从那"三本说"，可以知道儒家有拿礼来包罗万象的野心，他们认礼为治乱①的根本；这种思想可以叫作礼治主义。

怎样叫作礼治呢？儒家说初有人的时候，各人有各人的欲望，各人都要满足自己的欲望；没有界限，没有分际②，大家就争起来了。你争我争，社会就乱起来了。那时的君师们看了这种情形，就渐渐给定出礼来，让大家按着贵贱的等级，长幼的次序，各人得着自己该得的一份儿吃的喝的穿的住的，各人也做着自己该做的一份儿工作。各等人有各等人的界限和分际；若是只顾自己，不管别人，任性儿贪多务得③，偷懒图快活，这种人就得受严厉的制裁，有时候保不住性命。这种礼，教人节制，教人和平，建立起社会的秩序，可以说是政治制度。包括政治制度、宗教仪式和社会习俗等，以礼治天下，即所谓"礼治主义"，与殷商迷信鬼神的"鬼治主义"相对而言。

---

① 治乱：安定和动乱两种世道。
② 分际：合适的界限。
③ 贪多务得：贪心不足，务求多得。

天生万物，是个很古的信仰。这个天是个能视能听的上帝，管生杀，管赏罚。在地上的代表，便是天子。天子祭天，和子孙祭祖先一样。地生万物是个事实。人都靠着地里长的活着，地里长的不够了，便闹饥荒；地的力量自然也引起了信仰。天子诸侯祭社稷①，祭山川，都是这个来由。最普遍的还是祖先的信仰。直到我们的时代，这个信仰还是很有力的。按儒家说，这些信仰都是"报本返始"的意思②。报本返始是庆幸生命的延续，追念本源，感恩怀德，勉力去报答的意思。但是这里面怕不单是怀德，还有畏威的成分。感谢和恐惧产生了种种祭典。儒家却只从感恩一面加以说明，看作礼的一部分。但这种礼教人恭敬，恭敬便是畏威的遗迹了。儒家的丧礼，最主要的如三年

这三段分别从政治制度、宗教仪式和社会习俗的角度，介绍

---

① 社稷（jì）：土地神和谷神的合称，常用来指代国家政权。
② 原注：《礼记·郊特牲》。编者按：原文是"唯为社事，单出里；唯为社田，国人毕作；唯社，丘乘共粢盛；所以报本反始也"。大意是只有祭社神的时候，乡里人都得出来参加；只有为祭社神而打猎的时候，全城人都要出动；只有祭社神的时候，乡间各丘乘级的行政单位要供给祭祀用米，以此来报答土地的养育之恩，追思万物的初始。

之丧①，也建立在感恩的意味上；却因恩谊的亲疏②，又定出等等差别来。这种礼，大部分可以说是宗教仪式。

居丧一面是宗教仪式，一面是普通人事③。普通人事包括一切日常生活而言。日常生活都需要秩序和规矩。居丧以外，如婚姻、宴会等大事，也各有一套程序，不能随便马虎过去；这样是表示郑重，也便是表示敬意和诚心。至于对人，事君，事父母，待兄弟姊妹，待子女，以及夫妇朋友之间，也都自有一番道理。按着尊卑的分际，各守各的道理，君仁臣忠，父慈子孝，兄友弟恭④，夫妇朋友互相敬爱，才算能做人；人人能做人，天下便治了。就是一个人饮食言动⑤，也都该有个规矩，别叫旁人难过，更别侵

礼治主义。其一，礼治是由君师定出礼，使贵贱长幼各有分际，大家按礼的规定，享用自己应得的一份，做自己该做的事，否则就要受责罚。这种礼，实为政治制度。其二，天子祭天、祭社稷山川，代表了人们对天地的信仰。人们祭祖先，体现了感恩怀德，也有畏威的成分。这种礼，相当于宗教仪式。其三，日常生活也需要秩序和规矩，婚丧嫁娶的程序，

---

① 三年之丧：古代儒家礼制，父母过世，子女要守孝三年，不能外出工作、当官。

② 恩谊的亲疏：这里指亲戚关系的近与远（礼制据此有不同规定）。

③ 人事：这里指人的日常生活。

④ "君仁臣忠"三句：这是对待君臣、父子、兄弟等不同社会关系的道德要求——君主要宽仁，臣下要忠诚；父（母）要慈爱，儿子要孝顺；哥哥对弟弟要友爱，弟弟对哥哥要尊重。这些道德，往往带有对等的意味。加上下文中的夫妇、朋友，称"五伦"。

⑤ 饮食言动：这里指人的寻常行为，一饮一食，一举一动。

犯着旁人，反正诸事都记着自己的份儿。这些个规矩也是礼的一部分；有些固然含着宗教意味，但大部分可以说是风俗习惯。这些风俗习惯有一些也可以说是生活的艺术。

王道①不外乎人情，礼是王道的一部分，按儒家说是通乎人情的②。既通乎人情，自然该诚而不伪了。但儒家所称道的礼，并不全是实际施行的。有许多只是他们的理想，这种就不一定通乎人情了。就按那些实际施行的说，每一个制度、仪式或规矩，固然都有它的需要和意义。但是社会情形变了，人的生活跟着变；人的喜怒爱恶（wù）虽然还是喜

君臣、父子、兄弟、夫妇、朋友的交往，包括饮食言动，都有规矩。这些风俗习惯，也是礼的一部分。

此段是说，礼原本是通人情的，但儒

---

① 王道：儒家以仁义治理天下的政治主张。与以力服人的霸（伯）道相对立。
② 原注：《礼记·乐记》。编者按：这里可参看以下两段原文，一段是"是故先王之制礼乐，人为之节。……礼节民心，乐和民声，政以行之，刑以防之。礼、乐、刑、政，四达而不悖，王道备矣"。大意是因而先王制定礼乐，使人们用以节制自己的情欲。……用礼来节制人心，用乐来调和人声，用政令来推动政策实施，用刑罚来防止不轨之行。礼、乐、刑、政畅通四方，并行不悖，王道政治的要求就具备了。另一段原文是"乐也者，情之不可变者也；礼也者，理之不可易者也。乐统同，礼辨异，礼乐之说，管乎人情矣"。大意是乐，表达确定的感情；礼，表现不可变的道理。乐统和人心，礼区别尊卑，礼乐的道理通于人情。

怒爱恶，可是对象变了。那些礼的惰性却很大，并不跟着变。这就留下了许许多多遗形物，没有了需要，没有了意义；不近人情的伪礼，只会束缚人。《老子》里攻击礼，说"有了礼，忠信就差了"①；后世有些人攻击礼，说"礼不是为我们定的"②；近来大家攻击礼教，说"礼教是吃人的"。这都是指着那些个伪礼说的。

家之礼本来就有理想的成分，再加上社会发生变化，礼却有惰性，不能随之改变，于是渐渐成为束缚人性、不近人情的"伪礼"。在近代，则引发"礼教吃人"的批判。

从来礼乐并称，但乐实在是礼的一部分；乐附属于礼，用来补助仪文③的不足。乐包括歌和舞，是"人情之所必不免"的④。不但是"人情之所必不免"，而

---

① 原注：《老子》三十八章。编者按：原文是"夫礼者，忠信之薄，而乱之首也"。大意是礼是忠信的不足，是祸乱的开端。

② 原注：阮籍语，原文见《世说新语·任诞》。原文是"阮籍嫂尝还家，籍见与别，或讥之。籍曰：'礼岂为我辈设也？'"。大意是阮籍的嫂子曾回娘家，阮籍前去跟她道别。有人讥笑他，认为他的举动不合男女有别的礼法，他说："礼哪里是为我这样的人设定的呢？"

③ 仪文：礼教条文。

④ 原注：《荀子·乐论》篇，《礼记·乐记》。《荀子·乐论》篇的原文是"夫乐者，乐也，人情之所必不免也，故人不能无乐"。大意是音乐就是快乐，追求快乐是人的感情必不可少的，所以人不能没有音乐。《礼记·乐记》的原文是"夫乐者，乐也，人情之所必不免也。乐必发于声音，形于动静，人之道也。声音动静，性术之变尽于此也"。大意是音乐是使人快乐的，追求快乐是人之常情，必不可少的。乐一定要发出声音，表现为动作，这是人的自然反应。一个声音

且乐声的绵延和融和也象征着天地万物的"流而不息,合同而化"①。这便是乐本。乐教人平心静气,互相和爱,教人联合起来,成为一整个儿。人人能够平心静气,互相和爱,自然没有贪欲、捣乱、欺诈等事,天下就治了。乐有改善人心、移风易俗的功用,所以与政治是相通的。按儒家说,礼乐刑政,到头来只是一个道理;这四件都顺理成章了,便是王道。这四件是互为因果的。礼坏乐崩,政治一定不成;所以审乐可以知政②。"治世之音安以乐,其政和;乱世之音怨以怒,其政乖;亡国之音哀以思,其民困③。"吴公子季札到鲁国观乐,乐

此段谈"乐"。古人"礼乐"并称,乐是礼的一部分。乐包括歌与舞,体现了人情的自然追求,有改善人心、移风易俗的功用,与政教相通。礼、乐、刑、政顺理成章,便是"王道";礼乐崩解,则政

（接上页）一个动作,人表达性情的方式,超不出这二者。

① 原注:《礼记·乐记》。这两句的意思是天地二气流动不息,相互融合化生万物（因而有体现这种融合的音乐兴起）。

② 原注:《礼记·乐记》。原文是"唯君子为能知乐。是故审声以知音,审音以知乐,审乐以知政,而治道备矣。大意是只有君子才能懂得音乐的意义,所以能够辨别声音进而懂得歌曲,辨别歌曲进而懂得音乐,辨别音乐进而懂得政教,从而具有完备的治国之道。

③ 原注:《礼记·乐记》。编者按:原文另有断句,"治世之音安,以乐其政和;乱世之音怨,以怒其政乖;亡国之音哀,以思其民困"。大意是太平时代的音乐安详,表达对平和政治的欢乐;动乱时代的音乐哀怨,表达对混乱政治的愤怒;亡国时候的音乐悲哀,表达对人民困苦的忧思。

工奏哪一国的乐,他就知道是哪一国的;他是从乐歌里所表现的政治气象而知道的①。歌词就是诗;诗与礼乐也是分不开的。孔子教学生要"兴于诗,立于礼,成于乐"②;那时要养成一个人才,必需学习这些。这些诗、礼、乐,在那时代都是贵族社会所专有,与平民是无干的。到了战国,新声③兴起,古乐衰废,听者只求悦耳,就无所谓这一套乐意。汉以来胡乐④大行,那就更说不到了。

古代似乎没有关于乐的经典;只有《礼记》里的《乐记》,是钞录儒家的《公孙尼子》等书而成,原本已经是战国

治必坏。从乐歌还可以了解当时的政治气象。乐歌的歌词即为诗,诗与礼乐是难以分开的。孔子认为培养君子应从学习诗、礼、乐入手。不过到了战国及汉代,古乐被新乐、胡乐所取代,其教化功能也随之消失。

---

① 原注:《左传·襄公二十九年》。编者按:吴公子季札出使鲁国,请求观赏周朝的乐舞。乐队每奏一曲,他都能听出是哪国音乐,并有切实的赞美评论。譬如为他歌唱《齐风》,他评价说:"美哉!泱泱乎,大风也哉!表东海者,其大公乎?国未可量也!"大意是真美妙啊!这样深广宏大!这是大国的音乐吧?此国足以做东海诸国的表率,这莫非是太公的国家?前程不可限量!泱泱,深广宏大貌。大公,太公,即姜子牙,封于齐。最后演奏虞舜的"萧韶"之乐,他有"观止矣"的评价。
② 原注:《论语·泰伯》。编者按:这三句的大意是诗篇使人振作,礼使人立足稳固,乐能陶冶性情,使人完善。
③ 新声:指起于民间、不受礼乐制度约束的活泼动听的曲调,乐曲中没有政治寄托,也就是所谓的"这一套乐意"。
④ 胡乐:传自西域的音乐,乐器、曲调都有所不同。

时代的东西了。关于礼，汉代学者所传习的有三种经和无数的"记"。那三种经是《仪礼》《礼古经》《周礼》。《礼古经》已亡佚，《仪礼》和《周礼》相传都是周公作的。但据近来的研究，这两部书实在是战国时代的产物。《仪礼》大约是当时实施的礼制，但多半只是士①的礼。那些礼是很繁琐的，踵事增华②的多，表示诚意的少，已经不全是通乎人情的了。《仪礼》可以说是宗教仪式和风俗习惯的混合物；《周礼》却是一套理想的政治制度。那些制度的背景可以看出是战国时代；但组成了整齐的系统，便是著书人的理想了。

"记"是儒家杂述礼制、礼制变迁的历史，或礼论之作；所述的礼制有实施的，也有理想的。又叫作《礼记》：这《礼记》是一个广泛的名称。这些"记"里包含着《礼古经》的一部分。汉代所见的"记"很多，但流传到现在的只有

> 这两段是说，《乐经》很可能压根就不存在。而关于礼的经书，至今只存《仪礼》《周礼》两部，应是战国时的产物。另有《礼记》，是儒家研究礼的杂述，汉代流行着《大戴记》和《小戴记》，各收论礼文章若干篇。今天流传的《礼记》以《小戴记》为基础，里面也掺有他人之作。

---

① 士：是贵族阶层的最低一级。
② 踵（zhǒng）事增华：继续前人的业绩并加以发展，使之更加完善美好。踵，脚后跟；用作动词，有跟着的意思。

三十八篇《大戴记》和四十九篇《小戴记》。后世所称《礼记》，多半专指《小戴记》说。大戴是戴德；小戴是戴圣，戴德的侄儿。相传他们是这两部书的编辑人。但二戴都是西汉的《仪礼》专家。汉代有"五经"博士；凡是一家一派的经学影响大的，都可以立博士。大戴仪礼学后来立了博士，小戴本人就是博士。汉代经师的家法①最严，一家的学说里绝不能掺杂别家。但现存的两部"记"里都各掺杂着非二戴的学说。所以有人说这两部书是别人假托二戴的名字纂辑的；至少是二戴原书多半亡佚，由别人拉杂②凑成的——可是成书也还在汉代。——这两部书里，《小戴记》容易些，后世诵习的人比较多些；所以差不多专占了《礼记》的名字。

[参考资料] 洪业《礼记引得序》《仪礼引得序》。

---

① 家法：这里指学术上的门派之见。
② 拉杂：零乱，无条理。

"《春秋》三传"第六(《国语》附)

【题解】"《春秋》三传"即《春秋左氏传》《春秋公羊传》和《春秋穀梁传》,是"五经"之一《春秋》的解经之作。——"三传"后来都升格为"经",进入"十三经"的序列;《春秋》反而失去独立的地位,依附于三传而存在。

"三传"的解经方式不同,《公羊传》《穀梁传》更重视"书法",亦即"咬嚼"字眼儿,探讨其间的微言大义。《左传》则依据《春秋》的叙事脉络,参考群籍,补充了大量史实,完成了近二十万字、记述生动的编年体通史,"不但是史学的权威,也是文学的权威"(朱自清语)。

"春秋"是古代记事史书的通称。古代朝廷大事,多在春秋二季举行,所以记事的书用这个名字。各国有各国的春秋,但是后世都不传了。传下的只有一部《鲁春秋》,《春秋》成了它的专名,便是《春秋经》了。传说这部《春秋》是孔子作的,至少是他编的。鲁哀公十四年,鲁西有猎户打着一只从没有见过的独角怪兽,想着定是个不祥的东西,将它扔了。这个新闻传到了孔子那里,他便去看。他一看,就说:"这是麟①啊。为谁来的呢!干什么来的呢!唉唉!我的道不行了!"说着流下泪来,赶忙将袖子去擦,泪点儿却已滴到衣襟上。原来麟是个仁兽,是个祥瑞的东西;圣帝明

---

① 麟:中国传说中的神兽,是祥瑞的象征。又称"麒麟",与凤、龟、龙共称为"四灵"。

王在位，天下太平，它才会来，不然是不会来的。可是那时代哪有圣帝明王？天下正乱纷纷的，麟来的真不是时候，所以让猎户打死；它算是倒了运了。

孔子这时已经年老，也常常觉着生的不是时候，不能行道；他为周朝伤心，也为自己伤心。看了这只死麟，一面同情它，一面也引起自己的无限感慨。他觉着生平说了许多教；当世的人君总不信他，可见空话不能打动人。他发愿修一部《春秋》，要让人从具体的事例里，得到善恶的教训，他相信这样得来的教训比抽象的议论深切著明的多。他觉得修成了这部《春秋》，虽然不能行道①，也算不白活一辈子。这便动起手来，九个月书就成功了。书起于鲁隐公，终于获麟；因获麟有感而作，所以叙到获麟绝笔，是纪念的意思。但是《左传》里所载的《春秋经》，获麟后还有，而且在记了"孔子卒"的哀公十六年后还有：据说那都是他的弟子们续修的了。

这个故事虽然够感伤的，但我们从

这三段讲《春秋》的由来，指出《春秋》是鲁国的记事史书，相

---

① 行道：指实施自己的政治主张。

种种方面知道，它却不是真的。《春秋》只是鲁国史官的旧文，孔子不曾掺进手去。《春秋》可是一部信史①，里面所记的鲁国日食，有三十次和西方科学家所推算的相合，这绝不是偶然的。不过书中残阙②、零乱和后人增改的地方，都很不少。书起于隐公元年，到哀公十四年止，共二百四十二年（前722—前481）；后世称这二百四十二年为春秋时代。书中纪事按年月日，这叫作编年。编年在史学上是个大发明；这教历史系统化，并增加了它的确实性。《春秋》是我国现存的第一部编年史。书中虽用鲁国纪元，所记的却是各国的事，所以也是我们第一部通史③。所记的齐桓公、晋文公的霸迹④最多；后来说"尊王攘夷"是传是孔子有感而作，借以传达善恶的教训。实则此书是春秋时鲁国史官的旧文，记录了公元前8世纪到公元前5世纪之间二百四十余年的历史。其书首创编年体，是一部通史。书中多记齐桓公、晋文公之事，含有"尊王攘夷"之旨。

---

① 信史：真实可信、不加隐讳或夸张的历史记载。相对的概念有"野史""秽史"等。

② 残阙：残缺。

③ 通史：一般指贯通数代的史书，如《史记》便记载了从远古直至汉武帝时的历史。单独记载个别朝代历史的史书称断代史，如《汉书》《后汉书》《旧唐书》《明史》等。

④ 霸迹：春秋时，周室衰微，诸侯中的强者常会打着拥戴周天子的旗号，以结盟的形式宣示自己的权威，先后出现五位"霸主"，号称"春秋五霸"。其中，以齐桓公、晋文公的霸业最为煊赫。霸迹即称霸的业绩。

《春秋》大义,便是从这里着眼。

古代史官记事,有两种目的:一是征实①,二是劝惩②。像晋国董狐不怕权势,记"赵盾弑其君"③,齐国太史记"崔杼弑其君"④,虽杀身不悔,都为的是征实和惩恶,作后世的鉴戒⑤。但是史文简略,劝惩的意思有时不容易看出来,因此便需要解说的人。《国语》记楚国申叔时论教太子的科目,有"春秋"一项,说"春秋"有奖善惩恶的作用,可以戒劝太子的心⑥。孔子是第一个开门授

此段讲古代史官记事,有征实和劝惩

① 征实:具体而真实地记录、表达。
② 劝惩:奖惩,鼓励(善行)惩罚(恶行)。
③ 原注:《左传·宣公二年》。编者按:董狐(生卒年不详)是晋国太史(史官),晋正卿赵盾受晋灵公迫害出逃,赵盾族弟赵穿杀死晋灵公。董狐在史册直书:"赵盾弑其君"(以下杀上称"弑"shì)。赵盾不服。董狐认为:赵盾身为正卿,逃走时没出国境,返回时也不讨伐"弑君"乱臣,因此应当背负"弑君"之责,始终不肯更改史实记录。
④ 原注:《左传·襄公二十五年》。编者按:齐庄公无道,为大臣崔杼(zhù)所杀。齐国太史(名不详)在史册直书:"崔杼弑其君。"崔杼恼怒,杀死太史,太史的弟弟继承兄职,坚持不改,又被崔杼杀掉。太史的另一个弟弟接替,依旧坚持。崔杼只好听之任之。而此时"南史氏"(也是史官)以为太史一家被杀,拿着竹简前来,听说已经记在史册,这才返回。
⑤ 鉴戒:可以当作镜子加以对照、引为教训的事。
⑥ "《国语》记楚国申叔时"四句:原文见《国语·楚语》,"(申)叔时曰:'教之《春秋》,而为之耸善而抑恶焉,以戒劝其心……'"。申叔

徒,拿经典教给平民的人,《鲁春秋》也该是他的一种科目。关于劝惩的所在,他大约有许多口义①传给弟子们。他死后,弟子们散在四方,就所能记忆的又教授开去。《左传》《公羊传》《穀梁传》,所谓"《春秋》三传"里,所引孔子解释和评论的话,大概就是指的这一些。

三传特别注重《春秋》的劝惩作用;征实与否,倒在其次。按三传的看法,《春秋》大义可以从两方面说:明辨是非,分别善恶,提倡德义,从成败里见教训,这是一;夸扬霸业,推尊周室,亲爱中国,排斥夷狄②,实现民族大一统的理想,这是二。前者是人君的明鉴③,后者是拨乱反正的程序。这都是王道。而敬天事鬼④,也包括在王道里。《春秋》里记灾,表示天罚,记鬼,表

两个目的。孔子拿《春秋》来教导学生,学生将老师的口头讲解传于四方,于是便有了解经之作《左传》《公羊传》和《穀梁传》产生,合称"《春秋》三传"。

（接上页）时是楚庄王时楚国大臣。他在这里讲如何教导太子,包括拿《春秋》《礼》《乐》《诗》等当作教材。耸善,鼓励善行。戒劝,告诫勉励。

① 口义:这里指口头的讲解。
② 夷狄:古人常以"夷狄"指称中原以外的民族。
③ 明鉴:明亮的镜子,借指可为借鉴的明显的前例。
④ 敬天事鬼:敬奉上天,侍奉鬼神。鬼也指死去的祖先。

示恩仇，也还是劝惩的意思。古代记事的书常夹杂着好多的迷信和理想，《春秋》也不免如此；三传的看法，大体上是对的。但在解释经文的时候，却往往一个字一个字地咬嚼①；这一咬嚼，便不顾上下文穿凿附会②起来了。《公羊》《穀梁》，尤其如此。

这样咬嚼出来的意义就是所谓"书法"③，所谓"褒贬"，也就是所谓"微言"。后世最看重这个。他们说孔子修《春秋》，"笔则笔，削则削"④，"笔"是书，"削"不是书，都有大道理在内。又说一字之褒，比教你做王公还荣耀，一字之贬，比将你做罪人杀了还耻辱。本来孟子说过，"孔子成《春秋》而乱臣贼子惧"⑤，那似乎只指概括的劝惩作用而

这三段介绍"《春秋》三传"，认为三传特别注重发挥《春秋》的劝惩作用。《春秋》大义一是明辨是非善

---

① 咬嚼：原指咀嚼（食物），这里用来比喻用心琢磨，反复玩味。
② 穿凿附会：把讲不通的硬要讲通，把不相干的事硬要拉在一起。
③ 书法：《春秋》所谓的书法，是指一种记述历史、褒贬人物的笔法，也就是阐发"微言大义"，从看似平凡的词语中挖掘深刻的含义。
④ 原注：《史记·孔子世家》。编者按：原文是"至于为《春秋》，笔则笔，削则削，子夏之徒，不能赞一辞"。大意是至于写《春秋》，该写的写，该删的删，子夏等门徒一个字也不能添加。
⑤ 原注：《孟子·滕文公下》。编者按：原文大意是孔子写成《春秋》，叛乱的臣子、不孝的子孙，都感到畏惧。

言。等到褒贬说发展，孟子这句话倒像更坐实①了。而孔子和《春秋》的权威也就更大了。后世史家推尊孔子，也推尊《春秋》，承认这种书法是天经地义②；但实际上他们却并不照三传所咬嚼出来的那么穿凿附会地办。这正和后世诗人尽管推尊《毛诗》《传》《笺》③里比兴的解释，实际上却不那样穿凿附会地作诗一样。三传，特别是《公羊传》和《穀梁传》，和《毛诗》《传》《笺》，在穿凿解经这件事上是一致的。

三传之中，公羊、穀梁两家全以解经为主，左氏却以叙事为主。公、穀以解经为主，所以咬嚼得更厉害些。战国末期，专门解释《春秋》的有许多家，公、穀较晚出而仅存。这两家固然有许多彼此相异之处，但渊源似乎是相同的；他们所引别家的解说也有些是一样的。这两种《春秋经传》经过秦火④，多有残阙的地方；

恶，让人从成败中见出历史教训；一是夸扬霸业，宣扬尊王攘夷的思想。这都属于"王道"，其中也包括宣讲鬼神之事以达劝惩目的。三传在解释《春秋》经文时，爱"咬嚼"字眼儿（即所谓研究"书法"和"微言"），不免过度解说，穿凿附会。这一特点，《公羊》《穀梁》尤为显著。而《左传》则以叙事为主。《公羊》《穀梁》约出现于战国末期，跟《左传》相同，反映的也是儒家观点。

① 坐实：落实，证实。
② 天经地义：理所当然，不容置疑。
③ 《毛诗》《传》《笺》：《传》指毛亨所著《毛诗故训传》，简称《毛传》。《笺》指郑玄所作《毛诗笺》，简称《郑笺》。
④ 秦火：指秦始皇焚书坑儒的暴行。

到汉景帝武帝时候,才有经师①重加整理,传授给人。公羊、穀梁只是家派的名称,仅存姓氏,名字已不可知。至于他们解经的宗旨,已见上文;《春秋》本是儒家传授的经典,解说的人,自然也离不了儒家,在这一点上,三传是大同小异的。

《左传》这部书,汉代传为鲁国左丘明所作。这个左丘明,有的说是"鲁君子",有的说是孔子的朋友;后世又有说是鲁国的史官的②。这部书历来讨论的最多。汉时有"五经"博士。凡解说"五经"自成一家之学的,都可立为博士。立了博士,便是官学;那派经师便可做官受禄③。当时《春秋》立了《公》《穀》二传的博士。《左传》流传得晚些,古文派经师也给它争立博士。今文派却说这部书不得孔子《春秋》的真传,不如公、穀两家。后来虽一度立了博士,可是不久还是废了。倒是民间传习的渐多,终于大行④!原来公、穀不免空谈,《左传》却是一部仅存的古代编年通史(残阙又少),用处自然大得多。《左传》以外,还有一部分国记载的《国语》,汉代也认为左丘明所作,称为《春秋外传》。后世学者怀疑这一说的很多。据近人的研究,《国语》重在"语",记事颇简略,大约出于另一著者的手,而为《左传》著者的重要史

---

① 经师:古代专门研究、讲授经书的讲师。
② 原注:《史记·十二诸侯年表序》说是"鲁君子",《汉书·刘歆传》说"亲见夫子""好恶与圣人同",杜预《春秋序》说是"身为国史"。编者按:"亲见夫子""好恶与圣人同",是说左丘明是孔子的朋友,爱憎与孔子相同。
③ 受禄:接受俸禄,相当于今天所说的"拿工资"。
④ 大行(xíng):这里指传播广,影响大。

料之一①。这书的说教,也不外尚德、尊天②、敬神、爱民,和《左传》是很相近的。只不知著者是谁。其实《左传》著者我们也不知道。说是左丘明,但矛盾太多,不能教人相信。《左传》成书的时代大概在战国,比《公》《穀》二传早些。

《左传》这部书大体依《春秋》而作;参考群籍,详述史事,征引孔子和别的"君子"解经评史的言论,吟味③书法,自成一家言。但迷信卜筮,所记祸福的预言,几乎无不应验;这却大大违背了征实的精神,而和儒家的宗旨也不合了。晋范宁作《穀梁传序》说,"左氏艳而富,其失也巫";"艳"是文章美,"富"是材料多,"巫"是多叙鬼神,预言祸福。这是句公平话。注《左传》的,汉代就不少,但那些许多已散失;现存的只有晋杜预注,算是最古了。

杜预作《春秋序》,论到《左传》,说"其文缓,其旨远";"缓"是委婉,

> 这三段专说《左传》,讨论作者左丘明,有"鲁君子"、孔子朋友以及鲁国史官三说。《左传》在流传上不大受官学重视,却在民间广为传习。另有《国语》一书,重在

---

① "大约出于"二句:意思是,《国语》大概是另一位作者所写(作于《左传》之前),成为《左传》写作所依据的史料。
② 尚德、尊天:崇尚道德,尊崇天帝。
③ 吟味:品味,体会。

"远"是含蓄。这不但是好史笔,也是好文笔。所以《左传》不但是史学的权威,也是文学的权威。《左传》的文学本领,表现在记述辞令①和描写战争上。春秋列国,盟会②颇繁,使臣会说话不会说话,不但关系荣辱,并且关系利害,出入很大,所以极重辞令。《左传》所记当时君臣的话,从容委曲③,意味深长。只是平心静气地说,紧要关头却不放松一步,真所谓恰到好处。这固然是当时风气如此,但不经《左传》著者的润饰④功夫,也绝不会那样在纸上活跃的。战争是个复杂的程序。叙得头头是道,已经不易,叙得有声有色,更难;这差不多全靠忙中有闲,透着优游不迫神儿,才成。这却正是《左传》著者所擅长的。

记"语",或说出于左丘明之手,实则难定。《左传》应成书于战国时期,比《公羊传》《穀梁传》略早。《左传》大体依《春秋》而作,参考群书,详述史实,引经据典,自成一家;但也有迷信卜筮的一面,有违"征实"的精神。晋人杜预为《左传》作注,指出作者不但是好史笔,也是好文笔。其文学本领,主要体现在辞令记述及战争描写上。

[参考资料] 洪业《春秋经传引得序》。

---

① 辞令:社交、外交场合中得体的应对言辞。
② 盟会:会盟,古代诸侯间的聚会、结盟。
③ 委曲:这里意为(叙述)详尽、无遗漏。
④ 润饰:润色加工。

"四书"第七

【题解】"四书"是《大学》《中庸》《论语》《孟子》的合称。《大学》《中庸》是儒家经典《礼记》中的篇章,《论语》是记录孔子及其弟子言行的著作,《孟子》是孟子的著作,这两部在宋代也进入儒家经书序列,"四书"也因此在"四部分类法"中归属于"经部"。这四种书,最初为宋代学者程颢、程颐所推重,视为初学者入门书。至南宋学者朱熹,将这四种书加以注释整理,编为《四书章句集注》一书,在后世被官方定为科举用书,影响至为深远。

"四书五经"到现在还是我们口头上一句熟语。"五经"是《易》《书》《诗》《礼》《春秋》;"四书"按照普通的顺序是《大学》《中庸》《论语》《孟子》,前二者又简称《学》《庸》,后二者又简称《论》《孟》;有了简称,可见这些书是用得很熟的。本来呢,从前私塾里,学生入学,是从"四书"读起的。这是那些时代的小学教科书;而且是统一的标准的小学教科书,因为没有不用的。那时先生不讲解,只让学生背诵,不但得背正文,而且得背朱熹的小注。只要囫囵吞枣地念,囫囵吞枣地背;不懂不要紧,将来用得着,自然会懂的。怎么说将来用得着?那些时候行科举制度。科举是一种竞争的考试制度,考试的主要科目是八股文①,题目都出在"四书"

---

① 八股文:是明清科举考试的专用文体,又称制义、制艺、时文、八比文。从"四书五经"中出题,要求考生借圣贤的口气、阐发儒学的义理。每篇文章有固定格式,由破题、承题、起讲、入题、起股、中股、后股、束股八部分组成。后四者每部分由两股对偶的文字构成,

里，而且是朱注的"四书"里。科举分几级，考中的得着种种出身①或资格，凭着这种资格可以建功立业，也可以升官发财；作好作歹，都得先弄个资格到手。科举几乎是当时读书人唯一的出路。每个学生都先读"四书"，而且读的是朱注，便是这个缘故。

将朱注"四书"定为科举用书，是从元仁宗皇庆二年（1313）起的。规定这四种书，自然因为这些书本身重要，有人人必读的价值；规定朱注，也因为朱注发明书义②比旧注好些，切用些。这四种书原来并不在一起，《学》《庸》都在《礼记》里，《论》《孟》是单行的。这些书原来只算是诸子书③，朱子原来也只称为"四子"④；但《礼记》《论》《孟》在汉代都立过博士，已经都升到经里去了。后来唐代的"九经"里虽然只有《礼记》，宋代的"十三经"却又将《论》《孟》收了进去⑤。《中庸》很早就被人单独注意，汉代已有

（接上页）合起来共八股，因称八股文。写作时要按朱熹《四书章句集注》的注释阐发经义，不能自由发挥，极大地限制了考生的思想。

① 出身：身份资历。
② 发明书义：解释经书篇章、词句的含义。发明，这里意为阐发、阐明。
③ 诸子书：诸子是对先秦时期各个学术派别的总称，又称诸子百家，其中影响最大的有儒、法、道、墨、阴阳、名、杂、农、小说、纵横、兵、医等家。各家的代表作品，统称"诸子书"。其中，儒家的《论语》《孟子》虽被抬举到经书的行列，也应属于诸子书的范畴。
④ 四子："四书"也称"四子书"，四子是指四部书的作者孔子（《论语》）、孟子（《孟子》）、曾子（《大学》）和子思（《中庸》）。按：曾子即曾参，是孔子的弟子；子思即孔伋，是孔子的嫡孙。
⑤ 原注：九经即《易》、《书》、《诗》、三礼、《春秋》三传。十三经即《易》、《书》、《诗》、三礼、《春秋》三传、《论语》、《孝经》、《尔雅》、《孟子》。

关于《中庸》的著作，六朝时也有，可惜都不传了①。关于《大学》的著作却直到司马光的《大学通义》②才开始，这部书也不传了。这些著作并不曾教《学》《庸》普及，教《学》《庸》和《论》《孟》同样普及的是朱子的注，"四书"也是他编在一起的，"四书"的名字也因他而有。

但最初用力提倡这几种书的是程颢、程颐兄弟。他们说："《大学》是孔门的遗书，是初学者入德的门径。只有从这部书里，还可以知道古人做学问的程序。从《论》《孟》里虽也可看出一些，但不如这部书的分明易晓。学者必须从这部书入手，才不会走错了路。③"这里没提到《中庸》。可是他们是很推尊《中庸》的。他们在另一处说："'不偏'叫作

这三段介绍"四书"的由来。"四书"是《学》《庸》《论》《孟》的合称，在古代

---

① 原注：《汉书·艺文志》有《中庸说》二篇，《隋书·经籍志》有戴颙（yóng）《中庸传》二卷，梁武帝《中庸讲疏》一卷。

② 《大学通义》：按，司马光著有《大学中庸广义》一卷，今佚。本文中的《大学通义》，疑为《大学广义》之误。

③ 原注：原文见《大学章句》卷头。编者按：原文是"子程子曰：《大学》，孔氏之遗书，而初学入德之门也。于今可见古人为学次第者，独赖此篇之存，而《论》《孟》次之。学者必由是而学焉，则庶乎其不差矣"。入德，进入道德境界。门径，道路，方法。庶乎，差不多。

'中'、'不易'叫作'庸'；'中'是天下的正道，'庸'是天下的定理。《中庸》是孔门传授心法的书，是子思记下来传给孟子的。书中所述的人生哲理，意味深长；会读书的细加玩赏，自然能心领神悟终身受用不尽。①"这四种书到了朱子手里才打成一片。他接受二程的见解，加以系统的说明，四种书便贯串起来了。

他说，古来有小学大学。小学里教洒扫进退的规矩，和礼、乐、射、御、书、数，所谓"六艺②"的。大学里教穷理、正心、修己、治人③的道理。所教的都切于民生日用，都是实学。《大学》是"统一的标准的小学教科书"，又是科举用书，科举考八股文便是从"四书"中出题。最初重视这几种书的是宋代的二程，最终由南宋学者朱熹整理注释，编为一书。

---

① 原注：原文见《中庸章句》卷头。编者按：原文是"子程子曰：不偏之谓中，不易之谓庸。中者，天下之正道；庸者，天下之定理。此篇乃孔门传授心法。子思恐其久而差也，故笔之于书，以授孟子。其书始言一理，中散为万事，末复合为一理。放之则弥六合，卷之则退藏于密。其味无穷，皆实学也。善读者玩索而有得焉，则终身用之，有不能尽者矣"。

② 六艺：六艺是小学（这里指初等教育，不是文字学）的内容，其中，"礼"是礼仪，"乐"是音乐，"射"是射箭，"御"是驾车，"书"是文学，"数"是算术。这是六门重实践的技艺。此外，"六艺"有时也指六经。

③ 穷理、正心、修己、治人：这是对《大学》"八条目"的总结，"穷理"即"格物""致知"，"正心"即"诚意""正心"，"修己"即"修身""齐家"，"治人"即"治国""平天下"。

这部书便是古来大学里教学生的方法，规模大，节目①详；而所谓"格物、致知、诚意、正心、修身、齐家、治国、平天下"，是循序渐进的。程子说是"初学者入德的门径"，就是为此。这部书里的道理，并不是为一时一事说的，是为天下后世说的。这是"垂世立教的大典"②，所以程子举为初学者的第一部书。《论》《孟》虽然也切实，却是"应机接物的微言"③，问的不是一个人，记的也不是一个人。浅深先后，次序既不分明，抑扬可否④，用意也不一样，初学者领会较难。所以程子放在第二步。至于《中庸》，是孔门的心法⑤，初学者领会更难，程子所以另论。

但朱子的意思，有了《大学》的提纲挈领，便能领会《论》《孟》里精微的分别去处⑥；融贯了《论》《孟》的旨趣⑦，也便能领会《中庸》里的心法。人有人心和道心；人心是私欲，道心是天

---

① 节目：这里指情节、条目。
② 原注：原文见《中庸章句》卷头。编者按：此注有误，当为"朱子《四书或问》卷一"。原文是"故程子以为孔氏之遗书，学者之先务，……是书垂世立教之大典，通为天下后世而言者也。《论》《孟》应机接物之微言，或因一时一事而发者也，是以是书之规模虽大，然其首尾该备而纲领可寻，节目分明而工夫有序，无非切于学者之日用：传于后世，树立教化"。垂世立教之大典，可以传之后世、关乎树立教化的经典文献。应机接物，这里指应对一时发生的具体事务。该备，完备。
③ 原注：朱子《大学或问》卷一。
④ 抑扬可否：贬低或褒扬、肯定或否定。
⑤ 心法：原为佛教术语，这里泛指传授与接受的重要心得和方法。
⑥ 精微：精深微妙。分别去处：区别的地方。
⑦ 旨趣：宗旨，目的，意图。

理①。人该修养道心，克制人心，这是心法。朱子的意思，不领会《中庸》里的心法，是不能从大处着眼，读天下的书，论天下的事的。他所以将《中庸》放在第三步，和《大学》《论》《孟》合为"四书"，作为初学者的基础教本。后来规定"四书"为科举用书，原也根据这番意思。不过朱子教人读"四书"，为的成人②，后来人读"四书"，却重在猎取功名③；这是不合于他提倡的本心的。至于顺序变为《学》《庸》《论》《孟》，那是书贾④因为《学》《庸》篇页不多，合为一本的缘故；通行既久，居然约定俗成了。

《礼记》里的《大学》，本是一篇东西，朱子给分成经一章，传十章；传是解释经的。因为要使传合经，他又颠倒了原文的次序，并补上一段儿。他注《中庸》时，虽没有这样大的改变，可是所分的章节，也与郑玄注的不同。

这三段重点讲《大学》和《中庸》。朱熹秉承二程的见解，认为《大学》是"初学者入德的门径"，在学习时应按照"格物、致知、诚意、正心、修身、齐家、治国、平天下"的程序，循序渐进。至于学习的次

---

① 人心、道心：人心指人的欲望，道心指儒家的义理，也就是所说的"天理"，也可理解为自然的法则。
② 成人：修身养性，成为儒家君子。
③ 功名：旧指科举称号或官职名位。
④ 书贾（gǔ）：书商。

所以这两部书的注，称为《大学章句》《中庸章句》①。《论》《孟》的注，却是融合各家而成，所以称为《论语集注》《孟子集注》②。《大学》的经一章，朱子想着是曾子追述孔子的话；传十章，他相信是曾子的意思，由弟子们记下的。《中庸》的著者，朱子和程子一样，都接受《史记》的记载，认为是子思③。但关于书名的解释，他修正了一些。他说，"中"除"不偏"外，还有"无过无不及"的意思；"庸"解作"不易"，不如解作"平常"的好④。照近人的研究，《大学》的思想和文字，很有和荀子相同的地方，大概是荀子学派的著作。《中庸》，首尾和中段思想不一贯，从前就有人疑心。照近来的看法，这部书的中段也许是子思原著的一部分，发扬孔子的学说，如"时中""忠恕""知

序，则先由《大学》提纲挈领，再学习《论》《孟》，最后领会《中庸》的"心法"。朱熹提倡"四书"的目的是"成人"，没料到"四书"会成为读书人猎取功名的工具，有失朱子本心。朱熹在编订"四书"时，对《学》《庸》都有所改造，并加详注，称"章句"；对《论》《孟》，则融合各家讲解，参以己见，称"集解"。文中还提到朱熹对"中庸"的解释以及近代学者研究"四书"的成果。

---

① 章句：这里指分章析句解说古书的方法、著作。
② 集注：汇集各家注释所成的著作。
③ 原注：《史记·孔子世家》。编者按：原文是"伯鱼（孔子之子孔鲤）生伋，字子思，年六十二。尝困于宋。子思作《中庸》"。
④ 原注：《中庸或问》卷一。

仁勇""五伦"等①。首尾呢，怕是另一关于《中庸》的著作，经后人混合起来的；这里发扬的是孟子的天人相通的哲理，所谓"至诚""尽性"，都是的。著者大约是一个孟子学派。

《论语》是孔子弟子们记的。这部书不但显示一个伟大的人格——孔子，并且让读者学习许多做学问做人的节目：如"君子""仁""忠恕"，如"时习""阙疑""好古""隅反""择善""困学"等②，都是可以终身应用的。《孟子》据说是孟子本人和弟子公孙丑、万章等共同编订的。书中说"仁"兼说"义"，分

---

① "如'时中'"句：这里是孔子的一些观点主张："时中"，意为随时保持中庸状态。语出《中庸》。"忠恕"，孔门弟子曾子说"夫子之道，忠恕而已矣"（《论语·里仁》），朱熹解释为"尽己之谓忠，推己之谓恕"。即忠是做事待人倾尽全力，恕是推己及人。"知仁勇"，这是孔子心目中的君子之道，"子曰：'君子道者三，我无能焉：仁者不忧，知者不惑，勇者不惧'"（《论语·宪问》）。"五伦"，即君臣、父子、夫妇、兄弟、朋友这五对关系，儒家认为这是"天下达道"，也就是通行于天下的伦理大道。语出《中庸》。

② "如'时习'"句：这里是孔子关于学习的主要观点，均见于《论语》。"时习"出自"子曰：'学而时习之，不亦说乎？……'"（《学而》），"阙疑"出自"子曰：'多闻阙疑，慎言其余，则寡尤；……'"（《为政》），"好古"出自"子曰：'我非生而知之者，好古，敏以求之者也。'"（《述而》），"隅反"出自"子曰：'不愤不启，不悱不发。举一隅不以三隅反，则不复也。'"（《述而》），"择善"出自"子曰：'盖有不知而作之者，我无是也。多闻，择其善者而从之；多见而识之，知之次也。'"（《述而》），"困学"出自"孔子曰：'生而知之者上也，学而知之者次也；困而学之，又其次也；困而不学，民斯为下矣。'"（《季氏》）。

辨"义""利"甚严;而辩"性善",教人求"放心"①,影响更大。又说到"养浩然之气",那"至大至刚""配义与道"的"浩然之气"②,这是修养的最高境界,所谓天人相通的哲理。书中攻击杨朱、墨翟两派③,词锋咄咄逼人。这在儒家叫作攻异端④,功劳是很大的。孟子生在战国时代,他不免"好辩",他自己也觉得的⑤;他的话流露着"英气",

此段重点说《论》《孟》,讲到两书的编写及主旨,认为《孟子》的影响大于《论语》。又梳理了历代对《论》《孟》注解的历史,指出朱子注《论》《孟》,虽然打着融会各家的旗号,其实是用他

---

① 教人求"放心":孟子认为,人人都有天生的仁爱心,只是有的人把仁爱之心丢掉了,却不知道找回来。"求'放心'"就是把放失(丢失)的仁心找回来。语出《孟子·告子上》:"学问之道无他,求其放心而已矣。"

② 原注:《孟子·公孙丑(上)》。编者按:原文是"(孟子)曰:'……我善养吾浩然之气……其为气也;至大至刚;……其为气也;配义与道;无是;馁也'"。大意是"……我善于培育我的浩然之气。……这种气,无比广大,无比刚劲,……这种气,必须跟义和道配合,没有道义,就会衰减"。

③ 杨朱、墨翟两派:杨朱是战国时人,杨朱学派的创始人,主张"贵己""重生""人人不损一毫"。墨翟是春秋末年墨家学派的创始人,提出"兼爱""非攻"等主张。这两派在当时影响很大,形成"天下之言不归杨则归墨"的现象。关于这两派,还可参见本书"诸子第十"的相关内容。

④ 异端:这里指儒家学说之外的其他学说、学派。

⑤ 原注:《孟子·滕文公(下)》。编者按:原文是,"公都子曰:'外人皆称夫子好辩,敢问何也?'"孟子曰:'予岂好辩哉,予不得已也……'"。

"有圭角",和孔子的温润是不同的①。所以儒家只称为"亚圣",次于孔子一等。《孟子》有东汉的赵岐注。《论语》有孔安国、马融、郑玄诸家注,却都已残佚,只零星地见于魏何晏的《集解》里。汉儒注经,多以训诂名物为重;但《论》《孟》词意显明,所以只解释文句,推阐②义理而止。魏晋以来,玄谈③大盛,孔子已经道家化;解《论语》的也多参入玄谈,参入当时的道家哲学。这些后来却都不流行了。到了朱子,给《论》《孟》作注,虽说融会各家,其实也用他自己的哲学做架子。他注《学》《庸》,更显然如此。他的哲学切于世用,所以一般人接受了,将他解释的孔子当作真的孔子。

他那一套"四书"注实在用尽了平生的力量,改定至再至三;直到临死的自己"切于世用"的哲学做架子,"四书"中的孔子是经朱子解释的孔子。

---

① 原注:《孟子集注·孟子序说》引程子说。编者按:原文是"又曰孟子有些英气,才有英气,便有圭角。英气甚害事"。圭角,指棱角、锋芒。
② 推阐:阐发。
③ 玄谈:魏晋时士人以老庄思想及《周易》为依据的哲学论辩,玄虚而不涉实务,后泛指脱离实际的空谈。

时候，他还在改定《大学·诚意》章的注。注以外又作了《四书或问》，发扬注义，并论述对于旧说的或取或舍的理由。他在"四书"上这样下功夫，一面固然为了诱导初学者，一面还有一个用意，便是排斥老、佛，建立道统①。他在《中庸章句序》里论到诸圣道统的传承，末尾自谦说，"于道统之传，不敢妄议"；其实他是隐隐在以传道统自期②呢。《中庸》传授心法，正是道统的根本。将它加在《大学》《论》《孟》之后而成"四书"，朱子自己虽然说是给初学者打基础，但一大半恐怕还是为了建立道统，不过他自己不好说出罢了。他注"四书"在宋孝宗淳熙年间（1174—1189）。他死后朝廷将他的"四书"注审定为官书，从此盛行起来。他果然成了传儒家道统的大师了。

> 此段说朱子用尽平生之力注"四书"，一是为了诱导初学者；另外，也有排斥道家、佛家，建立儒学道统之意。——他的目的达到了，他的"四书"得到官方肯定，他也成为传儒家道统的大师。

---

① 排斥老、佛，建立道统：排斥道家和佛家的学说，建立儒家传道的脉络和系统。老，老子，道家代表人物，也被道教奉为神明。
② 自期：自我期许，自认为。

《战国策》第八

【题解】《战国策》又称《国策》，由西汉学者刘向根据皇家图书的相关史料编订而成。书中主要记载从战国到秦汉间纵横家的游说之辞和权变故事。全书三十三卷，按国别分为十二国，收入故事近五百则。《四库全书》将其归入"史部·杂史"类。书中所记并非信史，策士论辩多有虚构夸张之词，却也形成鲜明的风格，铺张扬厉，笔势纵横，推进了散文的发展，具有很高的文学价值。

春秋末年，列国大臣的势力渐渐膨胀起来。这些大臣都是世袭的，他们一代一代聚财养众，明争暗夺了君主的权力，建立起自己的特殊地位。等到机会成熟，便跳起来打倒君主自己干。那时候各国差不多都起了内乱。晋国让韩魏赵三家分了，姓姜的齐国也让姓田的大夫占了。这些，周天子只得承认了。这是封建制度崩坏的开始，那时候周室也经过了内乱，土地大半让邻国抢去，剩下的又分为东西周；东西周各有君王，彼此还争争吵吵的。这两位君王早已失去春秋时代"共主"①的地位，而和列国诸侯相等了。后来列国纷纷称王②，周室更不算回事；他们至多能和宋、鲁等小国君主等量齐观罢了。

秦楚两国也经过内乱，可是站住了。它们本是边远的国家，却

---

① 共主：指天下诸侯都承认并拥戴的君主。
② 称王：诸侯国的君主原本只称公或伯，只有周天子可以称王。后来诸侯国的君主也都以王自称（如楚王、魏王），坏了规矩。

渐渐伸张势力到中原来。内乱平后,大加整顿,努力图强,声威便更广了。还有极北的燕国,向来和中原国家少来往;这时候也有力量向南参加国际政治了。秦、楚、燕和新兴的韩、魏、赵、齐,是那时代的大国,称为"七雄"。那些小国呢,从前可以仰仗霸主的保护,做大国的附庸;现在可不成了,只好让人家吞的吞,并的并。算只留下宋、鲁等两三国,给七雄当缓冲地带。封建制度既然在崩坏中,七雄便各成一单位,各自争存,各自争强;国际政局比春秋时代紧张多了。战争也比从前严重多了。列国都在自己边界上修起长城来。这时候军器进步了;从前的兵器都用铜打成,现在有用铁打成的了。战术也进步了。攻守的方法都比从前精明;从前只用兵车和步卒,现在却发展了骑兵了。这时候还有以帮人家作战为职业的人。这时候的战争,杀伤是很多的。孟子说,"争地以战,杀人盈野;争城以战,杀人盈城"①。可见那凶惨的情形。后人因

> 这两段是说,春秋末年分封制度崩坏,大臣逼迫君主,诸侯纷纷称王,周天子失去天下共主的地位和权威。秦、楚、燕、韩、魏、赵、齐势力渐强,号称"七雄",你攻我伐,争夺激烈。铁制兵器的使用、骑兵的崛起以及战法的进步,都使战争升级,华夏进入战国时代。

---

① 原注:《孟子·离娄上》。

此称这时代为战国时代①。

在长期混乱之后，贵族有的做了国君，有的渐渐衰灭。这个阶级算是随着封建制度崩坏了。那时候的国君，没有了世袭的大臣，便集权专制起来。辅助他们的是一些出身贵贱不同的士人。那时候君主和大臣都竭力招揽有技能的人，甚至学鸡鸣学狗盗的也都收留着。这是所谓"好客""好士"的风气②。其中最高的是说客③，是游说之士。当时国际关系紧张，战争随时可起。战争到底是劳民伤财的，况且难得有把握；重要的还是外交的功夫。外交办得好，只凭口舌排难解纷，可以免去战祸；就是不得不战，

此段是说，战国之时，各国的统治方式由世袭贵族共治，转向君主集权专制。各国君主急需各种辅佐人才，其中说客（游说之士，也称策士、纵横家）最受欢迎。这些人足智多

---

① 战国时代：指前475—前221。"战国"之名，最早始于《战国策》。本文末尾，作者说战国时代是前403—前202，是大致而言。
② "好客""好士"的风气：指战国时一些贵族延揽各路贤人，给予优厚待遇，借以培植自己的势力。这种行为，又称"养士"。当时有四位贵族以养士闻名，为齐国的孟尝君田文、赵国的平原君赵胜、魏国的信陵君魏无忌和楚国的春申君黄歇，号称"战国四公子"。
③ 说（shuì）客：也就是下文中提到的"游说之士""策士"，也称"纵横家"。他们活动于战国时期，积极到各国游说，劝说君主接受自己的主张，替君主出谋献计，以此博取高官厚禄。这一派的创始人是鬼谷子，代表人物有苏秦、张仪。

也可以多找一些与国①，一些帮手。担负这种外交的人，便是那些策士，那些游说之士。游说之士既然这般重要，所以立谈②可以取卿相；只要有计谋，会辩说就成，出身的贵贱倒是不在乎的。

七雄中的秦，从孝公用商鞅变法以后，日渐强盛。到后来成了与六国对峙的局势。这时候的游说之士，有的劝六国联合起来抗秦，有的劝六国联合起来亲秦。前一派叫"合纵"，是联合南北各国的意思，后一派叫"连横"，是联合东西各国的意思——只有秦是西方的国家。合纵派的代表是苏秦，连横派的是张仪；他们可以代表所有的战国游说之士。后世提到游说的策士，总想到这两个人，提到纵横家，也总是想到这两个人。他们都是鬼谷先生的弟子。苏秦起初也是连横派。他游说秦惠王，秦惠王老不理他；穷得要死，只好回家。妻子、嫂嫂、父母，都瞧不起他。他恨极了，用心读书，用心揣摩；夜里倦了要睡，

> 谋，擅长外交，能凭借舌辩排难解纷，化解战祸；或联络多国，建立优势。说客自己也借此"立谈"取富贵。

---

① 与国：结盟国家，友邦。
② 立谈：站着谈话，比喻时间短暂或毫不费力。

用锥子扎大腿,血流到脚上。这样整一年,他想着成了,便出来游说六国合纵。这回他果然成功了,佩了六国相印,又有势又有钱。打家里过的时候,父母郊迎三十里,妻子低头,嫂嫂趴在地下谢罪。他叹道:"人生世上,势位富贵,真是少不得的!"张仪和楚相喝酒,楚相丢了一块璧。手下人说张仪穷而无行①,一定是他偷的,绑起来打了几百下。张仪始终不认,只好放了他。回家,他妻子说:"唉,要不是读书游说,哪会受这场气!"他不理,只说:"看我舌头还在罢?"妻子笑道:"舌头是在的。"他说:"那就成!"后来果然做了秦国的相;苏秦死后,他也大大得意了一番。

苏秦使锥子扎腿的时候,自己发狠道:"哪有游说人主不能得金玉锦绣,不能取卿相之尊的道理!"这正是战国策士的心思。他们凭他们的智谋和辩才,给人家画策,办外交;谁用他们就帮谁。他们是职业的,所图的是自己的功名富贵;帮你的时候帮你,不帮的时候也许害你。翻

这两段具体介绍两位成功的游说之士。七雄之中秦国独强,与

---

① 无行:品行不端。

覆，在他们看来是没有什么的。本来呢，当时七雄分立，没有共主，没有盟主，各干各的，谁胜谁得势。国际间没有是非，爱帮谁就帮谁，反正都一样。苏秦说连横不成，就改说合纵，在策士看来，这正是当然。张仪说舌头在就行，说是说非，只要会说，这也正是职业的态度。他们自己没有理想，没有主张，只求揣摩主上的心理，拐弯儿抹角投其所好。这需要技巧，《韩非子·说难》篇专论这个。说得好固然可以取"金玉锦绣"和"卿相之尊"，说得不好也会招杀身之祸，利害所关如此之大，苏秦费一整年研究揣摩不算多。当时各国所重的是威势，策士所说原不外战争和诈谋；但要因人因地进言，广博的知识和微妙的机智都是不可少的。

记载那些说辞的书叫《战国策》，是汉代刘向编订的，书名也是他提议的。但在他以前，汉初著名的说客蒯通，大约已经加以整理和润饰，所以各篇如出一手。《汉书》本传里记着他"论战国时说士权变①，亦自序其说，凡八十一篇，

六国形成对峙局势。游说之士形成两派，动员六国联合抗秦的为"合纵派"，以苏秦为代表；说服六国联合亲秦的叫"连横派"，以张仪为代表。他俩都师从鬼谷先生，在成功的道路上各有辛酸故事。

---

① 权变：权衡形势，灵活应对；这是纵横家的重要本领。

号曰《隽永》",大约就是刘向所根据的底本了①。蒯通那支笔是很有力量的。铺陈的伟丽,叱咤②的雄豪,固然传达出来了;而那些曲折微妙的声口,也丝丝入扣,千载如生。读这部书,真是如闻其语,如见其人。汉以来批评这部书的都用儒家的眼光。刘向的序里说战国时代"捐礼让而贵战争,弃仁义而用诈谲,苟以取强而已矣"③,可以代表。但他又说这些是"高才秀士"的"奇策异智","亦可喜,皆可观"。这便是文辞的作用了。宋代有个李文叔,也说这部书所记载的事"浅陋不足道",但"人读之,则必乡其说之工,而忘其事之陋者,文辞之胜移之而已"。又道,说的还不算难,记的才真难得呢④。这部书除文辞之胜外,所

> 本段是说,记载策士说辞的专书叫《战国策》,由汉代刘向编订,此前应有汉初说客蒯通整理的底本。汉代学者对此书毁誉参半,而书中反映的时代,正是战国时期,连"战国"这个名称,也来自此书,由刘向敲定。

---

① 原注:罗根泽《战国策作于蒯通考》及《补证》(《古史辨》第四册)。
② 叱咤:怒斥,呼喝。
③ "捐礼让"三句:大意是抛弃了礼让的传统而提高战争的地位,国与国的交往抛弃了仁义之心而运用诡诈之术,只为取胜而不择手段。捐,捐弃,抛弃。诈谲(jué),诡诈,狡猾。苟,这里有贪求意。
④ 原注:李格非《书战国策后》。编者按:李格非字文叔。文中"人读之"四句,意为人们读《战国策》,一定会崇尚它语言的严密巧妙,而忽略其内容的浅薄,这是被美好的词句迷惑的缘故罢了。乡,同"向",另有版本此字为"尚"。

记的事，上接春秋时代，下至楚汉兴起为止，共二百零二年（前403—前202），也是一部重要的古史。所谓战国时代，便指这里的二百零二年；而战国的名称也是刘向在这部书的序里定出的。

［参考资料］雷海宗《中国通史选读》第二册（清华大学讲义排印本）。

《史记》《汉书》第九

【题解】《史记》《汉书》同为纪传体史书,列于《四库全书·史部》卷一"正史"的前两位。《史记》的作者是西汉史学家司马迁,他首创"纪传体"模式,以五十二万字的篇幅,记录了从黄帝到汉武帝约三千年的历史,属于通史性质。《汉书》的作者是东汉史学家班固,他用七十四万字的篇幅,记录了西汉一朝的历史,属于最早的断代史。《汉书》采用了《史记》首创的纪传体,又有所改进完善,所确立的纪传体断代史模式,为后世官修正史所继承,形成"二十四史"的完整序列。《史记》《汉书》所记内容有所重叠,然而两书的著述宗旨、语言风格等各有不同。后世关于《史记》《汉书》优劣的讨论十分热烈。学者盛称两书是"最早的有系统的历史",各有优长,"并称良史"(朱自清语)。

说起中国的史书,《史记》《汉书》,真是无人不知,无人不晓。这有两个原因。一则,这两部书是最早的有系统的历史,再早虽然还有《尚书》《鲁春秋》《国语》《春秋左氏传》《战国策》等,但《尚书》《国语》《战国策》,都是记言的史,不是记事的史。《春秋》和《左传》是记事的史了,可是《春秋》太简短,《左氏传》虽够铺排的,而跟着《春秋》编年的系统,所记的事还不免散碎。《史

本段概括介绍《史记》《汉书》,说它们是最早的、有系统

记》创了"纪传体",叙事自黄帝以来到著者当世,就是汉武帝的时候,首尾三千多年。《汉书》采用了《史记》的体制,却以汉事为断,从高祖到王莽,只二百三十年。后来的史书全用《汉书》的体制,断代成书;二十四史里,《史记》《汉书》以外的二十二史都如此。这称为"正史"。《史记》《汉书》,可以说都是"正史"的源头。二则,这两部书都成了文学的古典;两书有许多相同处,虽然也有许多相异处。大概东汉、魏、晋到唐,喜欢《汉书》的多,唐以后喜欢《史记》的多,而明清两代犹然。这是两书文体各有所胜的缘故。但历来班、马①并称,《史》《汉》连举,它们叙事写人的技术,毕竟是大同的。

《史记》,汉司马迁著。司马迁字子长,左冯翊(Píng yì)夏阳(今陕西韩城)人,景帝中元五年(前145)生,卒年不详。他是太史令司马谈的儿子。小时候在本乡只帮人家耕耕田放放牛玩儿。司马谈做了太史令,才将他带到京师

的史书。《史记》首创"纪传体",叙述自黄帝至汉武帝三千多年的历史(属于通史)。《汉书》袭用《史记》体制,断代成书,只记西汉历史,成为后来正史的样板。此外,两书同时具有高超的叙事写人技巧,被视为"文学的古典"。

---

① 班、马:指《汉书》作者班固和《史记》作者司马迁。

（今西安）读书。他十岁的时候，便认识"古文"的书了。二十岁以后，到处游历，真是足迹遍天下。他东边到过现在的河北、山东及江、浙沿海，南边到过湖南、江西、云南、贵州，西边到过陕、甘、西康①等处，北边到过长城等处；当时的"大汉帝国"，除了朝鲜、河西（今宁夏一带）、岭南几个新开郡外，他都走到了。他的出游，相传是父亲命他搜求史料去的；但也有些处是因公去的。他搜得了多少写的史料，没有明文，不能知道。可是他却看到了好些古代的遗迹，听到了好些古代的轶闻②；这些都是活史料，他用来印证并补充他所读的书。他作《史记》，叙述和描写往往特别亲切有味，便是为此。他的游历不但增扩了他的见闻，也增扩了他的胸襟；他能够综括三千多年的事，写成一部大书，而行文又极其抑扬变化之致，可见出他的胸襟是如何的阔大。

他二十几岁的时候，应试得高第③，做了郎中④。武帝元封元年（前110），大行封禅典礼⑤，步骑十八万，旌旗千余里。司马谈是史官，本该从行；但是病得很重，留在洛阳不能去。司马迁却跟去

---

① 陕、甘、西康：陕西、甘肃和西康。按，西康即西康省，后撤省，所属区域并入四川、西藏两省区。
② 轶闻：不见于正史记载的事迹和传说，另有流传于民间、有一定趣味性的意思。
③ 高第：指考试成绩优异。
④ 郎中：帝王侍从官的通称，隶属于尚书令，掌管车、骑、门户，充当侍卫等。
⑤ 封禅（shàn）典礼：古代帝王亲至泰山所举行的祭祀天地的典礼。"封"为祭天，"禅"为祭地。远古及夏商周三代即有封禅的传说。司马迁曾跟随汉武帝参加了泰山封禅大典。

了。回来见父亲，父亲已经快死了，拉着他的手呜咽着道："我们先人从虞夏以来，世代做史官；周末弃职他去，从此我家便衰微了。我虽然恢复了世传的职务，可是不成；你看这回封禅大典，我竟不能从行，真是命该如此！再说孔子因为眼见王道缺，礼乐衰，才整理文献，论《诗》《书》，作《春秋》，他的功绩是不朽的。孔子到现在又四百多年了，各国只管争战，史籍都散失了，这得搜求整理；汉朝一统天下，明主、贤君、忠臣、死义之士，也得记载表彰。我做了太史令，却没能尽职，无所论著，真是惶恐万分。你若能继承先业，再做太史令，成就我的未竟之志①，扬名于后世，那就是大孝了。你想着我的话罢。②"司马迁听了父亲这番遗命，低头

---

① 未竟之志：没能完成的志向。竟，终了。
② 原注：原文见《史记·自序》。编者按：原文——太史公执迁手而泣曰："余先周室之太史也。自上世尝显功名于虞夏，典天官事。后世中衰，绝于予乎？汝复为太史，则续吾祖矣。今天子接千岁之统，封泰山，而余不得从行，是命也夫，命也夫！余死，汝必为太史；为太史，无忘吾所欲论著矣。且夫孝始于事亲，中于事君，终于立身。扬名于后世，以显父母，此孝之大者。……幽、厉之后，王道缺，礼乐衰，孔子修旧起废，论《诗》《书》，作《春秋》，则学者至今则之。自获麟以来四百有余岁，而诸侯相兼，史记放绝。今汉兴，海内一统，明主贤君忠臣死义之士，余为太史而弗论载，废天下之史文，余甚惧焉，汝其念哉！"迁俯首流涕曰："小子不敏，请悉论先人所次旧闻，弗敢阙。"典天官事，掌管天文事务。幽、厉，西周两位昏君幽王和厉王。修旧起废，编修旧典，振兴被废弃的礼乐。则之，效法。获麟，鲁哀公十四年。相兼，相互兼并。放绝，散失断绝。弗论载，不曾论述记载。"小子"三句，儿子虽然不聪明，请让我详细论撰先人所编的史料，不敢有所缺略。

流泪答道:"儿子虽然不肖①,定当将你老人家所搜集的材料,小心整理起来,不敢有所遗失②。"司马谈便在这年死了;司马迁这年三十六岁。父亲的遗命指示了他一条伟大的路。

父亲死的第三年,司马迁果然做了太史令。他有机会看到许多史籍和别的藏书,便开始做整理的功夫。那时史料都集中在太史令手里,特别是汉代各地方行政报告,他那里都有。他一面整理史料,一面却忙着改历③的工作;直到太初元年(前104),太初历完成,才动手著他的书。天汉二年(前99),李陵奉了贰师将军李广利的命,领了五千兵,出塞打匈奴。匈奴八万人围着他们;他们杀伤了匈奴一万多,可是自己的人也死了一大半。箭完了,又没吃的,耗了八天,等贰师将军派救兵。救兵竟没有影子。匈奴却派人来招降。李陵想着回去也没有脸,就降了。武帝听了这个消息,又急又气。朝廷里纷纷说李陵的坏话。武帝问司马迁,李陵到底是个怎样的人。李陵也做过郎中,和司马迁同过事,司马迁是知道他的。

他说李陵这个人秉性忠义,常想牺牲自己,报效国家。这回以少敌众,兵尽路穷,但还杀伤那么些人,功劳其实也不算小。他决不是怕死的人,他的降大概是假意的,也许在等机会给汉朝出力呢。武帝听了他的话,想着贰师将军是自己派的元帅,司马迁却将功劳归在投降的李陵身上,真是大不敬;便教将他抓起来,下在狱

---

① 不肖:原意为不像或不如父祖,引申为不成材,旧时多为自谦之词。
② 原注:原文见《史记·自序》。
③ 改历:修改历法。这里说的是司马迁参与了《太初历》的修订,该历法是中国较早的资料完整的历法。

里。第二年，武帝杀了李陵全家，处司马迁宫刑①。宫刑是个大辱，污及先人，见笑亲友。他灰心失望已极，只能发愤努力，在狱中专心致志写他的书，希图留个后世名。过了两年，武帝改元太始，大赦天下。他出了狱，不久却又做了宦者做的官，中书令②，重被宠信。但他还继续写他的书。直到征和二年（前91），全书才得完成，共一百三十篇，五十二万六千五百字。他死后，这部书部分地流传；到宣帝时，他的外孙杨恽才将全书献上朝廷去，并传写公行于世。汉人称为《太史公书》《太史公》《太史公记》《太史记》。魏晋间才简称为《史记》，《史记》便成了定名。这部书流传时颇有缺佚，经后人补续改窜了不少；只有元帝、成帝间褚少孙补的有主名，其余都不容易考了。

> 这四段，介绍《史记》作者司马迁的成长过程及坎坷经历：如何学习、游历，如何承父志著史，如何因李陵事件遭受残酷打击，如何发愤著书——历经十三年，终于完成这部一百三十篇、五十二万字的史学巨著！

司马迁是窃比③孔子的。孔子是在周

---

① 宫刑：一种侮辱性很强的残酷刑罚。
② 宦者：太监。中书令：官职名，西汉武帝时，使宦官掌管皇帝的文书收发兼传达、通报等职。司马迁的身份实际上相当于宦者，因此担任此职。
③ 窃比：私下自比。

末官守①散失时代第一个保存文献的人,司马迁是秦火以后第一个保存文献的人。他们保存的方法不同,但是用心一样。《史记·自序》里记着司马迁和上大夫壶遂讨论作史的一番话。司马迁引述他的父亲称扬孔子整理"六经"的丰功伟业,而特别着重《春秋》的著作。他们父子都是相信孔子作《春秋》的。他又引董仲舒所述孔子的话:"我有种种觉民救世的理想,凭空发议论,恐怕人不理会;不如借历史上现成的事实来表现,可以深切著明些②。"这便是孔子作《春秋》的趣旨;他是要明王道,辨人事,分明是非善恶贤不肖,存亡继绝,补敝起废,作后世君臣龟鉴③。《春秋》实在是礼义的大宗④,司马迁相信礼治是胜于法治的。他相信《春秋》包罗万象,采善贬恶,并非以刺讥为主。像他父亲遗命所说的,汉兴以来,人主明圣盛德,和功臣、世家、贤大夫之业,是他父子职守所在,正该记载表彰。他的书记汉事较详,固然是史料多,也是他意

---

① 官守:官位职守,这里指官家所收藏的文献。
② 原注:原文见《史记·自序》。编者按:原文——太史公曰:"余闻董生曰:'周道衰废,孔子为鲁司寇,……子曰:'我欲载之空言,不如见之于行事之深切著明也。'"
③ "这便是"七句:出处同上,原文是"夫《春秋》,上明三王之道,下辨人事之纪,别嫌疑,明是非,定犹豫,善善恶恶,贤贤贱不肖,存亡国,继绝世,补敝起废,王道之大者也"。大意是《春秋》向上阐明三王的治理之道,向下辨别诸侯的行事准则,辨别疑难,明判是非,论定犹豫不决之事,扬善抑恶,颂扬贤人,鄙薄平庸小人,保存消亡国家的史事,续写断绝的贵族世系,教人们补救弊端,振兴荒废之业,这就是王道的主要内容。龟鉴,可资借鉴的事物。龟,龟甲,古代用来占卜。鉴,镜子。
④ 大宗:宗法社会以嫡系长房为"大宗",这里是比喻的说法。

主尊汉的缘故。他排斥暴秦，要将汉远承三代。这正和今文家说的《春秋》尊鲁一样，他的书实在是窃比《春秋》的。他虽自称只是"厥协'六经'异传，整齐百家杂语"①，述而不作②，不敢与《春秋》比，那不过是谦词罢了。

他在《报任安书》③里说他的书"欲以究天人之际，通古今之变，成一家之言"。《史记·自序》里说，"罔（网）罗天下放失旧闻，王迹所兴，原始察终，见盛观衰，论考之行事④"。"王迹所兴"，始终盛衰，便是"古今之变"，也便是"天人之际"。"天人之际"只是天道对于人事的影响，这和所谓"始终盛衰"都是阴阳家⑤言。阴阳家倡"五德终

这两段探讨司马迁撰史的指导思想。他效法孔子，借撰史来保存文献，褒贬善恶。他

---

① 原注：原文见《史记·自序》。编者按：这两句的大意是订正"六经"的不同版本，整理诸子百家的纷杂记述。

② 述而不作：只阐述前人学说，自己没有创见。这是孔子自谦的话。下文中的"以述为作"，是说在阐述前人学说的基础上，形成自己的创见。

③ 《报任安书》：是司马迁写给朋友任安的一封信。"欲以"以下三句的大意是自己写作《史记》的目的，是要探究天（自然规律或未知世界）与人的关系，弄懂古今变化的规律，成就自己独到的历史见解。

④ "罔罗"五句：大意是搜罗天下所有散失的历史旧闻，对王业的兴起加以考察，研讨其由盛转衰的道理，考察研究各代的作为。

⑤ 阴阳家：关于阴阳家及"五德终始"之说，可参看本书"诸子第十"的相关内容。

始说",以为金木水火土五行之德,互相克胜,终始运行,循环不息。当运者盛,王迹所兴;运去则衰。西汉此说大行,与"今文经学"合而为一。司马迁是请教过董仲舒的,董就是今文派的大师;他也许受了董的影响。"五德终始说"原是一种历史哲学,实际的教训只是让人君顺时修德①。

《史记》虽然窃比《春秋》,却并不用那咬文嚼字的书法,只据事实录,使善恶自见。书里也有议论,那不过是著者牢骚之辞,与大体是无关的。原来司马迁自遭李陵之祸,更加努力著书。他觉得自己已经身废名裂,要发抒意中的郁结②,只有这一条通路。他在《报任安书》和《史记·自序》里引了文王以下到韩非诸贤圣,都是发愤才著书的。他自己也是个发愤著书的人。天道的无常,世变的无常,引起了他的慨叹;他悲天悯人,发为牢骚抑扬之辞。这增加了他

推崇儒家礼治,贬斥暴秦的法治。他自称著史的目的是要探索天道与人事的关系,掌握历史发展的规律,写成有指导意义的伟大著作。他的思想受到当时盛行的"五德终始说"影响。

本段讨论《史记》叙事的一大特点,即据事实录,不偏不倚,但议论多有牢骚之语,这跟司马迁的遭遇有关,借以宣泄心中的郁结。他悲天悯人,感叹世事无常,行文也因之增加

---

① 人君:君王,皇帝。顺时修德:顺应时势(五德始终的大势),培养仁德。
② 意中的郁结:心中难解的悲愤抑郁之情。

的书的情韵。后世论文的人推尊《史记》，一个原因便在这里。

　　班彪论前史得失，却说他"论议浅而不笃，其论术学，则崇黄老而薄'五经'，序货殖，则轻仁义而羞贫穷，论游侠，则贱守节而贵俗功"，以为"大敝伤道"①；班固也说他"是非颇谬于圣人"②。其实推崇道家的是司马谈；司马迁时，儒学已成独尊之势，他也成了一个推崇的人了。至于《游侠》《货殖》两传，确有他的身世之感。那时候有钱可以赎罪，他遭了李陵之祸，刑重家贫，不能自赎，所以才有"羞贫穷"的话；他在穷窘之中，交游③竟没有一个抱不平来救他的，所以才有称扬游侠的话。这和《伯夷传》里天道无常的疑问，都只是偶一借题发挥，无关全书大旨。东汉王允死看"发愤"

了许多情韵，为后世论文者所推重。

本段针对班彪父子对《史记》的批评加以辩说，指出司马迁并非"崇黄老"，仍是推尊儒学的。他"羞贫穷，论游侠"，也与他的惨痛人生经历有关

---

① 原注：《后汉书·班彪传》。编者按：班彪是东汉史学家，班固的父亲。他对《史记》有所批评，认为《史记》的议论浅陋而不笃实——讨论学术，则尊崇黄老道家，而鄙薄儒家"五经"；谈到经济得失，则看轻仁义的作用而以贫穷为羞耻；论说游侠，则轻视信守节操的行为而以世俗的功业为贵，这样做，弊病很大，有损道义。
② 原注：《汉书·司马迁传赞》。编者按：这句的大意是司马迁在《史记》中的是非观念，跟儒家圣贤很不一致。
③ 交游：朋友。

著书一语,加上咬文嚼字的成见,便说《史记》是"佞臣"的"谤书"①,那不但误解了《史记》,也太小看了司马迁。

《史记》体例有五:十二本纪,记帝王政迹,是编年的。十表,以分年略记世代为主。八书,记典章制度的沿革。三十世家,记侯国世代存亡。七十列传,类记各方面人物。史家称为"纪传体",因为"纪传"是最重要的部分。古史不是断片的杂记,便是顺按年月的纂录;自出机杼②,创立规模,以驾驭去取各种史料的,从《史记》起始。司马迁的确能够贯穿经传,整齐百家杂语,成一家言。他明白"整齐"的必要,并知道怎样去"整齐":这实在是创作,是以述为作。他这样将自有文化以来三千年间君臣士庶③的行事,"合一炉而冶之",却反映联。至于东汉王允对《史记》的贬低,更是不值一驳。

---

① 原注:《后汉书·蔡邕(yōng)传》。编者按:王允是东汉末年大臣,他见司马迁的自述中有不满情绪,因说汉武帝没杀司马迁是个错误,留着他写出"谤书"(诽谤之书),贻害后世。死看,这里有机械理解的意思,下文"咬文嚼字的成见"也指此。佞(nìng)臣,巧言善辩、能说会道的臣子。

② 自出机杼:比喻写文章能自创新的风格、体裁。

③ 士庶:泛指百姓。

着秦汉大一统的局势。《春秋左氏传》虽也可算通史,但是规模完具的通史,还得推《史记》为第一部书。班固根据他父亲班彪的意见,说司马迁"善叙事理,辩而不华,质而不俚;其文直,其事核,不虚美,不隐恶,故谓之实录"①。"直"是"简省"的意思;简省而能明确,便见本领。《史记》共一百三十篇,列传占了全书的过半数;司马迁的史观是以人物为中心的。他最长于描写;靠了他的笔,古代许多重要人物的面形,至今还活现在纸上。

《汉书》,汉班固著。班固,字孟坚,扶风安陵(今陕西咸阳)人,光武帝建武八年(32)生,和帝永元四年(92)卒,他家和司马氏一样,也是个世家;《汉书》是子继父业,也和司马迁差不多。但班固的凭藉②,比司马迁好多了。他曾祖班

> 本段介绍《史记》体例,指出"纪传"与"编年"的区别,判定《史记》是第一部规模完具的通史。又借班彪班固之口,对《史记》的叙事水平及优点做了高度评价。作者还特别强调《史记》擅长描写人物,这正是"纪传体"的最大特点。

---

① 原注:《汉书·司马迁传赞》。编者按:这几句的大意是(刘向、扬雄等人都称赞司马迁,认为他)擅长有条理地叙事,明辨而不华丽,质朴而不俚俗,语言直白简约,所叙史事真实,不做虚假的赞美,也不掩饰丑恶的东西。因而被称作实录。核,翔实正确。

② 凭藉(jiè):凭借,这里指写作时所依据的基础。

斿①，博学有才气，成帝时，和刘向同校皇家藏书。成帝赐了他全套藏书的副本，《史记》也在其中。当时书籍流传很少，得来不易；班家得了这批赐书，真像大图书馆似的。他家又有钱，能够招待客人。后来有好些学者，老远地跑到他家来看书；扬雄便是一个。班斿的次孙班彪，既有书看，又得接触许多学者；于是尽心儒术，成了一个史学家。《史记》以后，续作很多，但不是偏私，就是鄙俗；班彪加以整理补充，著了六十五篇《后传》。他详论《史记》的得失，大体确当不移。他的书似乎只有本纪和列传，世家是并在列传里。这部书没有流传下来，但他的儿子班固的《汉书》是用它做底本的。

班固生在河西，那时班彪避乱在那里。班固有弟班超，妹班昭，后来都有功于《汉书》。他五岁时随父亲到那时的京师洛阳。九岁时能作文章，读诗赋。大概是十六岁罢，他入了洛阳的大学②，博览群书。他治学不专守一家；只重大义，不沾沾在章句上③。又善作辞赋④。为人宽和容众，不以才能骄人。在大学里读了七年书，二十三岁上，父亲死了，他回到安陵去。明帝永平元年（58），他二十八岁，开始改撰父亲的书。他觉得《后传》不够详的，自己专心精究，想完成一部大书。过了三年，有人上书给明帝，告他私自

---

① 班斿（yóu）：生卒年不详，曾与刘向一同校阅皇家图书。这里说他是班固的曾祖父，又说班彪是他的"次孙"，似误。班固的父亲是班彪，祖父是班稚，曾祖父是班况；而班斿是班况的侄子，班彪是他的堂侄，他应是班固的堂叔祖父。
② 大学：太学，古代设立在京师的高等学府。
③ 不沾沾在章句上：指读书不因分章析句小有心得而沾沾自喜。沾沾，自得之貌。
④ 辞赋：古代文体，可参看本书"辞赋第十一"。

改作旧史。当时天下新定，常有人假造预言，摇惑民心；私改旧史，更有机会造谣，罪名可以很大。

明帝当即诏令扶风郡逮捕班固，解到洛阳狱中，并调看他的稿子。他兄弟班超怕闹出大乱子，永平五年（62），带了全家赶到洛阳；他上书给明帝，陈明原委①，请求召见。明帝果然召见。他陈明班固不敢私改旧史，只是续父所作。那时扶风郡也已将班固稿子送呈。明帝却很赏识那稿子，便命班固做校书郎、兰台令史②，跟别的几个人同修世祖（光武帝）本纪。班家这时候很穷，班超也做了一名书记，帮助哥哥养家。后来班固等又述诸功臣的事迹，作列传载记二十八篇奏上。这些后来都成了刘珍等所撰的《东观汉记》的一部分，与《汉书》是无关的。

明帝这时候才命班固续完前稿。永平七年（64），班固三十三岁，在兰台重新写他的大著。兰台是皇家藏书之处，他取精用弘③，比家中自然更好。次年，班超也做了兰台令史。虽然在官不久，就从军去了，但一定给班固帮助很多。章帝即位，好辞赋，更赏识班固了。他因此得常到宫中读书，往往连日带夜的读下去。大概在建初七年（82），他的书才大致完成。那年他是五十一岁了。和帝永元元年（89），车骑将军窦宪出征匈奴，用他做中护军④，参议军机

---

① 原委：事情的首尾经过。
② 校书郎、兰台令史：都是官名。前者是掌管校订书籍的官，属秘书省；后者是东汉时所置官职，掌管奏事及印制公文，兼史官之职。兰台，御史台的别称。
③ 取精用弘：这里指从大量材料中取其精华，充分加以利用。
④ 中护军：汉魏高级军事长官名称。

大事。这一回匈奴大败,逃得不知去向。窦宪在出塞三千多里外的燕然山上刻石纪功,教班固作铭。这是著名的大手笔。

次年他回到京师,就做窦宪的秘书。当时窦宪威势极盛;班固倒没有仗窦家的势欺压人,但他的儿子和奴仆却都无法无天的。这就得罪了许多地面上的官儿,他们都敢怒而不敢言。有一回他的奴子喝醉了,在街上骂了洛阳令种兢;种兢气恨极了,但也只能记在心里。永元四年(92),窦宪阴谋弑和帝;事败,自杀。他的党羽,或诛死,或免官。班固先只免了官,种兢却饶不过他,逮捕了他,下在狱里。他已经六十一岁了,受不得那种苦,便在狱里死了。和帝得知,很觉可惜,特地下诏申斥种兢,命他将主办的官员抵罪。班固死后,《汉书》的稿子很散乱。他的妹子班昭也是高才博学,嫁给曹世叔,世叔早死,她的节行并为人所重。当时称为曹大家。这时候她奉诏整理哥哥的书;并有高才郎官十人,从她研究这部书——经学大师扶风马融,就在这十人里。书中的八表和天文志那时还未完成,她和马融的

> 这五段介绍《汉书》作者班固的家族背景,讲述班固的学习经历以及撰写《汉书》的坎坷过程。《汉书》的撰写,前有班固之父班彪打下基础,后有其妹班昭收尾写定,学者马续也有参与。

哥哥马续参考皇家藏书,将这些篇写定,这也是奉诏办的。

《汉书》的名称从《尚书》来,是班固定的。他说唐虞三代当时都有记载,颂述功德;汉朝却到了第六代才有司马迁的《史记》。而《史记》是通史,将汉朝皇帝的本纪放在尽后头,并且将尧的后裔的汉和秦、项放在相等的地位,这实在不足以推尊本朝。况《史记》只到武帝而止,也没有成段落似的。他所以断代述史,起于高祖,终于平帝时王莽之诛,共十二世,二百三十年,作纪、表、志、传凡百篇,称为《汉书》[①]。班固著《汉书》,虽然根据父亲的评论,修正了《史记》的缺失,但断代的主张,却是他的创见。他这样一面保存了文献,一面贯彻了发扬本朝功德的趣旨。所以后来的正史都以他的书为范本,名称也多叫作"书"。他这个创见,影响是极大的。他的书所包举的,比《史记》更为广大;天地、鬼神、人事、政治、道德、艺术、文章,尽在其中。

书里没有世家一体,本于班彪《后传》。汉代封建制度,实际上已不存在;无所谓侯国,也就无所谓世家。这一体的并入列传,也是自然之势。至于改"书"为"志"[②],只是避免与《汉书》的"书"字相重,无关得失。但增加了《艺文志》,叙述古代学术源流,记载

[①] 原注:《汉书·叙传》。
[②] 改"书"为"志":《史记》有八篇"书",为《礼书》《乐书》《律书》《历书》《天官书》《封禅书》《河渠书》《平准书》,用以记述典章制度的沿革。《汉书》将相同体例的文章改称"志",共十篇,为《礼乐志》《律历志》《天文志》《郊祀志》《沟洫志》《食货志》《刑法志》《五行志》《艺文志》和《地理志》。"志"的篇名为后世纪传体史书所继承。

皇家藏书目录，所关却就大了。《艺文志》的底本是刘歆的《七略》①。刘向、刘歆父子都曾奉诏校读皇家藏书；他们开始分别源流，编订目录②，使那些"中秘书③"渐得流传于世，功劳是很大的。他们的原著都已不存，但《艺文志》还保留着刘歆《七略》的大部分。这是后来目录学家的宝典。原来秦火之后，直到成帝时，书籍才渐渐出现；成帝诏求遗书于天下，这些书便多聚在皇家。刘氏父子所以能有那样大的贡献，班固所以想到在《汉书》里增立《艺文志》，都是时代使然。司马迁便没有这样好运气。

《史记》成于一人之手，《汉书》成于四人之手。表、志由曹大家和马续补成；纪、传从昭帝至平帝有班彪的《后传》做底本。而从高祖至武帝，更多用《史记》的文字。这样一看，班固自己作的似乎太少。因此有人说他的书是"剽

> 这三段介绍了《汉书》的体制及基本情

---

① 《七略》：中国第一部官修图书目录，分为辑略、六艺略、诸子略、诗赋略、兵书略、数术略、方技略等七部分。作者是西汉经学家、目录学家刘歆，其父刘向编有《别录》，《七略》即在此基础上编订而成。
② 刘向著有《别录》。
③ 中秘书：官廷所藏善本书籍。

窃"而成①,算不得著作。但那时的著作权的观念还不甚分明,不以钞袭为嫌;而史书也不能凭虚别构。班固删润旧文,正是所谓"述而不作"。他删润的地方,却颇有别裁,决非率尔②下笔。史书叙汉事,有阙略③的,有隐晦的,经他润色,便变得详明;这是他的独到处。汉代"明主、贤君、忠臣、死义之士",他实在表彰得更为到家。书中收载别人整篇的文章甚多,有人因此说他是"浮华"之士④。这些文章大抵关系政治学术,多是经世⑤有用之作。那时还没有文集,史书加以搜罗,不失保存文献之旨。至于收录辞赋,却是当时的风气和他个人的嗜好;不过从现在看来,这些也正是文学史料,不能抹煞的。

班、马优劣论起于王充《论衡》。他

况,特别表彰了班固的独创性做法。如,确定了《汉书》的名称,开创了断代的模式,扩展了记述的范围。再如,在《史记》的基础上取消"世家"体例,改"书"为"志"等。尤其《艺文志》的设立,意义重大。《汉书》虽成于众手,但是班固的"删润"之功不可忽视。书中多收传主的整篇文章,客观上起到了保存政治、学术、文学文献的作用。

---

① 原注:《通志·总序》。编者按:《通志》的作者是宋代史学家郑樵,他在该书《总序》中对班固《汉书》评价不高,说"班固者,浮华之士也,全无学术,专事剽窃。……尽窃迁书,不以为惭"。
② 率尔:轻率地,随便地。
③ 阙略:缺漏删略。
④ 原注:《通志·总序》。
⑤ 经世:这里指治理国事。

说班氏父子"文义浃备,纪事详赡",观者以为胜于《史记》①。王充论文,是主张"华实俱成"的②。汉代是个辞赋的时代,所谓"华",便是辞赋化。《史记》当时还用散行文字;到了《汉书》,便弘丽精整,多用排偶③,句子也长了。这正是辞赋的影响。自此以后,直到唐代,一般文士,大多偏爱《汉书》,专门传习,《史记》的传习者却甚少。这反映着那时期崇尚骈文④的风气。唐以后,散文渐成正统,大家才提倡起《史记》来;明归有光及清桐城派更力加推尊,《史记》差不多要驾乎《汉书》之上了。这种优劣论起于二书散整不同,质文各异⑤;其实是跟着时代的好尚而转变的⑥。

---

① 原注:《论衡·超奇》篇,这里据《史通·鉴识》原注引,和通行本文字略异。编者按:《史通》为唐代史学家刘知几所撰,是一部讨论史书编纂的专著。他在书中《鉴识》篇的注文中引述王充《论衡·超奇》篇文字,对班、马优劣有所论述,说"王充谓(班)彪文义浃备,纪事详赡(班彪的史著,文字和内容都好,记事详细,史料丰富。浃,这里有周遍的意思),观者以为甲,以太史公为乙也"。这里虽然只提到(班)彪,实际也代表了班固。
② 原注:《论衡·超奇》篇。编者按:王充《超奇篇》原文是"夫华与实,俱成者也,无华生实,物希有之"。他主张文章要有实在的内容,也要有华美的形式。
③ 弘丽精整,多用排偶:用词华丽,文字整饬,喜用排偶对仗,这是骈文的特点。
④ 骈(pián)文:古代文体的一种,始于汉、魏,盛行于六朝。文体特点是句用骈偶,讲求对仗工稳、声韵和谐、辞藻华美。因后期的骈文多用四字、六字句,又称"四六文"。
⑤ 散整不同,质文各异:这里是说,《史记》《汉书》一个用质朴的散文,一个带有整饬的骈化倾向,两者文风不同。
⑥ 好尚:喜好,崇尚。

晋代张辅，独不好《汉书》。他说："世人论司马迁班固才的优劣，多以固为胜，但是司马迁叙三千年事，只五十万言，班固叙二百年事，却有八十万言。烦省相差如此之远，班固哪里赶得上司马迁呢！"[1]。刘知几《史通》却以为《史记》虽叙三千年事，详备的也只汉兴七十多年，前省后烦，未能折中；若教他作《汉书》，恐怕比班固还要烦些"[2]。刘知几左袒班固，不无过甚其辞[3]。平心而论，《汉书》确比《史记》繁些。《史记》是通史，虽然意在尊汉，不妨详近略远，但叙汉事到底不能太详；司马迁是知道"折中"的。《汉书》断代为书，尽可充分利用史料，尽其颂述功德的职分：载事既多，文字自然繁了，这是一。《汉书》载别人文字也比《史记》多，这是二。《汉书》文字趋向骈体，句子比散体长，这是三。这都是"事有必至，理有固然"，不足为《汉书》病[4]。范晔《后汉书·班固传赞》说班固叙事"不激诡，不抑抗，赡而不秽，详而有体，使读之者亹亹而不厌"[5]，这是不错的。

宋代郑樵在《通志·总序》里抨击班固，几乎说得他不值一

---

① 原注：原文见《晋书·张辅传》。编者按：这段论述原文是"世人论司马迁、班固之才优劣，多以固为胜，余以为失。迁之著述辞约而事举，叙三千年事唯五十万言；班固叙二百年事乃八十万言，烦省不同，不如迁一也……"。辞约而事举，语言简约而叙事全面。烦省，繁复与简约。

② 原注：原文见《史通·杂说上》。编者按：折中，这里指繁简适中。

③ 左袒：偏袒，偏向。过甚其辞：言过其实，过分。

④ 不足为《汉书》病：算不得《汉书》的毛病、缺点。

⑤ "范晔"五句：这几句的大意是班固的叙事不过激，批评、颂扬都恰如其分，内容丰富而不杂芜，讲述详细又有条理，能让人读了不感到厌倦。亹（wěi）亹，勤勉不倦。

钱。刘知几论通史不如断代，以为通史年月悠长，史料亡佚太多，所可采录的大都陈陈相因①，难得新异。《史记》已不免此失；后世仿作，贪多务得，又加上繁杂的毛病，简直教人懒得去看②。按他的说法，像《鲁春秋》等，怕也只能算是截取一个时代的一段儿，相当于《史记》的叙述汉事；不是无首无尾，就是有首无尾。这都不如断代史的首尾一贯好。像《汉书》那样，所记的只是班固的近代，史料丰富，搜求不难。只需破费工夫，总可一新耳目，"使读之者亹亹而不厌"的③。郑樵的意见恰相反。他注重会通④，以为历史是联贯的，要明白因革损益⑤的轨迹，非会通不可。通史好在能见其全，能见其大。他称赞《史记》，说是"'六经'之后，惟有此作"。他说班固断汉为书，古今间隔，因革不明，失了会通之道，真只算是片段罢了⑥。其实通古和断代，各有短长，刘、郑都不免一偏之见。

《史》《汉》可以说是各自成家。《史记》"文直而事核"，《汉书》

---

① 陈陈相因：原指太仓的粮食一茬儿压一茬儿，不能更新。这里指历史文献抄来抄去只是那几篇，没有新东西。
② 原注：《史通·六家》。编者按：刘知几在《六家》一文中对《尚书》《春秋》《左传》《国语》《史记》《汉书》六家史书做了介绍与评价，其中对《史记》多所批评，而对《左传》《汉书》推崇备至。
③ 同上。
④ 会通：这里指史事的因果前后呼应贯通。
⑤ 因革损益：沿袭变革，减损增益。
⑥ 原注：《通志·总序》。编者按：郑樵在《总序》中盛赞《史记》，说"使百代而下史官不能易其法，学者不能舍其书，《六经》之后，惟有此作"。又批评《汉书》："不幸班固非其人，遂失会通之旨。司马氏之门户自此衰矣！"

"文赡而事详"①。司马迁感慨多，微情妙旨，时在文字蹊径之外②；《汉书》却一览之余，情词俱尽。但是就史论史，班固也许比较客观些，比较合体些。明茅坤说《汉书》以矩矱胜③，清章学诚说"班氏守绳墨"，"班氏体方用智"④，都是这个意思。晋傅玄评班固，"论国体则饰主阙而折忠臣，叙世教则贵取容而贱直节"⑤。这些只关识见高低，不见性情偏正，和司马迁《游侠》《货殖》两传蕴含着无穷的身世之痛的不能相比，所以还无碍其为客观的。总之，《史》《汉》二

这四段介绍历代学者对《史》《汉》二书的评价，本文作者也参与讨论，直抒己见。譬如说到唐以前的士人偏爱《汉书》，唐以后偏爱《史记》，作者指出，这是因为唐以前崇尚骈文、唐以后崇尚散文的缘故。此外的讨论，还包括文字的繁简、通史断代的优劣、叙述的客

---

① 原注：《后汉书·班固传赞》。编者按：文赡而事详是指文字繁复，叙事详尽。
② "司马迁感慨多"三句：是说司马迁的叙事中掺杂着感慨，其深挚的情感、含蓄的主旨，体现在文字之外。蹊径，路径。
③ 原注：《汉书评林序》。编者按：矩矱（jǔ yuē）是指规范，法度。
④ 原注：《文史通义·诗教下》。编者按：此处应出于《文史通义·书教下》。原文是"迁书一变而为班氏之断代，迁书通变化，而班氏守绳墨，以示包括也。……盖迁书体圆用神，多得《尚书》之遗，班氏体方用智，多得官礼之意也"。守绳墨，守规矩。体圆用神，本体圆通，作用神妙。体方用智，本体方正，作用明智。
⑤ 原注：《史通·书事》。编者按：这几句的大意是论国家政治，则掩饰君王的缺失，贬低忠臣的作用；论述正统思想，则抬高忠顺的行为而贬抑节操之士。

书,文质和繁省虽然各不相同①,而所采者博,所择者精,却是一样;组织的弘大,描写的曲达,也同工异曲②。二书并称良史,决不是偶然的。

[参考资料] 郑鹤声《史汉研究》,《司马迁年谱》,《班固年谱》。

观与否。作者给出的最终结论是,《史》《汉》二书各有优长,却同样伟大,"二书并称良史,决不是偶然的"。

---

① 文质:一有文采,一平实。繁省:一繁复,一简约。
② 曲达:委婉地表达。同工异曲:形式不同而效果一致,用于褒义,也作"异曲同工"。

诸子第十

【题解】自春秋末年,礼乐崩坏,社会分裂;才智之士乘机而起,各立门户,形成百家争鸣的局面。《汉书·艺文志》罗列诸子中最显要的十家,为儒家、道家、阴阳家、法家、名家、墨家、纵横家、杂家、农家和小说家。本节重点介绍了儒家、墨家、道家、名家、阴阳家、杂家这六家。自汉武帝独尊儒术,《论语》《孟子》都逐步升格为经书;不过在此之前,儒家仍属诸子,与其他各家平起平坐。

春秋末年,封建制度开始崩坏,贵族的统治权,渐渐维持不住。社会上的阶级,有了紊乱的现象。到了战国,更看见农奴解放,商人抬头。这时候一切政治的社会的经济的制度,都起了根本的变化。大家平等自由,形成了一个大解放的时代。在这个大变动当中,一些才智之士对于当前的情势,有种种的看法,有种种的主张;他们都想收拾那动乱的局面,让它稳定下来。有些倾向于守旧的,便起来拥护旧文化、旧制度,向当世的君主和一般人申述他们拥护的理由,给旧文化、旧制度找出理论上的根据。也有些人起来批评或反对旧文化、旧制度;又有些人要修正那些。还有人要建立新文化、新制度来代替旧的;还有人压根儿反对一切文化和制度。这些人也都根据他们自己的见解各说各的,都"持之有故,言之成理"。这便是诸子之学,大部分可以称为哲学。这是一个思想解放的时代,也是一个思想发达的时代,在中国学术史里是稀有的。

诸子都出于职业的"士"。"士"本是封建制度里贵族的末一级；但到了春秋战国之际，"士"成了有才能的人的通称。在贵族政治未崩坏的时候，所有的知识、礼、乐，等等，都在贵族手里，平民是没份的。那时有知识技能的专家，都由贵族专养专用，都是在官的。到了贵族政治崩坏以后，贵族有的失了势，穷了，养不起自用的专家。这些专家失了业，流落到民间。便卖他们的知识技能为生。凡有权有钱的都可以临时雇用他们；他们起初还是伺候贵族的时候多，不过不限于一家贵族罢了。这样发展了一些自由职业；靠这些自由职业为生的，渐渐形成了一个特殊阶级，便是"士农工商"的"士"。这些"士"，这些专家，后来居然开门授徒起来。徒弟多了，声势就大了，地位也高了。他们除掉执行自己的职业之外，不免根据他们专门的知识技能，研究起当时的文化和制度来了。这就有了种种看法和主张。各"思以其道易天下"①。诸子百家便是这样兴起的。

> 这两段讲诸子的产生。从春秋末到战国，平等自由思想萌发。才智之士纷纷出头，提出各自的主张。学术界迎来思想解放、哲学发达的稀有时代。诸子多半起于"士"阶层，是一群握有知识技能的专家，原本由贵族豢养，此刻成为自由职业者。一些佼佼者"思以其道易天下"，开门授徒，张大声势。诸子百家由此兴起。

---

① 原注：语见章学诚《文史通义·言公上》。编者按：详细内容见《〈尚书〉第三》此条注释。

第一个开门授徒发扬光大那非农非工非商非官的"士"的阶级的,是孔子。孔子名丘,他家原是宋国的贵族,贫寒失势,才流落到鲁国去。他自己做了一个儒士;儒士是以教书和相礼①为职业的,他却只是一个"老教书匠"。他的教书有一个特别的地方,就是"有教无类"②。他大招学生,不问身家,只要缴相当的学费就收;收来的学生,一律教他们读《诗》《书》等名贵的古籍,并教他们礼乐等功课。这些从前是只有贵族才能够享受的,孔子是第一个将学术民众化的人。他又带着学生,周游列国,说(shuì)当世的君主;这也是从前没有的。他一个人开了讲学和游说的风气,是"士"阶级的老祖宗。他是旧文化、旧制度的辩护人,以这种姿态创始了所谓儒家。所谓旧文化、旧制度,主要的是西周的文化和制度,孔子相信是文王、周公创造的。继续文王、周公的事业,便是他给他自己的使命。他自己说,"述而不作,信而好古"③;所述的,所信所好的,都是周代的文化和制度。《诗》《书》《礼》《乐》等是周文化的代表,所以他拿来做学生的必修科目。这些原是共同的遗产,但后来各家都讲自己的新学说,不讲这些;讲这些的始终只有"述而不作"的儒家。因此《诗》《书》《礼》《乐》等便成为儒家的专有品了。

---

① 相礼:赞礼。按,古代的礼有一套繁琐的仪式程序,因此需要礼仪专家在旁引导、襄助,也就是所谓的"相礼"。
② 原注:《论语·卫灵公》。编者按:原文是"子曰:'有教无类。'",意思是教育没有贵贱高低之分,对哪类人都一视同仁。
③ 原注:《论语·述而》。编者按:这两句意为只阐述前人的学说而不创作,以敬信的态度喜爱并继承历史文化。

孔子是个博学多能的人,他的讲学是多方面的。他讲学的目的在于养成"人",养成为国家服务的人,并不在于养成某一家的学者。他教学生读各种书,学各种功课之外,更注重人格的修养。他说为人要有真性情,要有同情心,能够推己及人,这所谓"直""仁""忠""恕";一面还得合乎礼,就是遵守社会的规范。凡事只问该做不该做,不必问有用无用;只重义,不计利。这样人才配去干政治,为国家服务。孔子的政治学说,是"正名主义"[①]。他想着当时制度的崩坏,阶级的紊乱,都是名不正的缘故。君没有君道,臣没有臣道,父没有父道,子没有子道,实和名不能符合起来,天下自然乱了。救时之道,便是"君君,臣臣,父父,子子"[②];正名定分,

> 这两段讲儒家开山人物孔子,介绍他如何将学术平民化,开讲学游说之风。他推崇周礼,以《诗》《书》

---

① 正名主义:"正名"是孔子的重要主张。弟子问孔子,为政做官先要做的事是什么?孔子回答:"必也正名乎?……名不正,则言不顺;言不顺,则事不成;事不成,则礼乐不兴;礼乐不兴,则刑罚不中;刑罚不中,则民无所措手足。"(《论语·子路》)"正名"就是强调名和实、言和行的一致性,反对一切似是而非的东西。

② 原注:《论语·颜渊》。编者按:这几句意为君要像君,臣要像臣,父要像父,子要像子。另有一种解释,强调因果关系:君要像君,臣才尽臣的义务;父要像父,子才尽子的义务。

社会的秩序、封建的阶级便会恢复的。他是给封建制度找了一个理论的根据。这个正名主义，又是从《春秋》和古史官的种种书法归纳得来的。他所谓"述而不作"，其实是以述为作，就是理论化旧文化、旧制度，要将那些维持下去。他对于中国文化的贡献，便在这里。

孔子以后，儒家还出了两位大师，孟子和荀子。孟子名轲，邹人；荀子名况，赵人。这两位大师代表儒家的两派。他们也都拥护周代的文化和制度，但更进一步地加以理论化和理想化。孟子说人性是善的。人都有恻隐心、羞恶心、辞让心、是非心；这便是仁义礼智等善端①，只要能够加以扩充，便成善人。这些善端，又总称为"不忍人之心"。圣王

《礼》《乐》授徒。讲学的目的是为国家培养人才，教育注重人格修养，宣扬直、仁、忠、恕；强调通过"正名"来维护社会秩序。他是守旧文化的代表。

---

① "孟子说人性是善的"三句：相关内容见《孟子·公孙丑上》："（孟子曰：）'……由是观之，无恻隐之心，非人也；无羞恶之心，非人也；无辞让之心，非人也；无是非之心，非人也。恻隐之心，仁之端也；羞恶之心，义之端也；辞让之心，礼之端也；是非之心，智之端也。……'"大意是，……由此看来，没有同情心就不是人，没有羞耻心就不是人，没有谦让心就不是人，没有是非心就不是人。同情心是仁的苗头，羞耻心是义的苗头，谦让心是礼的苗头，是非心是智的苗头。……

本于"不忍人之心",发为"不忍人之政"①,便是"仁政""王政"。一切政治的经济的制度都是为民设的,君也是为民设的——这却已经不是封建制度的精神了。和王政相对的是霸政。霸主的种种制作设施,有时也似乎为民,其实不过是达到好名好利好尊荣的手段罢了。荀子说人性是恶的。性是生之本然,里面不但没有善端,还有争夺放纵等恶端。但是人有相当聪明才力,可以渐渐改善学好;积久了,习惯自然,再加上专一的功夫,可以到圣人的地步。所以善是人为的。孟子反对功利,他却注重它。他论王霸的分别,也从功利着眼。孟子注重圣王的道德,他却注重圣王的威权。他说生民之初,纵欲相争,乱得一团糟;圣王建立社会国家,是为明分息争②的。

> 本段介绍儒家学派另两位代表人物孟子和荀子。孟子持"性善"说,认为仁、义、礼、智植根于人的恻隐心、羞恶心、辞让心、是非心(是为四端);主张推行"仁政",强调君为民而设。荀子则持"性恶"说,认为人要通过学习来克服与生俱来的恶。孟子反对功

---

① 原注:《孟子·公孙丑上》。编者按:这一段的原文是,"孟子曰:'人皆有不忍人之心。先王有不忍人之心,斯有不忍人之政矣。以不忍人之心,行不忍人之政,治天下可运之掌上。'"。大意是人人都有怜恤人之心。前代圣君因有怜恤人之心,也便有了怜恤人的政治。凭着怜恤人的心,来施行怜恤人的政治,治理天下就同在手掌上把玩小玩意儿一样了。

② 明分(fèn)息争:明确身份,平息争斗。明确身份是为了让君臣父子各安其位,自然就没有纷争了。

礼是社会的秩序和规范，作用便在明分；乐是调和情感的，作用便在息争。他这样从功利主义出发，给一切文化和制度找到了理论的根据。

儒士多半是上层社会的失业流民；儒家所拥护的制度，所讲所行的道德也是上层社会所讲所行的。还有原业农工的下层失业流民，却多半成为武士。武士是以帮人打仗为职业的专家。墨翟便出于武士。墨家的创始者墨翟，鲁国人，后来做到宋国的大夫，但出身大概是很微贱的。"墨"原是做苦工的犯人的意思，大概是个诨名；"翟"是名字。墨家本是贱者，也就不辞用那个诨名自称他们的学派。墨家是有团体组织的，他们的首领叫作"巨子"；墨子大约就是第一任巨子。他们不但是打仗的专家，并且是制造战争器械的专家。

但墨家和别的武士不同，他们是有主义的。他们虽以帮人打仗为生，却反对侵略的打仗；他们只帮被侵略的弱小国家做防卫的工作。《墨子》里只讲守的器械和方法，攻的方面，特意不讲。这是他们的"非攻"主义。他们说天下大利，强调以德治天下；荀子则强调圣王的威权，主张用礼来规范制约民众。

害，在于人的互争；天下人都该视人如己，互相帮助，不但利他，而且利己。这是"兼爱"主义。墨家注重功利，凡与国家人民有利的事物，才认为有价值。国家人民，利在富庶；凡能使人民富庶的事物是有用的，别的都是无益或有害。他们是平民的代言人，所以反对贵族的周代的文化和制度。他们主张"节葬""短丧""节用""非乐"①，都和儒家相反。他们说他们是以节俭勤苦的夏禹为法的。他们又相信有上帝和鬼神，能够赏善罚恶；这也是下层社会的旧信仰。儒家和墨家其实都是守旧的；不过一个守原来上层社会的旧，一个守原来下层社会的旧罢了。

压根儿反对一切文化和制度的是道家。道家出于隐士。孔子一生曾遇到好些"避世"之士；他们着实讥评孔子。这些人都是有知识学问的。他们看见时世太乱，难以挽救，便消极起来，对于世事，

这两段介绍墨家。墨家的开山人物墨翟出身武士。该派有严密的组织，擅长打仗。不过他们反对侵略战争，提倡"非攻""兼爱"，并有"节葬""短丧""节用""非乐"等主张，墨家相信上帝鬼神。墨家和儒家类似，都是守旧派，墨家是代表平民的。

---

① "节葬"：墨家反对儒家的厚葬做法，主张薄葬。"短丧"：墨家主张缩短守丧的时间。"节用"：墨家主张去除无用之费，认为这是国家富强的重要途径。"非乐"：墨家反对过度从事音乐活动。

取一种不闻不问的态度。他们讥评孔子"知其不可而为之"①，费力不讨好；他们自己便是知其不可而不为的、独善其身的聪明人。后来有个杨朱，也是这一流人，他却将这种态度理论化了，建立"为我"的学说。他主张"全生保真，不以物累形"②；将天下给他，换他小腿上一根汗毛，他是不干的。天下虽大，是外物；一根毛虽小，却是自己的一部分。所谓"真"，便是自然。杨朱所说的只是教人因生命的自然，不加伤害；"避世"便是"全生保真"的路。不过世事变化无穷，避世未必就能避害，杨朱的教义到这里却穷了。老子、庄子的学说似乎便是从这里出发，加以扩充的。杨朱实在是道家的先锋。

老子相传姓李名耳，楚国隐士。楚人是南方新兴的民族，受周文化的影响很少；他们往往有极新的思想。孔子遇到那些隐士，也都在楚国；这似乎不是偶然的。庄子名周，宋国人，他的思想却接近楚人。老学以为宇宙间事物的变化，都遵循一定的公律，在天然界如此，在人事界也如此。这叫作"常"。顺应这些公律，便不须避害，自然能避害。所以说，"知常曰明"③。事物变化的最大公律是物极则反。处世接物，最好先从反面下手。"将欲歙之，必固张之；将欲弱之，必固强之；将欲废之，必固兴之；将欲夺之，必固

---

① 原注：《论语·宪问》。
② 原注：《淮南子·泛论训》。编者按：这两句是《淮南子》作者对杨朱主张的总结，大意是按照生命的自然本性活着，不要受外物的牵累。
③ 原注：《老子》十六章。编者按：原文是"知常曰明。不知常，妄作凶"。大意是了解"常"才称得上心如明镜；不了解"常"，轻举妄动就会出乱子。常，在这里指万物运动与变化中的不变规律。

与之。①""大直若屈，大巧若拙，大辩若讷。②"这样以退为进，便不至于有什么冲突了。因为物极则反，所以社会上政治上种种制度，推行起来，结果往往和原来目的相反。"法令滋彰，盗贼多有。③"治天下本求有所作为，但这是费力不讨好的，不如排除一切制度，顺应自然，无为而为，不治而治。那就无不为，无不治了。自然就是"道"，就是天地万物所以生的总原理。物得道而生，是道的具体表现。一物所以生的原理叫作"德"，"德"是"得"的意思。所以宇宙万物都是自然的。这是老学的根本思想，也是庄学的根本思想。但庄学比老学更进一步。他们主张绝对的自由，绝对的平等。天地万物，无时不在变化之中，不齐是自然的。一切但须顺其自然，所有的分别，所有的标

这两段介绍道家。道家反对一切文化和制度，主张消极避世，独善其身。杨朱应是道家的先驱，建立"为我"学说，拔一毛利天下而不为，走进了死胡同。老子、庄子则扩充了道家学说。老子是楚人，远离周文化，强调要顺应自然规律

---

① 原注：《老子》三十六章。编者按：这几句的大意是将要收敛的，必先扩张；将要削弱的，必先强盛；将要废弃的，必先兴起；将要夺取的，必先给予。翕（xī），合，聚。

② 原注：《老子》四十五章。编者按：大意是最直的倒像是弯曲的，最巧的倒像笨拙的，最善辩的倒像是笨嘴拙腮。辩：口才好，善辩。讷（nè）：不擅长讲话，出言迟钝。

③ 原注：《老子》五十七章。编者按：这两句的大意是法令越森严，盗贼反倒越多。滋，更加，越发。

准,都是不必要的。社会上政治上的制度,硬教不齐的齐起来,只徒然伤害人性罢了。所以圣人是要不得的,儒墨是"不知耻"的①。按庄学说,凡天下之物都无不好,凡天下的意见,都无不对;无所谓物我②,无所谓是非。甚至死和生也都是自然的变化,都是可喜的。明白这些个,便能与自然打成一片,成为"无入而不自得"的至人了③。老庄两派,汉代总称为道家。

庄学排除是非,是当时"辩者"的影响。"辩者"汉代称为名家,出于讼师④。辩者的一个首领郑国邓析,便是春秋末年著名的讼师。另一个首领梁相惠施,也是法律行家。邓析的本事在对于

("常");认识到物极必反的道理。主张无为而治。又说"道"就是自然,是"万物所以生的总原理"。庄子更进一步,主张绝对的自由和平等。又说"不齐"才是自然的,人要与自然打成一片。老、庄两派,总称道家。

---

① 原注:《庄子·在宥(yòu)》《庄子·天运》。编者按:《在宥》全篇的主旨,就是反对他人的干涉,让人们顺其自然地生活。《天运》篇内容比较驳杂,其中第六节,写孔子的门人子贡与老子对话,老子公然否认三皇五帝是圣人,认为他们治理天下,越治越乱,搞得连小动物都不得安宁,"而犹自以为圣人,不亦可耻乎?其无耻也!"
② 物我:外物与自我。
③ 成为"无入而不自得"的至人了:语出《礼记·中庸》,原文是"君子无入而不自得焉",意思是君子无论处在什么地位,都能恬然自得。至人,道德修养最高、最超脱又最长寿的人。
④ 讼(sòng)师:古代职业帮人打官司的人,略同于今天的律师。

法令能够咬文嚼字的取巧，"以是为非，以非为是"①。语言文字往往是多义的；他能够分析语言文字的意义，利用来作种种不同甚至相反的解释。这样发展了辩者的学说。当时的辩者有惠施和公孙龙两派。惠施派说，世间各个体的物，各有许多性质；但这些性质，都因比较而显，所以不是绝对的。各物都有相同之处，也都有相异之处。从同的一方面看，可以说万物无不相同；从异的一方面看，可以说万物无不相异。同异都是相对的，这叫作"合同异"②。

公孙龙，赵人。他这一派不重个体而重根本，他说概念有独立分离的存在。譬如一块坚而白的石头，看的时候只见白，没有坚；摸的时候只觉坚，不见白。所以白性与坚性两者是分离的。况且天

这两段介绍"辩者"，也就是名家。该派出于讼师，代表人

---

① 原注：《吕氏春秋·审应览·离谓》篇。编者按：这两句的大意是把对的说成错的，把错的说成对的。

② 原注：语见《庄子·秋水》。编者按：原文是"公孙龙问于魏牟曰：'龙少学先王之道，长而明仁义之行；合同异，离坚白，然不然，可不可……'"。"合同异"和"离坚白"是名家的著名观点。前者指把事物的同和异混而为一，倡导者为惠施。后者是以石为喻，认为石头坚硬与白色两种性质是分开的，不能同时感受到，倡导者是公孙龙。

下白的东西很多,坚的东西也很多,有白而不坚的,也有坚而不白的。也可见白性与坚性是分离的,白性使物白,坚性使物坚;这些虽然必须因具体的物而见,但实在有着独立的存在,不过是潜存罢了。这叫作"离坚白"①。这种讨论与一般人感觉和常识相反,所以当时以为"怪说"琦辞","辩而无用"②。但这种纯理论的兴趣,在哲学上是有它的价值的。至于辩者对于社会政治的主张,却近于墨家。

儒、墨、道各家有一个共通的态度,就是托古立言;他们都假托古圣贤之言以自重。孔子托于文王、周公,墨子托于禹,孟子托于尧舜,老、庄托于传说中尧、舜以前的人物;一个比一个古,一个压一个。不托古而变古的只有法家。法家出于"法术之士"③,法术之士是以政物为邓析,熟悉法律,能"以是为非,以非为是"。另两位代表人物是惠施和公孙龙。惠施的著名论点是"合同异",公孙龙的著名论点是"白马非马"和"离坚白"。这些看似无用的观点,自有其哲学价值。

---

① 原注:《荀子·非十二子》篇。编者按:此注当为《庄子·秋水》。
② 原注:语见《韩非子·孤愤》。编者按:此注当为"语见《荀子·非十二子》",荀子批判惠施、邓析,说他们"不法先王,不是礼义,而好治怪说,玩琦辞,甚察而不惠,辩而无用,多事而寡功,不可以为治纲纪……"琦辞,奇异的言辞。琦,同"奇"。
③ 原注:《韩非子·定法》。编者按:此注当为《韩非子·孤愤》,韩非在此篇中明确提出"法术之士"的概念。

治为职业的专家。贵族政治崩坏的结果，一方面是平民的解放，一方面是君主的集权。这时候国家的范围，一天一天扩大，社会的组织也一天一天复杂。人治、礼治，都不适用了。法术之士便创一种新的政治方法帮助当时的君主整理国政，做他们的参谋。这就是法治。当时现实政治和各方面的趋势是变古——尊君权、禁私学、重富豪。法术之士便拥护这种趋势，加以理论化。

他们中间有重势、重术、重法三派，而韩非子集其大成。他本是韩国的贵族，学于荀子。他采取荀学、老学和辩者的理论，创立他的一家言；他说势、术、法三者都是"帝王之具"①，缺一不可。势的表现是赏罚：赏罚严，才可以推行法和术。因为人性究竟是恶的。术是君主驾御臣下的技巧。综核名实是一个例。譬如教人做某官，按那官的名位，该能做出某些成绩来；君主就可以照着去考核，看他名实能相副否。又如臣下有所

> 这两段介绍法家。法家出于"法术之士"，

---

① 原注：《韩非子·定法》。编者按：原文是"君无术则弊于上，臣无法则乱于下，此不可一无，皆帝王之具也"。帝王之具，帝王统治不可或缺的工具。

建议,君主便叫他去做,看他能照所说的做到否。名实相副的赏,否则罚。法是规矩准绳,明主制下了法,庸主只要守着,也就可以治了。君主能够兼用法、术、势,就可以一驭万①,以静制动②,无为而治。诸子都讲政治,但都是非职业的,多偏于理想。只有法家的学说,从实际政治出来,切于实用。中国后来的政治,大部分是受法家的学说支配的。

古代贵族养着礼、乐专家,也养着巫祝、术数③专家。礼、乐原来的最大的用处在丧、祭。丧、祭用礼、乐专家,也用巫祝;这两种人是常在一处的同事。巫祝固然是迷信的,礼、乐里原先也是有迷信成分的。礼、乐专家后来沦为儒士,巫祝、术数专家便沦为方士④。他们关系极密切,所注意的事有些是相同的。汉代所称的阴阳家便出于方士。古代术数注意于所谓"天人之际",以为天道人

是一些职业政治家。他们主张实行法治,加强君主专制。韩非子是集大成者,主张以势、术、法作为君主的工具来驾驭臣民。法家学说从实际出发,切于实用,被后来的统治者所利用实施。

---

① 以一驭(yù)万:这里指抓住关键即可控制全局。驭,驾驭。
② 以静制动:指面对乱局,冷静观察,相机而动,后发制人。
③ 数术:古代关于天文、历法及占卜的学问。
④ 方士:古代以寻仙炼丹追求长生不老的人,也泛指从事医卜星相职业的人。

事互相影响。战国末年有些人更将这种思想推行起来，并加以理论化，使它成为一贯的学说。这就是阴阳家。

当时阴阳家的首领是齐人邹衍。他研究"阴阳消息"[①]，创为"五德终始"说[②]。"五德"就是五行之德。五行是古代的信仰。邹衍以为五行是五种天然势力，所谓"德"。每一德，各有盛衰的循环。在它当运的时候，天道人事，都受它支配。等到它运尽而衰，为别一德所胜所克，别一德就继起当运。木胜土，金胜木，火胜金，水胜火，土胜水，这样"终始"不息。历史上的事变都是这些天然势力的表现。每一朝代，代表一德；朝代是常变的，不是一家一姓可以永保的。阴阳家也讲仁义名分，却是受儒家的影响。那时候儒家也在开始受他

> 这两段介绍阴阳家，这一派源于最早的巫祝术数专家，后来沦为方士。这一派专门研

---

① 原注：《史记·孟子荀卿列传》。编者按："阴阳消息"意为阴阳的消长变化。

② 原注：《吕氏春秋·有始览·名类》篇及《文选》左思《魏都赋》李善注引《七略》。编者按：《名类》篇举例说，黄帝以"土气胜，故其色尚黄"，禹以"木气胜，其色尚青"，等等。《魏都赋》李善注引《七略》："邹子有终始五德，从所不胜，木德继之，金德次之，火德次之，水德次之。"

们的影响，讲《周易》，作《易传》。到了秦汉间，儒家更几乎与他们混合为一；西汉今文家的经学大部便建立在阴阳家的基础上。后来"古文经学"虽然扫除了一些"非常""可怪"之论①，但阴阳家的思想已深入人心，牢不可拔了。

战国末期，一般人渐渐感着统一思想的需要，秦相吕不韦便是做这种尝试的第一个人。他教许多门客合撰了一部《吕氏春秋》。现在所传的诸子书，大概都是汉人整理编订的；他们大概是将同一学派的各篇编辑起来，题为某子。所以都不是有系统的著作。《吕氏春秋》却不然，它是第一部完整的书。吕不韦所以编这部书，就是想化零为整，集合众长，统一思想。他的基调却是道家。秦始皇统一天下，李斯为相，实行统一思想。他烧书，禁天下藏"《诗》、《书》、百家语"②。但时机到底还未成熟，而秦不久也就亡了，李斯是失败了。所以汉初

究天道与人事的相互影响。齐人邹衍首创"五德终始"说。该派与儒家相互影响，汉代儒学重视《周易》，即阴阳家影响的结果。

---

① 原注：何休《春秋公羊经传解诂序》说《春秋》中"多非常异议可怪之论"。编者按：非常，不同寻常。异议，这里有异端的意思。
② 原注：《史记·秦始皇本纪》。编者按："百家语"即诸子著作。

诸子学依然很盛。

到了汉武帝的时候，淮南王刘安仿效吕不韦的故智①，教门客编了一部《淮南子》，也以道家为基调，也想来统一思想。但成功的不是他，是董仲舒。董仲舒向武帝建议："'六经'和孔子的学说以外，各家一概禁止。邪说息了，秩序才可统一，标准才可分明，人民才知道他们应走的路。②"武帝采纳了他的话。从此，帝王用功名利禄提倡他们所定的儒学，儒学统于一尊；春秋战国时代言论思想极端自由的空气便消灭了。这时候政治上既开了从来未有的大局面，社会和经济各方面的变动也渐渐凝成了新秩序，思想渐归于统一，也是自然的趋势。在这新秩序里，农民还占着大多数，宗法社会③还保留着，旧时的礼教与制度一部分还可适用，不

这两段介绍杂家以及诸子终结的原因。秦相吕不韦领衔编撰《吕氏春秋》，杂取诸家，意在统一思想。汉武帝时，淮南王刘安组织编撰《淮南子》，以道家为基调，也是统一思想的尝试，都不成功。汉武帝采纳董仲舒的建议，"废黜百家，独尊儒术"，在旧秩序的基础上建立新秩序，将儒学理想化、理论化。诸子不能争胜，儒学独尊的局面由此形成。

---

① 故智：以前用过的计谋或方法。
② 原注：原文见《汉书·董仲舒传》。编者按：这几句出自董仲舒的对策，原文是"臣愚以为诸不在六艺之科孔子之术者，皆绝其道，勿使并进。邪辟之说灭息，然后统纪可一而法度可明，民知所从矣"。六艺，这里指"六经"。统纪，纲纪。
③ 宗法社会：宗法制度即古代维护贵族世袭统治的一种制度。王族贵戚按血缘关系分配国家权力，形成统治构架，宗族组织与国家组织合二为一，宗法等级和政治等级完全一致。

过民众化了罢了。另一方面，要创立政治上社会上各种新制度，也得参考旧的。这里便非用儒者不可了。儒者通晓以前的典籍，熟悉以前的制度，而又能够加以理想化、理论化，使那些东西秩然有序，粲然可观。别家虽也有政治社会学说，却无具体的办法，就是有，也不完备，赶不上儒家；在这建设时代，自然不能和儒学争胜。儒学的独尊，也是当然的。

［参考资料］冯友兰《中国哲学史》第一篇。

辞赋第十一

【题解】"辞赋"为两种文体名，分别源于战国时屈原的《离骚》及荀子的《赋篇》。"辞"即"楚辞"，是屈原在楚地民谣的基础上创制的诗歌体裁，《离骚》是他的楚辞代表作。"赋"原是一种修辞手法，《荀子·赋篇》最早将赋用作文体名称。同时代的宋玉是楚辞向汉赋过渡的重要作家。汉初人作赋，还带有楚辞的余韵，枚乘的《七发》标志着汉大赋的形成。司马相如的《子虚》《上林》二赋是汉大赋的巅峰之作，赋中采用问答形式，行文散中带韵，铺陈夸饰。但也因重形式、轻内涵，引来"劝百讽一"的批评。东汉以下，赋的内容风格多有变化，又出现"俳赋""骈赋""文赋""律赋"等不同形式。此外，"辞赋"也泛指诗赋等文学作品。

屈原是我国历史里永被纪念着的一个人。旧历五月五日端午节，相传便是他的忌日；他是投水死的，竞渡①据说原来是表示救他的，粽子原来是祭他的。现在定五月五日为诗人节，也是为了纪念的缘故。他是个忠臣，而且是个缠绵悱恻②的忠臣；他是个节士③，而且是个浮游尘外④、清白不污的节士。"举世皆浊而我独清，

---

① 竞渡：奋力划船争先的一种民间体育活动。
② 缠绵悱恻（fěi cè）：形容内心痛苦难以排解，也常用来形容诗文或音乐的婉转凄切。
③ 节士：坚守节操之士。
④ 尘外：尘世之外。

众人皆醉而我独醒"①，他的身世是一出悲剧。可是他永生在我们的敬意尤其是我们的同情里。"原"是他的号，"平"是他的名字。他是楚国的贵族，怀王时候，做"左徒"的官。左徒好像现在的秘书。他很有学问，熟悉历史和政治，口才又好。一方面参赞国事，一方面给怀王见客，办外交，头头是道。怀王很信任他。

当时楚国有亲秦亲齐两派；屈原是亲齐派。秦国看见屈原得势，便派张仪买通了楚国的贵臣上官大夫、靳尚等，在怀王面前说他的坏话。怀王果然被他们所惑，将屈原放逐到汉北去。张仪便劝怀王和齐国绝交，说秦国答应割地六百里。楚和齐绝了交，张仪却说答应的是六里。怀王大怒，便举兵伐秦，不料大败而归。这时候想起屈原来了，将他召回，教他出使齐国。亲齐派暂时抬头。但是亲秦派不久又得势。怀王终于让秦国骗了去，拘留着，就死在那里。这件事是楚人最痛心的，屈原更不用说

这两段介绍楚辞大家屈原的坎坷人生。特别指出，他是"我国历史里永被纪念着的一个人"，农历五月五日因他被定为诗人节。

---

① 原注：《楚辞·渔父》。编者按：这两句意为世上所有人都安于污浊，只有我是清白的；世上所有人都迷醉了，只有我是清醒的。

了。可是怀王的儿子顷襄王,却还是听亲秦派的话,将他二次放逐到江南去。他流浪了九年,秦国的侵略一天紧似一天;他不忍亲见亡国的惨象,又想以一死来感悟顷襄王,便自沉在汨罗江[①]里。

《楚辞》中《离骚》和《九章》的各篇,都是他放逐时候所作。《离骚》尤其是千古流传的杰构[②]。这一篇大概是二次被放时作的。他感念怀王的信任,却恨他糊涂,让一群小人蒙蔽着,播弄[③]着。而顷襄王又不能觉悟;以致国土日削[④],国势日危。他自己呢,"信而见疑,忠而被谤"[⑤],简直走投无路;满腔委屈,千端万绪的,没人可以诉说。终于只能告诉自己的一支笔,《离骚》便是这样写成的。"离骚"是"别愁"或"遭忧"的意思[⑥]。他是个富于感情的人,那一腔遏抑不住[⑦]的悲愤,随着他的笔奔进出来,"东一句,西一

---

① 汨(mì)罗江:湘水支流,发源于江西修水,流经湖南平江及湘阴东部(今汨罗市),因屈原在此沉江而举世闻名。
② 杰构:(文章或绘画等的)佳作。
③ 播弄:挑拨、玩弄,摆布。
④ 日削:一天比一天少。
⑤ 原注:《史记·屈原列传》。编者按:这两句意为诚信却被怀疑,忠诚而遭毁谤。
⑥ 原注:王逸《离骚经序》,班固《离骚赞序》。编者按:王逸说"离,别也。骚,愁也。经,径也。言己放逐离别,中心愁思,犹依道径,以风谏君也"。王逸认为"离骚"是离别之愁的意思。有一定道理;但他把"经"理解为道径之"径",显然有误。称《离骚》为"经",应是后人推崇《离骚》,把它抬高到经书的地位。又依班固《离骚赞序》解"离犹遭也;骚,忧也,明己遭忧作辞也"。班固是把"离"理解为"罹(lí)",有遭遇的意思。
⑦ 遏(è)抑不住:压抑不住。遏,遏制,阻止。

句,天上一句,地下一句"①,只是一片一段的,没有篇章可言。这和人在疲倦或苦痛的时候,叫"妈呀!""天哪!"一样;心里乱极了,闷极了,叫叫透一口气,自然是顾不到什么组织的。

篇中陈说唐②、虞、三代的治,桀、纣、羿、浇③的乱,善恶因果,历历分明;用来讽刺当世,感悟君王。他又用了许多神话里的譬喻和动植物的譬喻,委曲地表达出他对于怀王的忠爱,对于贤人君子的向往,对于群小④的深恶痛疾。他将怀王比作美人,他是"求之不得","辗转反侧⑤";情辞凄切,缠绵不已。他又将贤臣比作香草。"美人香草"⑥

这两段详细地讲解了屈原的楚辞代表

---

① 原注:刘熙载《艺概》中《赋概》。编者按:原文是"《离骚》东一句,西一句,天上一句,地下一句,极开阖抑扬之变,而其中自有不变者存"。开阖抑扬,形容忽开忽合、有起有伏、控驭自如的样子。

② 唐:传说中尧的时代。

③ 桀(Jié)、纣(Zhòu)、羿(Yì)、浇(Ào):四位乱世君主,桀是夏朝的亡国之君;纣是商朝的亡国之君;羿是夏时有穷氏的国君,因无道,被家臣寒浞(zhuó)所杀;浇即寒浇,是寒浞之子,善战,杀死夏朝君主相,后被相的儿子少康所杀。

④ 群小:群聚的小人。

⑤ 辗转反侧:翻来覆去睡不着觉,形容心中有所思念、牵挂。

⑥ "美人香草":《离骚》有多处提到美人和香草,一般认为都是有所譬喻的,或象征君王,或象征贤臣。

从此便成为政治的譬喻，影响后来解诗作诗的人很大。汉淮南王刘安作《离骚传》说："《国风》好色而不淫，《小雅》怨诽而不乱，若《离骚》者可谓兼之矣。"①"好色而不淫"似乎就指美人香草用作政治的譬喻而言；"怨诽而不乱"是怨而不怒的意思。虽然我们相信《国风》的男女之辞并非政治的譬喻，但断章取义，淮南王的话却是《离骚》的确切评语。

《九章》的各篇原是分立的，大约汉人才合在一起，给了"九章"的名字。这里面有些是屈原初次被放时作的，有些是二次被放时作的。差不多都是"上以讽谏，下以自慰"②；引史事，用譬喻，也和《离骚》一样。《离骚》里记着屈原的世系③和生辰，这几篇里也记着他放逐的时期和地域；这些都可以算是他的自

作《离骚》，介绍背景，解释题目，概括篇章内容，指出结构及修辞的特点；特别指出"香草美人"之喻的来历及其对后世诗人的影响。评论者认为，《离骚》兼有《国风》《小雅》"好色而不淫""怨诽而不乱"的优长之处。

---

① 原注：《史记·屈原列传》。编者按：大意是《国风》中的诗歌虽有爱慕美色的内容，却并不淫荡；《小雅》中的诗歌虽有怨恨牢骚的内容，却并没有发展到悖乱，若说《离骚》，则兼有两者的优点。
② 原注：王逸《楚辞章句序》。编者按：这两句的大意是对上讽喻劝谏，对下自我抒解。
③ 世系：家族代代相传的体系。

叙传。他还作了《九歌》《天问》《远游》《招魂》等，却不能算自叙传，也"不皆是怨君"①；后世都说成怨君，便埋没了他的别一面的出世②观了。他其实也是一"子"，也是一家之学。这可以说是神仙家，出于巫。《离骚》里说到周游上下四方，驾车的动物，驱使的役夫，都是神话里的。《远游》更全是说的周游上下四方的乐处。这种游仙的境界，便是神仙家的理想。

《远游》开篇说，"悲时俗之迫厄兮，愿轻举而远游"③，篇中又说，"临不死之旧乡"④。人间世太狭窄了，也太短促了，人是太不自由自在了。神仙家要无穷大的空间，所以要周行无碍⑤；要无穷久的时间，所以要长生不老。他们要打破现实的有限的世界，用幻想创出一个无限的世界来。在这无限的世界里，所有的都是神话里的人物；有些是美丽的，也有些是丑怪的。《九歌》里的神大都可爱；《招魂》里一半是上下四方的怪物，说得顶怕人的，可是一方面也奇诡⑥可喜。因为注意空间的扩大，所以对于天地山川日月星辰，

---

① 原注：《朱子语类》一四〇。编者按：原注误，当为《朱子语类》一三九，原文是"楚词不甚怨君，今被诸家解得都成怨君，不成模样。……今人解文字不看大意，只逐字句解，意却不贯"。
② 出世：这里指超脱于世俗之外的一种生活态度，与积极寻求仕进的"入世"态度相对立。
③ "悲时"二句：意思是人生的自由空间太狭窄了，真想身生双翼远游他乡。
④ "临不死之旧乡"：当作"留不死之旧乡"，意思是逗留在神仙的不死之乡。
⑤ 周行无碍：自由自在，畅行无阻。周行，指大道，也指巡行。
⑥ 奇诡：奇异难测。

在在①都有兴味。《天问》里许多关于天文地理的疑问，便是这样来的。一面惊奇天地之广大，一面也惊奇人事之诡异——善恶因果，往往有不相应的；《天问》里许多关于历史的疑问，便从这里着眼。这却又是他的入世观了。

要达到游仙的境界，须要"虚静以恬愉""无为而自得"②，还须导引③养生的修炼功夫，这在《远游》里都说了。屈原受庄学的影响极大。这些都是庄学；周行无碍，长生不老，以及神话里的人物，也都是庄学。但庄学只到"我"与自然打成一片而止，并不想创造一个无限的世界；神仙家似乎比庄学更进了一步。神仙家也受阴阳家的影响；阴阳家原也讲天地广大，讲禽兽异物的。阴阳家是齐学④。齐国滨海，多有怪诞的思想。

这三段介绍了屈原的其他作品，认为

---

① 在在：处处。
② "虚静"二句：均是《远游》中的句子"漠虚静以恬愉兮，澹（dàn）无为而自得"。大意是在虚静中获得愉悦，在淡泊无为中悠然自得。
③ 导引：通过某种方式刺激人体，引导气血，以求健身乃至修仙的养生修炼方法。
④ 齐学：秦汉之际的经学流派之一，因学者为齐人，故称。这里指阴阳家的学术，该派代表人物邹衍是齐人。

屈原常常出使到那里，所以也沾了齐气。还有齐人好"隐"①。"隐"是"遁词以隐意，谲譬以指事"②，是用一种滑稽的态度来讽谏。淳于髡可为代表。楚人也好"隐"。屈原是楚人，而他的思想又受齐国的影响，他爱用种种政治的譬喻，大约也不免沾点齐气。但是他不取滑稽的态度，他是用一副悲剧面孔说话的。《诗大序》所谓"谲谏"，所谓"言之者无罪，闻之者足以戒"③，倒是合适的说明。至于像《招魂》里的铺张排比，也许是纵横家的风气。

《九章》各篇仍带有自传的性质。而《九歌》《远游》等篇隐藏着出世思想。各篇多涉及神话，因而屈原应归于诸子之列，称"神仙家"。又指出屈原作品受庄学及阴阳家的影响，并沾染了齐人爱用隐喻的风气；某些作品中的铺排风格，还显示出纵横家的风气。

《离骚》各篇多用"兮"字足句，句逗以参差不齐为主④。"兮"字足句，三百篇中已经不少；句逗参差，也许是"南

---

① 隐：隐语，相当于后世的谜语。
② 原注：《文心雕龙·谐谶》篇。编者按：这两句的大意是闪烁其词地隐去本意，拐弯抹角用比喻来说指某事。遁词，支吾搪塞的话，这里指隐晦的语言。谲（jué），欺骗，有话不直说。
③ "《诗大序》所谓"二句：原文是"上以风化下，下以风刺上，主文而谲谏，言之者无罪，闻之者足戒，故曰风"。大意是当权者用风来教化平民，平民用风来讽谏当权者，用文饰的话，作委婉的谏劝，说的人不会获罪，听的人足以引起警诫，这就是所谓的"风"。
④ "《离骚》各篇"二句：这是说，《离骚》里的诗句多用"兮"字来补足句子的音节，句子长短不齐。句逗，也作"句读"，指句子停顿处。

音"的发展。"南"本是南乐的名称；三百篇中的二南①，本该与风、雅、颂分立为四。二南是楚诗，乐调虽已不能知道，但和风、雅、颂必有异处。从二南到《离骚》，现在只能看出句逗由短而长、由齐而畸②的一个趋势；这中间变迁的轨迹，我们还能找到一些，总之，绝不是突如其来的。这句逗的发展，大概多少有音乐的影响。从《汉书·王褒传》可以知道楚辞的诵读是有特别的调子的③，这正是音乐的影响。屈原诸作奠定了这种体制，模拟的日渐其多。就中最出色的是宋玉，他作了《九辩》。宋玉传说是屈原的弟子；《九辩》的题材和体制都模拟《离骚》和《九章》，算是代屈原说话，不过没有屈原那样激切罢了。宋玉自己可也加上一些新思想，他是第一

> 本段分析《离骚》的句式特点：用"兮"字足句，诗句长短不齐。作者认为这是受南方音乐影响的结果，而

---

① 二南：这里指《诗经·国风》中的"周南""召南"。
② 由齐而畸（jī）：这里指诗句由整齐到参差的变化趋势。畸，这里有不规则的意思。
③ 原注：《汉书·王褒传》："宣帝时……征能为《楚辞》九江被公，召见诵读。"编者按：《汉书》于"被公"后面有颜师古注"被，姓也，音皮义反"。

个描写"悲秋"的人①。还有个景差,据说是《大招》的作者;《大招》是模拟《招魂》的。

到了汉代,模拟《离骚》的更多,东方朔、王褒、刘向、王逸都走着宋玉的路。大概武帝时候最盛,以后就渐渐地差了。汉人称这种体制为"辞",又称为"楚辞"。刘向将这些东西编辑起来,成为《楚辞》一书。东汉王逸给作注,并加进自己的拟作,叫作《楚辞章句》。北宋洪兴祖又作《楚辞补注》,《章句》和《补注》合为《楚辞》标准的注本。但汉人又称《离骚》等为"赋"。《史记·屈原列传》说他"作《怀沙》之赋";《怀沙》是《九章》之一,本无"赋"名。《传》尾又说:"宋玉、唐勒、景差之徒,皆好辞而以赋见称。"《汉书·艺文志·诗赋略》列"屈原赋二十五篇",就是《离骚》等。大概"辞"是后来的名字,专指屈、宋一类作品;赋虽从辞出,却是先起的名字,在

由屈原奠定了这种体裁;宋玉、景差等从而模拟之。

本段辨析"辞""赋"之名:汉人称屈宋之作为"辞""楚辞",刘向将这类作品编辑为《楚辞》一书。汉人同时又称这类作品为"赋",作者分析,"赋"的名称应早于"辞",两者又混称"辞赋"。后世称此类作品为"楚辞""骚""骚体""骚赋",不单称"辞"。

---

① 他是第一个描写"悲秋"的人:宋玉《九辩》开篇即为"悲哉秋之为气也!萧瑟兮草木摇落而变衰。憭慄兮若在远行,登山临水兮送将归……",由此开启中国诗歌的悲秋传统。萧瑟,秋风吹落叶声。憭慄(liǎolì)悲凉。

未采用"辞"的名字以前,本包括"辞"而言。所以浑言①称"赋",称"辞赋",分言称"辞"和"赋"。后世引述屈、宋诸家,只通称"楚辞",没有单称"辞"的。但却有称"骚""骚体""骚赋"的,这自然是《离骚》的影响。

荀子的《赋篇》最早称"赋"。篇中分咏"礼""知""云""蚕""箴"(针)五件事物,像是谜语;其中颇有讽世的话,可以说是"隐"的支流余裔②。荀子久居齐国的稷下③,又在楚国做过县令,死在那里。他的好"隐",也是自然的。《赋篇》总题分咏④,自然和后来的赋不同,但是安排客主,问答成篇⑤,却开了后来赋家的风气。荀赋和屈辞原来似乎各是各的;这两体的合一,也许是在贾谊手里。贾谊是荀卿的再传弟子,他的境遇却近于屈原,又久居屈原的故乡;很可能的,他模拟屈原的体制,却袭用了荀卿的"赋"的名字。这种赋日渐发展,屈原诸作也便被称为"赋";"辞"的名字许是后来因为拟作多了,才分化出来,作为此体的专称的。辞本是"辩解的言语"的意思,用来称屈、宋诸家所作,倒也并无不合之处。

《汉书·艺文志·诗赋略》分赋为四类。"杂赋"十二家是总

---

① 浑言:这里意为混言、合称。
② 余裔:分支,末流。
③ 稷(jì)下:这里指稷下学官,位于齐国国都临淄(今山东淄博临淄区)的稷门附近。应是世界上最早的官办高等学府。
④ 《赋篇》总题分咏:这里是说,"赋篇"是总题目,下面分五则,分咏五事。
⑤ 安排客主,问答成篇:荀子的五篇赋全都采用了主客问答的方式。

集，可以不论。屈原以下二十家，是言情之作。陆贾以下二十一家，已佚，大概近于纵横家言。就中"陆贾赋三篇"，在贾谊之先；但作品既不可见，是他自题为赋，还是后人追题，不能知道，只好存疑了。荀卿以下二十五家，大概是叙物明理之作。这三类里，贾谊以后各家，多少免不了屈原的影响，但已渐有散文化的趋势；第一类中的司马相如便是创始的人。——托为屈原作的《卜居》《渔父》，通篇散文化，只有几处用韵，似乎是《庄子》和荀赋的混合体制，又当别论。——散文化更容易铺张些。"赋"本是"铺"的意思，铺张倒是本来面目。可是铺张的作用原在讽谏；这时候却为铺张而铺张，所谓"劝百而讽一"[①]。当时汉武帝好辞赋，作者极众，争相竞胜，所以致此。扬雄说，"诗人之赋丽以则，辞人之赋丽以淫"[②]；"诗人之赋"便是前

> 这两段追溯赋的起源及汉代大赋的形成。指出赋作为文体称呼，最早源于荀子《赋篇》。贾谊模拟屈原"楚辞"为文，又袭用荀"赋"之名，汉初的赋还带有"楚辞"的胎记。《汉书·艺文志》单立"辞赋略"，记录汉代皇家图书馆中收藏的七十八家辞赋作品一千多篇。其中，司马相如的赋最具代表性，奠定汉代散体大赋的体

---

① 原注：《汉书·司马相如传赞》引扬雄语。编者按：这是扬雄批评司马相如的话，大意是一篇大赋用尽华丽的辞藻，几乎全是夸耀奢靡的话，而劝谏的言词只有几句，这种态度是不严肃的。劝，劝勉，鼓励。

② 原注：《法言·吾子》篇。编者按：这是扬雄对诗人之赋和辞人之赋的评价。前者指屈原的楚辞作品，"丽以则"是指优美而不失讽谏

者,"辞人之赋"便是后者。甚至有诙谐嫚戏①,毫无主旨的。难怪辞赋家会被人鄙视为倡优了。

东汉以来,班固作《两都赋》,"概众人之所眩曜,折以今之法度"②;张衡仿他作《二京赋》。晋左思又仿作《三都赋》。这种赋铺叙历史地理,近于后世的类书;是陆贾、荀卿两派的混合,是散文的更进一步。这和屈、贾言情之作却迥不相同了。此后赋体渐渐缩短,字句却整炼起来。那时期一般诗文都趋向排偶化,赋先是领着走,后来是跟着走;作赋专重写景述情,务求精巧,不再用来讽谏。这种赋发展到齐、梁、唐初为极盛,称为"俳(pái)体"③的赋。"俳

制,但也因风格铺张,形式大于内容,招致"劝百讽一"的批评。

本段讲东汉以后赋的发展。东汉班固的《两都赋》、张衡的

(接上页)意义。后者指景差、唐勒、宋玉、枚乘(应该还包括司马相如)的作品,"丽以淫"即优美却一味铺叙。则,法度,这里指儒家观念。淫,过度。

① 嫚(màn)戏:有嘲弄、嬉戏、玩笑之意。此语出自《汉书·枚皋传》,是对辞赋家枚皋的评价,说他"为赋颂好嫚戏",把他比作帝王寻开心的倡优(艺人丑角)。

② 原注:《两都赋序》。编者按:原文是"故臣作《两都赋》,以极众人之所眩曜,折以今之法度"。"两都"指西都长安和东都洛阳,作者极度夸张长安的宏伟壮丽,又说洛阳的建设合于法度,更适合做都城。

③ "俳体":名称见元祝尧《古赋辨体》。

是游戏的意思,对讽谏而言;其实这种作品倒也并非滑稽嫚戏之作。唐代古文运动起来,宋代加以发挥光大,诗文不再重排偶而趋向散文化,赋体也变了。像欧阳修的《秋声赋》,苏轼的前后《赤壁赋》,虽然有韵而全篇散行,排偶极少,比《卜居》《渔父》更其散文的。这称为"文体"①的赋。唐宋两代,以诗赋取士,规定程式。那种赋定为八韵,调平仄②,讲对仗;制题新巧,限韵险难③。这只是一种技艺罢了。这称为"律赋"。对"律赋"而言,"俳体"和"文体"的赋都是"古赋";这"古赋"的名字和"古文"的名字差不多,真正"古"的如屈宋的《二京赋》、晋代左思的《三都赋》等,以铺叙历史地理为特征。齐、梁及唐初,赋的篇幅缩短,出现"俳体赋"。受唐宋古文运动的影响,宋代的赋更趋散文化,称"文体"赋,如苏轼的《赤壁赋》。唐宋受科举影响,又有讲求声律对仗的"律赋"。——赋是我国独有的文体,虽有韵,却不是诗,近于文。

---

① "文体":名称见元祝尧《古赋辨体》。
② 平仄(zè):是指中国传统韵文用字的声调。古代汉语有四声,为平、上(shǎng)、去、入。"平仄"之"平",指平声字(又分阴平和阳平,相当于汉语拼音声调的第一声和第二声),"平仄"之"仄",指上、去、入三声(相当于汉语拼音第三声和第四声;其中入声在普通话语音中已消亡,相关字分别归入平、上、去声中)。古代近体诗讲究平仄相协,以求声调的谐美。此点在下一节中还将有所论述。
③ 限韵险难:古人作诗有时要限韵,即要求诗人按指定的韵部来写诗。各韵部所涵括的字多少不等,有难有易;险僻难押的诗韵称"险韵"。

辞，汉人的赋，倒是不包括在内的。赋似乎是我国特有的体制；虽然有韵，而就它全部的发展看，却与文近些，不算是诗。

［参考资料］游国恩《读骚论微初集》。

诗第十二

【题解】诗属于文学范畴，在图书的"四部分类法"中，诗集和文集同归于"集部"。不过华夏最早的诗歌总集《诗经》已成为经书，在本书"《诗经》第四"中做过单独介绍；而收于《四库全书》"集部"之首的《楚辞》，也在本书"辞赋第十一"中做过介绍；因此本节对华夏诗坛的巡礼，是从汉乐府开始的。作者为我们展示了华夏诗歌不断演进的轨迹：由乐府诗衍生出五言古诗，经过汉魏六朝的淬炼演化，至唐代又产生七言歌行以及讲求声律的近体诗，涌现出李白、杜甫、白居易那样在诗歌发展史上影响巨大的诗人。诗歌经历晚唐的演变，把影响投向宋代诗坛；在苏轼、黄庭坚、陆游那里形成新的风格。华夏诗歌求新、求变的脚步，始终没有停歇。本文的缕述止于南宋，没有提及宋词、元曲和明清诗歌。

汉武帝立乐府①，采集代②、赵、秦、楚的歌谣和乐谱；教李延年作协律都尉，负责整理那些歌辞和谱子，以备传习唱奏。当时乐府里养着各地的乐工好几百人，大约便是演奏这些乐歌的。歌谣采来以后，他们先审查一下。没有谱子的，便给制谱；有谱子的，也

---

① 乐府：古代主管音乐的官署，秦代已有。汉惠帝时设乐府令，武帝时设乐府，掌管官廷、巡行、祭祀所用的音乐，兼采民歌，配以乐曲。乐府官署所采制的诗歌，也称乐府。后世直至唐五代，仿乐府古题的诗歌，也统称乐府诗。唐代又有不入乐的新题乐府。宋以后的词、散曲、剧曲，因配乐，有时也称乐府。

② 代：汉代诸侯国，包括今河北省西北部和山西省的一部分。

得看看合适不合适，不合适的地方，便给改动一些。这就是"协律"的工作。歌谣的"本辞"合乐时，有的保存原来的样子，有的删节，有的加进些复沓的甚至不相干的章句。"协律"以乐为主，只要合调；歌辞通不通，他们是不大在乎的。他们有时还在歌辞里夹进些泛声①；"辞"写大字，"声"写小字。但流传久了，声辞混杂起来，后世便不容易看懂了。这种种乐歌，后来称为"乐府诗"，简称就叫"乐府"。北宋太原郭茂倩收集汉乐府以下历代合乐的和不合乐的歌谣，以及模拟之作，成为一书，题作《乐府诗集》；他所谓"乐府诗"，范围是很广的。就中汉乐府，沈约《宋书·乐志》特称为"古辞"。

汉乐府的声调和当时称为"雅乐"的三百篇不同，所采取的是新调子。这种新调子有两种："楚声"和"新声"。屈原的辞可为楚声的代表。汉高祖是楚人，喜欢楚声；楚声比雅乐好听。一般

这三段介绍汉乐府。汉武帝立乐府，设协律都尉。乐府的工作

---

① 泛声：演奏时配合主旋律轻弹缓奏的虚声，也叫"散声"或"和声"。这里所说的泛声，当指歌词中的衬字。

人不用说也是喜欢楚声的。楚声便成了风气。武帝时乐府所采的歌谣，楚以外虽然还有代、赵、秦各地的，但声调也许差不很多。那时却又输入了新声，新声出于西域①和北狄的军歌。李延年多多采取这种调子唱奏歌谣，从此大行，楚声便让压下去了。楚声的句调比较雅乐参差得多，新声的更比楚声参差得多。可是楚声里也有整齐的五言，楚调曲里各篇更全然如此，像著名的《白头吟》《梁甫吟》《怨歌行》都是的②。这就是五言诗的源头。

汉乐府以叙事为主。所叙的社会故事和风俗最多，历史及游仙的故事也占一部分。此外便是男女相思和离别之作，格言式的教训，人生的慨叹，等等。这些都是一般人所喜欢的题材。用一般人所喜欢的调子，歌咏一般人所喜欢的题材，自然可以风靡一世。哀帝即位，却

是整理歌词乐谱，以备演唱。这些乐歌称"乐府诗"或"乐府"。宋人郭茂倩收集汉魏六朝至唐五代的乐府诗以及历代歌谣，编为《乐府诗集》。汉乐府的音乐有别于北方《诗经》的雅乐，多采用"楚声"和"新声"。"楚声"即屈原《楚辞》所用曲调，"新声"是来自西域和北狄的军乐。楚声中有诗行整齐的五言体，成为五言诗的源头。汉乐府以叙事为主，内容多为社会故事、男女爱情，音乐和内容也都受一般人欢

---

① 西域：汉以后对玉门关、阳关以西地区的总称。狭义的西域是指葱岭以东，广义的西域包括亚洲中、西部，印度半岛，欧洲东部及非洲北部。北狄：古代对北方少数民族的泛称。

② 原注：以上参用朱希祖《汉三大乐府调辨》(《清华学报》四卷二期)说。编者按：参差，这里指句子长短不齐。

以为这些都是不正经的乐歌；他废了乐府，裁了多一半乐工——共四百四十一人——大概都是唱奏各地乐歌的。当时颇想恢复雅乐，但没人懂得，只好罢了。不过一般人还是爱好那些乐歌。这风气直到汉末不变。东汉时候，这些乐歌已经普遍化，文人仿作的渐多；就中也有仿作整齐的五言的，像班固《咏史》。但这种五言的拟作极少；而班固那一首也未成熟，钟嵘在《诗品序》里评为"质木无文①"，是不错的。直到汉末，一般文体都走向整炼②一路，试验这五言体的便多起来；而最高的成就是《文选》③所录的《古诗十九首》。

旧传最早的五言诗，是《古诗十九首》和苏武、李陵诗；说"十九首"里有七首是枚乘作的，和苏李诗都出现于迎。虽一度遭统治者遏制，却未能阻止它的发展。东汉时，文人也开始仿写乐府诗。

---

① 质木无文：过于平实，缺少文采。
② 整炼：整齐凝练。
③ 《文选》：中国最早的诗文总集，全书三十卷（也有六十卷本），共收集由周代到六朝一百三十九位作家的七百多篇诗文作品。该书开创了按文体归类的编选形式，把作品大致分为赋、诗、杂文三大类，以下又细分为三十八类。书的编选组织者是南朝梁武帝萧衍的长子萧统，谥"昭明"，因称《昭明文选》。

汉武帝时代。但据近来的研究，这十九首古诗实在都是汉末的作品；苏、李诗虽题了苏、李的名字，却不合于他们的事迹，从风格上看，大约也和"十九首"出现在差不多的时候。这十九首古诗并非一人之作，也非一时之作，但都模拟言情的乐府。歌咏的多是相思离别，以及人生无常当及时行乐的意思；也有对于邪臣当道、贤人放逐、朋友富贵相忘、知音难得等事的慨叹。这些都算是普遍的题材；但后一类是所谓"失志①"之作，自然兼受了《楚辞》的影响。钟嵘评古诗，"可谓几乎一字千金"②；因为所咏的几乎是人人心中所要说的，却不是人人口中笔下所能说的，而又能够那样平平说出，曲曲说出，所以是好。"十九首"只像对朋友说家常话，并不在字面上用功夫，而自然达意，委婉尽情，合于所谓"温柔敦厚"的诗教③。到唐为止，这

本段介绍最早的文人五言诗《古诗十九首》和苏、李诗，两组诗出于汉末，为无名文人模拟乐府所作，多为伤离别、叹无常，鼓吹及时行乐，感慨奸邪当道、知音难觅等题材。咏出人们的心声，文字自然婉曲，成为唐以前

---

① 失志：失意，不得志。
② "钟嵘评古诗"二句：这是钟嵘在《诗品序》中称赞《古诗十九首》的文句，说"古诗其体，源出于《国风》。……文温以丽，意悲而远，惊心动魄，可谓几乎一字千金……"。
③ 原注："诗教"见《礼记·经解》。编者按：原文是"温柔敦厚，

是五言诗的标准。

汉献帝建安年间（196—219），文学极盛，曹操和他的儿子曹丕、曹植两兄弟是文坛的主持人；而曹植更是个大诗家。这时乐府声调已多失传，他们却用乐府旧题，改作新词；曹丕、曹植兄弟尤其努力在五言体上。他们一班人也作独立的五言诗。叙游宴，述恩荣，开后来应酬一派①。但只求明白诚恳，还是歌谣本色。就中曹植在曹丕做了皇帝之后，颇受猜忌，忧患的情感，时时流露在他的作品里。诗中有了"我"，所以独成大家。这时候五言作者既多，开始有了工拙②的评论；曹丕说刘桢"五言诗之善者，妙绝时人"③，便是例子。但真正奠定了五言诗的基础的是魏代的阮籍，他是第一个用全力作五言诗的人。

五言诗的标准。

这两段讲述五言诗在汉魏时的发展。汉

（接上页）《诗》教也。"温柔敦厚，指温和亲切、朴实敦厚的情感态度。
① 述恩荣：显摆个人所获得的恩宠与荣耀。应酬：人与人之间礼仪性的交往，有时出于礼貌而缺少真情。
② 工拙：这里特指文学作品的优劣。工，工整、精巧。拙，粗劣。
③ 原注：《与吴质书》。编者按：刘桢字公干，是汉末"建安七子"之一，五言诗代表作有《赠从弟》《赠五官中郎将》等。妙绝时人：比同时代诗人都要高妙，无人能比。

阮籍是老、庄和屈原的信徒。他生在魏晋交替的时代，眼见司马氏三代专权，欺负曹家，压迫名士，一肚皮牢骚只得发泄在酒和诗里。他作了《咏怀诗》八十多首，述神话，引史事，叙艳情，托于鸟兽草木之名，主旨不外说富贵不能常保，祸患随时可至，年岁有限，一般人钻在利禄的圈子里，不知放怀远大，真是可怜之极。他的诗充满了这种悲悯的情感，"忧思独伤心"一句可以表现①。这里《楚辞》的影响很大；钟嵘说他"源出于《小雅》"②，似乎是皮相③之谈。本来五言诗自始就脱不了《楚辞》的影响，不过他尤其如此。他还没有用心琢句；但语既浑括④，譬喻又多，旨趣更往往难详。这许是当时的不得已，却

末建安时，三曹主盟文坛，用乐府旧题改作新词，五言诗更趋成熟，然多游宴应酬之作。曹植在后期诗歌中多发忧患之音，诗中有"我"，因成大家。诗歌评论也在起步。魏代阮籍第一个用全力作五言诗。其五言《咏怀诗》八十多首，题材广泛，以老庄思想化解心中忧闷，充溢着悲悯之情，未脱楚辞影响。他的创作，加深了五言诗的文人化程度。

---

① 原注：《咏怀》第一首。编者按：全诗为"夜中不能寐，起坐弹鸣琴。薄帷鉴明月，清风吹我襟。孤鸿号外野，翔鸟鸣北林。徘徊将何见？忧思独伤心"。

② "源出于《小雅》"：语出钟嵘《诗品序》"晋步兵阮籍诗，其源出于《小雅》，无雕虫之功，而《咏怀》之作可以陶性灵，发幽思，言在耳目之内，情寄八荒之表。洋洋乎会于《风》《雅》，使人忘其鄙近"。鄙近，这是指阮诗语言浅近的特点。

③ 皮相：只看表面，不深入，不透彻。

④ 浑括：总括，概括。

因此增加了五言诗文人化的程度。他是这样扩大了诗的范围，正式成立①了抒情的五言诗。

晋代诗渐渐排偶化、典故化②。就中左思的《咏史诗》，郭璞的《游仙诗》，也取法《楚辞》，借古人及神仙抒写自己的怀抱，为后世所宗③。郭璞是东晋初的人。跟着就流行了一派玄言诗④。孙绰、许询是领袖。他们作诗，只是融化老、庄的文句，抽象说理，所以钟嵘说像"道德论"⑤。这种诗千篇一律，没有"我"；《兰亭集诗》⑥各人所作四言五言各一首，都是一个味儿，正是好例。但在这种影响下，却孕育了陶渊明和谢灵运两个大诗人。陶渊明，浔阳柴桑人，做了几回小官，觉得做官不自由，终于回到田园，躬耕自活。他也是老、庄的信徒，从躬耕里领略到自然的恬美和人生的道理。他

---

① 成立：这里有形成的意思。
② 典故化：指作诗爱用典故。典故，一般指诗文中所引用的古代故事及有来历的词语。
③ 为后世所宗：被后人所宗奉、模仿。
④ 玄言诗：流行于东晋，以阐释老庄及佛理为主旨的诗歌。代表诗人有孙绰、许询、庾亮、桓温等，整体成就不高。
⑤ 原注：《诗品序》。编者按：原文是"永嘉时，贵黄老，稍尚虚谈。于时篇什理过其辞，淡乎寡味。爰及江表，微波尚传。孙绰、许询、桓、庾诸公诗皆平典似《道德论》，建安风力尽矣"。永嘉，晋怀帝年号。理过其辞，重议论而轻文辞。爰及，至于。江表，指东晋。平典，平板。《道德论》，老子《道德经》。
⑥ 《兰亭集诗》：东晋永和九年（353）三月初三，会稽内史王羲之邀请谢安、孙绰等四十一位文士名流在山阴兰亭饮酒赋诗，"行修禊事"（一种民俗祈福活动），后将所作诗编为一集，由王羲之撰写《兰亭集序》。因为都是应酬之作，所以作者说"都是一个味儿"。

是第一个人将田园生活描写在诗里。他的躬耕免祸的哲学也许不是新的，可都是他从真实生活里体验得来的，与口头的玄理不同，所以亲切有味。诗也不妨说理，但须有理趣，他的诗能够做到这一步。他作诗也只求明白诚恳，不排不典①；他的诗是散文化的。这违反了当时的趋势，所以《诗品》只将他放在中品里。但他后来确成了千古"隐逸诗人之宗"②。

谢灵运，宋时做到临川太守。他是有政治野心的，可是不得志。他不但是老、庄的信徒，也是佛的信徒。他最爱游山玩水，常常领了一群人到处探奇访胜；他的自然的哲学和出世的哲学教他

> 这两段介绍了诗歌在晋代的发展及成就。此际的诗歌有排偶化、典故化倾向，又出

---

① 不排不典：不用排偶及典故。
② 原注：《诗品》论陶语。编者按：原文是"宋征士陶潜诗，其源出于应璩（qú），又协左思风力，文体省净，殆无长语。笃意真古，辞兴婉惬。每观其文，想其人德，世叹其质直。至如'欢言酌春酒''日暮天无云'，风华清靡，岂直为田家语耶？古今隐逸诗人之宗也"。大意是南朝宋曾被朝廷征召的贤士陶潜，他的诗初学曹魏诗人应璩，又糅合了左思的诗风，文体简约干净，大致没有太突出的句子，但情真意古，词句婉约真切。读他的诗文，可以想见他的为人，世人都被他质朴的诗句所征服，像"欢言酌春酒""日暮天无云"，清淡而华美，哪里是农夫讲得出来的呢？他足可成为古今隐逸诗人的宗师了。

沉溺在山水的清幽里。他是第一个在诗里用全力刻画山水的人;他也可以说是第一个用全力雕琢字句的人。他用排偶,用典故,却能创造新鲜的句子;不过描写有时不免太繁重罢了。他在赏玩山水的时候,也常悟到一些隐遁的超旷①的人生哲理;但写到诗里,不能和那精巧的描写打成一片,像硬装进去似的。这便不如陶渊明的理趣足,但比那些"道德论"自然高妙得多。陶诗教给人怎样赏味田园,谢诗教给人怎样赏味山水;他们都是发现自然的诗人。陶是写意,谢是工笔②。谢诗从制题到造句,无一不是工笔。他开了后世诗人着意描写的路子;他所以成为大家,一半也在这里。

齐武帝永明年间(483—493),"声律说"大盛。四声的分别,平仄的性质,双声叠韵③的作用,都有人指出,让诗文作

现玄言诗;却也孕育了陶、谢两位大家。陶渊明崇奉老庄,弃官务农,第一个将田园生活写进诗歌,其作品风格自然亲切,明白诚恳,是散文化的。谢灵运最喜欢游山玩水,是第一个在诗中全力刻画山水的诗人;他的诗重雕琢,爱用排偶典故,造句新鲜,时有感悟。陶、谢都是发现自然之美的诗人,开创了田园、山水诗派。

---

① 超旷:超脱、旷达。
② 写意、工笔:这里是借用两个传统绘画的术语来形容不同的文学风格。
③ 双声叠韵:双声和叠韵是两个音韵学术语,双声是指两个声母相同的字构成的词,如明媚、淋漓、犹豫、慷慨……叠韵是指两个韵母相同的字构成的词,如逍遥、迷离、荒唐、徘徊……双声、叠韵词用于文学作品,常能取得特殊效果。

家注意。从前只着重句末的韵，这时更着重句中的"和"；"和"就是念起来顺口，听起来顺耳。从此诗文都力求谐调①，远于语言的自然。这时的诗，一面讲究用典，一面讲究声律，不免有侧重技巧的毛病。到了梁简文帝，又加新变，专咏艳情，称为"宫体"，诗的境界更狭窄了。这种形式与题材的新变，一直影响到唐初的诗。这时候七言的乐歌渐渐发展。汉、魏文士仿作乐府，已经有七言的，但只零星偶见，后来舞曲里常有七言之作。到了宋代，鲍照有《行路难》十八首，人生的感慨颇多，和舞曲描写声容的不一样，影响唐代的李白、杜甫很大。但是梁以来七言的发展，却还跟着舞曲的路子，不跟着鲍照的路子，这些都是宫体的谐调。

唐代谐调发展，成立了律诗绝句，称为近体；不是谐调的诗，称为古体；又成立了古近体的七言诗。古体的五言诗也变了格调。这些都是划时代的。初唐时候，大体上还继续着南朝的风气，

本段讲六朝齐、梁的诗歌新变。诗坛开始重视"声律"，包括对四声、平仄的辨别，双声叠韵的运用。诗文从此力求"谐调"，重视形式，出现专咏艳情的宫体诗。七言的乐歌也渐渐发展，又分为舞曲的七言和文人（鲍照）的七言。以上种种，都对唐初诗歌产生影响。

---

① 谐调：指诗歌合于声律的状态，也就是讲究四声平仄、声调和谐的状态；亦即文中所说的"念起来顺口，听起来顺耳"的"和"的状态。

辗转在艳情的圈子里。但是就在这时候，沈佺期、宋之问奠定了律诗的体制。南朝论声律，只就一联两句说；沈、宋却能看出谐调有四种句式。两联四句才是谐调的单位，可以称为周期。这单位后来写成"仄仄平平仄 平平仄仄平 平平平仄仄 仄仄仄平平"的谱。沈、宋在一首诗里用两个周期，就是重叠一次；这样，声调便谐和富厚，又不致单调。这就是八句的律诗。律有"声律""法律"①两义。律诗体制短小，组织必须经济②，才能发挥它的效力；"法律"便是这个意思。但沈、宋的成就只在声律上，"法律"上的进展，还等待后来的作家。

宫体诗渐渐有人觉得腻味了；陈子昂、李白等说这种诗颓靡③浅薄，没有价值。他们不但否定了当时古体诗的题材，也否定了那些诗的形式。他们的五言古体，模拟阮籍的《咏怀》，但是失败了。

本段讲唐代近体诗的形成。"近体诗"是指讲求谐调（声律）的律诗和绝句（有五言、七言之分）；而不讲谐调的五言、七言诗，则称"古体诗"。这是划时代的变化。沈佺期、宋之问奠定了律诗的体制，完善了"声律"规则。至于律诗的"法律"规则（字句组织的规律），有待后人的尝试和完善。

---

① "声律""法律"："声律"在这里指语言文字的声韵格律。"法律"在这里指创作诗文所依据的格式和规律。
② 经济：在"经济"的诸多义项中，有"耗费少收益多"一条，这里借指语言组织上以少胜多。
③ 颓靡：委靡，衰败。

一般作家却只大量地仿作七言的乐府歌行①，带着多少的排偶与谐调。——当时往往就这种歌行里截取谐调的四句入乐奏唱。——可是李白更撇开了排偶和谐调，作他的七言乐府。李白，蜀人，明皇时做供奉翰林；触犯了杨贵妃，不能得志。他是个放浪不羁的人，便辞了职，游山水，喝酒，作诗。他的乐府很多，取材很广；他是借着乐府旧题②来抒写自己生活的。他的生活态度是出世的；他作诗也全任自然。人家称他为"天上谪仙人"③；这说明了他的人和他的诗。他的歌行增进了七言诗的价值，但他的绝句更代表着新制。绝句是五言或七言的四

本段介绍的是盛唐大诗人李白的诗歌创作特点。李白等诗人厌

---

① 乐府歌行：歌行体是古诗的一种体裁，源于乐府诗，盛行于初盛唐。一般为五、七言或杂言，以七言为多。音节、格律自由而少拘束，篇幅不拘，更宜于长篇，仍保留着古乐府叙事的特点。唐代歌行体代表作有李白的《行路难》《将进酒》、杜甫的《丽人行》《兵车行》、白居易的《长恨歌》《琵琶行》、岑参的《白雪歌送武判官归京》等。

② 乐府旧题：汉代及南北朝乐府诗是配乐歌唱的，有固定曲调，如《将进酒》《行路难》《长干行》《长歌行》《短歌行》，都属于乐府旧题。后人用旧题作诗，已不入乐。此外，"旧题"也是与"新题"相对而言的；唐代的杜甫、李绅、王建、张籍、白居易等还自拟乐府题目，称"新题乐府"，如杜甫的《丽人行》《兵车行》等即是。

③ 原注：原是贺知章语，见《旧唐书·李白传》。编者按："天上谪仙人"即被贬谪到人间的天上仙人。

句,大多数是谐调。南北朝民歌中,五言四句的谐调最多,影响了唐人;南朝乐府里也有七言四句的,但不太多。李白和别的诗家纷纷制作,大约因为当时输入的西域乐调宜于这体制,作来可供宫廷及贵人家奏唱。绝句最短小,贵含蓄,忌说尽。李白所作,自然而不觉费力,并且暗示着超远的境界;他给这新体诗立下了一个标准。

倦了宫体诗,连带也否定了古体诗的形式。他自作七言乐府,借乐府旧题抒写自己的生活,全任自然。他的歌行体增进了七言诗的价值,他的五言、七言绝句更为新诗体立下了一个高标准。

但是真正继往开来的诗人是杜甫。他是河南巩县人。安禄山陷长安,肃宗在灵武即位,他从长安逃到灵武,做了"左拾遗"的官,因为谏救房琯,被放了出去。那时很乱,又是荒年,他辗转流落到成都,依靠故人严武,做到"检校工部员外郎",所以后来称为杜工部。他在蜀中住了很久。严武死后,他避难到湖南,就死在那里。他是儒家的信徒,"致君尧舜上,再使风俗淳"是他的素志①。又身经乱离,亲见了民间疾苦。他

---

① 原注:杜甫《奉赠韦左丞丈二十二韵》。编者按:这两句的大意是诗人要辅佐、引导帝王成为尧舜那样的古代圣君,让社会风气回归三代时的淳厚。

的诗努力描写当时的情形，发抒自己的感想。唐代以诗取士，诗原是应试的玩意儿；诗又是供给乐工歌妓唱了去伺候宫廷及贵人的玩意儿。李白用来抒写自己的生活，杜甫用来抒写那个大时代，诗的领域扩大了，价值也增高了。而杜甫写"民间的实在痛苦，社会的实在问题，国家的实在状况，人生的实在希望与恐惧"①，更给诗开辟了新世界。

他不大仿作乐府，可是他描写社会生活正是乐府的精神；他的写实的态度也是从乐府来的。他常在诗里发议论，并且引证经史百家；但这些议论和典故都是通过了他的满腔热情奔进出来的，所以还是诗。他这样将诗历史化和散文化，他这样给诗创造了新语言。古体的七言诗到他手里正式成立②，古体的五言诗到他手里变了格调。从此"温柔敦厚"之外，又开了"沉着痛快"一派③。五言

> 这两段介绍盛唐大诗人杜甫，指出他是"真正继往开来"的诗人。他深受战乱之苦，却始终抱着忠君报国的志向，用诗记录民间疾苦，抒写时代，扩大了诗的题材领域，推高了诗的价值，为诗开辟出新世界。他继承了乐府关注社会生活的精

---

① 原注：胡适《白话文学史》。
② 古体的七言诗到他手里正式成立：古体诗以五言为主，七言的较少。杜甫创作了大量七言古体诗，所以作者这样说。
③ 原注：《沧浪诗话》说诗的类型"大概有二：曰优游不迫，曰沉着痛快"。"优游不迫"就是"温柔敦厚"。编者按：沉着痛快指诗文

律诗，王维、孟浩然已经不用来写艳情而用来写山水；杜甫却更用来表现广大的实在的人生。他的七言律诗，也是如此。他作律诗很用心在组织上。他的五言律诗最多，差不多穷尽了这体制的变化。他的绝句直述胸怀，嫌没有余味；但那些描写片段的生活印象的，却也不缺少暗示的力量。他也能欣赏自然，晚年所作，颇有清新地刻画的句子。他又是个有谐趣①的人，他的诗往往透着滑稽的风味。但这种滑稽的风味和他的严肃的态度调和得那样恰到好处，一点也不至于减损他和他的诗的身份。

杜甫的影响直贯到两宋时代；没有一个诗人不直接间接学他的，没有一个诗人不发扬光大他的。古文家韩愈，跟着他将诗进一步散文化；而又造奇喻，押险韵，铺张描写，像汉赋似的。他的

神和写实态度，将诗歌历史化、散文化。古体的五、七言诗在他手里都有所发展，并于传统的"温柔敦厚"之外，开"沉着痛快"风气。他的五、七言律诗也都用心组织，穷尽体制的变化。他用绝句描写片段的生活印象，于直白中有内涵。他晚年的诗作不乏清新之句、谐谑之味。

（接上页）的风格深厚稳健，直率而不拘泥。又，《沧浪诗话》是南宋诗论家严羽的诗歌理论专著，就诗歌的创作、评论，诗体的流变等，做了专门的探讨。作者严羽是南宋人，生卒年不详，字丹丘，自号沧浪逋客，一生未仕。因撰《沧浪诗话》被誉为宋元明清四朝诗话第一人。

① 谐趣：诙谐趣味。

诗逞才使气，不怕说尽，是"沉着痛快"的诗。后来有元稹、白居易二人在政治上都升沉了一番，他们却继承杜甫写实的表现人生的态度。他们开始将这种态度理论化；主张诗要"上以补察时政，下以泄导人情"，"嘲风雪，弄花草"是没有意义的①。他们反对雕琢字句，主张诚实自然。他们将自己的诗分为"讽喻②"的和"非讽喻"的两类。他们的诗却容易懂，又能道出人人心中的话，所以雅俗共赏，一时风行。当时最流传的是他们新创的谐调的七言叙事诗，所谓"长庆体③"的，还有社会问题诗。

晚唐诗向来推李商隐、杜牧为大家。

本段介绍中唐诗人。韩愈的诗进一步散文化，韵险句奇，同样"沉着痛快"。元稹、白居易继承杜甫关注人生的写实态度，并将其理论化。元、白主张作诗要有益于时事，重视诗的"讽喻"功能，追求语言的通俗。他们创作的谐调的七言叙事诗，称"长庆体"，影响广泛。

---

① 原注：白居易《与元九（稹）书》。编者按：这是白居易写给元稹的一封信，是对诗歌创作的全面讨论。白居易反对晋宋以下描写山水田园、嘲风雪、弄花草的浮靡诗风，主张"文章合为（应为）时而著，诗歌合为事（时事）而作"，诗歌的作用应是"补察时政，泄导人情"，并提出作诗和做人应该是一致的。

② 讽喻：修辞手法的一种，即带有讥讽的比喻。白居易写过《秦中吟》和《新乐府》两组诗，自称都是"讽喻诗"。

③ 长庆体：长庆（821—824）为唐穆宗年号，元稹于长庆年间编成白居易诗文集，题为《白氏长庆集》，元稹自己的文集题为《元氏长庆集》。后人因把元、白所擅长的七言歌行体称为"长庆体"。

李一生辗转在党争①的影响中。他和温庭筠并称,他们的诗又走回艳情一路。他们集中力量在律诗上,用典精巧,对偶整切。但李学杜、韩,器局②较大;他的艳情诗有些实在是政治的譬喻,实在是感时伤事之作。所以地位在温之上。杜牧做了些小官儿,放荡不羁③,而很负盛名,人家称为小杜——老杜是杜甫。他的诗词采④华艳,却富有纵横气,又和温、李不同。然而都可以归为绮丽⑤一派。这时候别的诗家也集中力量在律诗上。一些人专学张籍、贾岛的五言律,这两家都重苦吟,总琢磨着将平常的题材写得出奇,所以思深语精,别出蹊径。但是这种诗写景有时不免琐屑,写情有时不免偏僻⑥,便觉不大方。这是僻涩一派。另一派出于元、白,作诗如说话,

本段介绍晚唐诗人,其间李商隐和杜牧最突出,两人都可归入"绮丽"一派。李商隐(还有温庭筠)的诗回归艳情,不过李商隐学杜、韩,诗中有感时伤事的情调。杜牧词采华艳,有纵横气。此外,张籍、贾岛一派重五言律诗,提倡苦吟,偏于僻涩;元、白一派语句通俗,嬉笑怒骂,偏于粗豪。这两派都是上承杜甫,下启宋诗。

---

① 党争:旧指朝廷官吏拉帮结派,各立山头,相互攻击,以追求小集团的政治、经济利益。
② 器局:器量,度量。
③ 放荡不羁(jī):指放纵任性,行为不检点。羁,约束。
④ 词采:词藻,也指辞章的文采。
⑤ 绮丽:华美艳丽。
⑥ 偏僻:这里指偏颇,冷僻,不常见。与下文中的"僻涩"(偏颇、滞涩)意近。

嬉笑怒骂，兼而有之，又时时杂用俗语。这是粗豪一派①。这些其实都是杜甫的鳞爪，也都是宋诗的先驱；绮丽一派只影响宋初的诗，僻涩、粗豪两派却影响了宋一代的诗。

宋初的诗专学李商隐；末流②只知道典故对偶，真成了诗玩意儿。王禹偁独学杜甫，开了新风气。欧阳修、梅尧臣接着发现了韩愈，起始了宋诗的散文化。欧阳修曾遭贬谪，他是古文家。梅尧臣一生不得志。欧诗虽学韩，却平易疏畅，没有奇险的地方。梅诗幽深淡远，欧评他"譬如妖韶女，老自有余态""初如食橄榄，其味久愈在"③。宋诗散文化，到苏轼而极。他是眉州眉山（今四川眉山）人，因为攻击王安石的新法，一辈子升沉在党争中。他将禅理大量地放进诗里，开了一个新境界。他的诗气象洪阔，铺叙宛转，又长于譬喻，真到用笔如舌的地步；但不免"掉书袋④"的毛病。他门下出了一个黄庭坚，是第一个有意地讲究诗的技巧的人。他是洪州分宁（今江西修水）人，也因党争的影响，屡遭贬谪，终于死在贬

---

① 原注：以上参用胡小石《中国文学史》（上海人文社版）说。
② 末流：这里指学术、文艺流派由盛而衰、活力尽失的创作形态。
③ 原注：《水谷夜行寄子美圣俞》。编者按：这是欧阳修写给梅尧臣的一首长诗，诗中对梅诗做了中肯的评价。前一联是说梅尧臣年纪虽大，但笔下的诗句仍如妖娆少女一样风韵犹存。后一联是说梅尧臣的近体诗古朴瘦硬，乍一读难以理解，慢慢咀嚼，则如吃橄榄，越品越有味。妖韶，妖娆美好的样子。
④ 掉书袋：贬语，指那些写诗作文（也指说话）过多引经据典以卖弄学问的现象。

所。他作诗着重锻炼①，着重句律②；句律就是篇章字句的组织与变化。他开了江西诗派。

刘克庄《江西诗派小序》说他"荟萃百家句律之长，究极③历代体制之变，搜猎奇书，穿穴异闻④，作为古律，自成一家；虽只字半句不轻出"。他不但讲究句律，并且讲究运用经史以至奇书异闻，来增富他的诗。这些都是杜甫传统的发扬光大。王安石已经提倡杜诗，但到黄庭坚，这风气才昌盛。黄还是继续将诗散文化，但组织得更经济些；他还是在创造那阔大的气象，但要使它更富厚些。他所求的是新变。他研究历代诗的利病，将作诗的规矩得失，指示给后学，教他们知道路子，自己去创造，发展到变化不测的地步。所以能够独开一派。他不但创新，还主张点化陈腐以为新；创新需要大才，点化陈腐，中才都可勉力作去。他

> 这两段介绍北宋诗坛。宋初诗人多学李商隐、杜甫、韩愈。欧阳修、梅尧臣学韩，开启宋诗散文化。散文化至苏轼达到高峰，他以禅理入诗，开出新境界。苏诗气象宏阔，铺叙婉转，长于譬喻，

---

① 锻炼：这里指反复推敲，炼字炼句。
② 句律：句子的格式和规律。可参看前文"法律"注。
③ 究极：穷尽。
④ 穿穴异闻：就是作者下面所说的"讲究运用经史以至奇书异闻"的意思。穿穴，钻研。

不但能够"以故为新①",并且能够"以俗为雅"。其实宋诗都可以说是如此,不过他开始有意地运用这两个原则罢了。他的成就尤其在七言律上;组织固然更精密,音调也谐中有拗②,使每个字都斩绝③地站在纸面上,不至于随口滑过去。

南宋的三大诗家都是从江西派变化出来的。杨万里为人有气节;他的诗常常变格调。写景最工;新鲜活泼的譬喻,层见叠出,而且不碎不僻④,能从大处下手。写人的情意,也能铺叙纤悉⑤,曲尽其妙;所谓"笔端有口,句中有眼"⑥。他作诗只是自然流出,可是一句一转,一转一意;所以只觉得熟,不觉得滑。不

用笔如舌,但也有用典过多之病。他的门生黄庭坚作诗重技巧,讲究句律,推崇杜甫,开江西诗派。他的七律成就最高。

本段讲说南宋诗坛,三大诗人杨万里、范成大、陆游都从江西派变化而来。杨万里的

---

① 以故为新:从陈旧的素材里挖掘出新意,即所谓"点铁成金"。
② 谐中有拗(niù):音律谐调中偶有越格峭拔之处。
③ 斩绝:干脆利落。
④ 不碎不僻:不琐碎,不生僻。
⑤ 铺叙纤悉:铺叙细致,纤毫毕见。
⑥ 原注:周必大跋杨诚斋诗语。编者按:此两句出周必大《跋杨廷秀石人峰长篇》,文中盛赞杨万里"大篇短章,七步而成,一字不改。……至于状物姿态,写人情意,则铺叙纤悉,曲尽其妙。……五六十年之间,岁锻月炼,朝思夕维,然后大悟大彻,笔端有口,句中有眼,夫岂一日之功哉"。其中"笔端有口,句中有眼"二句,形容杨诗之活泼,有声有色。

过就全诗而论，范围究竟狭窄些。范成大是个达官。他是个自然诗人，清新中兼有拗峭①。陆游是个爱君爱国的诗人。吴之振《宋诗钞》说他学杜而能得杜的心。他的诗有两种：一种是感激豪宕、沉郁深婉之作，一种是流连光景、清新刻露之作②。他作诗也重真率，轻"藻绘③"，所谓"文章本天成，妙手偶得之"④。他活到八十五岁，诗有万首；最熟于诗律，七言律尤为擅长。——宋人的七言律实在比唐人进步。

向来论诗的对于唐以前的五言古诗，大概推尊，以为是诗的正宗；唐以

诗工于写景，善譬喻，新鲜活泼，以自然取胜。范成大的诗也擅长表达自然。陆游是爱君爱国的诗人，最能得杜诗精髓。他的诗可分为豪放深沉、清新刻露两类。陆游存诗万首，七律最佳。作者认为宋人的七律比唐人进步，应就陆游而言。

---

① 拗峭：不同于常调，峭劲有力。
② "他的诗有两种"三句：参看《四库全书总目提要》对陆游《剑南诗稿》的评价，认为陆游虽然师从江西派，但"（陆）游诗清新刻露而出以圆润"，实为"自辟一宗"。又说一些选陆诗的人只选"流连光景"的诗作，而略去"感激豪宕、沉郁深婉"之作，是对陆诗的割裂。感激豪宕、沉郁深婉之作，这里是指感慨豪迈、蕴含着深沉的爱国情思的作品。流连光景、清新刻露，这里是指描写风景及宴饮纵博、直抒性灵的诗作。刻露，犹毕露。
③ 藻绘：文采，文饰。
④ 原注：陆游诗《文章》。编者按：这两句的意思是自然的诗文才是最好的诗文，是诗人灵感偶发捕捉到的。作者借此说明陆游"重真率、轻藻绘"的特点。

后的五言古诗,却说是变格①,价值差些,可还是诗。诗以"吟咏情性"②,该是"温柔敦厚"的。按这个界说③,齐、梁、陈、隋的五言古诗其实也不够格,因为题材太小,声调太软,算不得"敦厚"。七言歌行及近体成立于唐代,却只能以唐代为正宗。宋诗议论多,又一味刻画,多用俗语,拗折声调④。他们说这只是押韵的文,不是诗。但是推尊宋诗的却以为天下事物穷则变,变则通⑤,诗也是如此。变是创新,是增扩,也就是进步。若不容许变,那就只有模拟,甚至只有钞袭;那种"优孟衣冠⑥",甚至土偶木人,又有什么意义可言!即如

本段总结诗歌的创新演变历程,说向来论诗者推重唐以前的五言古诗,以唐以后的五言古诗为变格,认为六朝的五言古诗更差。七言歌行体创立于唐代,以唐为正宗。至于宋诗,贬之者认为只是押韵的文,褒之者认为是新变,是创新、进步。作者认为,历代诗歌各有长短,不断求新、求变,总在进步,也就无所谓优劣。

---

① 变格:指对通常的样式、规定有所变化,在此是与"正宗"相对而言的。
② 原注:《诗大序》。编者按:原文是"国史明乎得失之迹,伤人伦之废,哀刑政之苛,吟咏性情,以风其上,达于事变而怀其旧俗者也"。可参看参考资料"《诗经》第四附录"的《毛诗序》注释及译文。
③ 界说:如言定义。
④ 拗折声调:声调不谐。拗折,折断,弯曲。
⑤ 穷则变,变则通:事物到了穷途末路,就有变革的需要;而变革能使穷途变通途。语出《周易》。
⑥ 优孟衣冠:优孟是春秋时楚国的优伶(艺人),擅长模仿,曾穿戴宰相衣冠,扮演已故宰相孙叔敖以讽谏楚王。这里喻指一味模拟、毫无创建。

模拟所谓盛唐诗的，末流往往只剩了空廓的架格①和浮滑的声调；要是再不变，诗道岂不真穷了？所以诗的界说应该随时扩展；"吟咏情性""温柔敦厚"诸语，也当因历代的诗辞而调整原语的意义。诗毕竟是诗，无论如何地扩展与调整，总不会与文混合为一的。诗体正变说②起于宋代，唐、宋分界说③起于明代；其实历代诗各有胜场④也各有短处，只要知道新、变⑤，便是进步，这些争论是都不成问题的。

---

① 空廓的架格：意思是只搭起空架子，没有实在的内容。空廓，这里有空洞之意。

② 诗体正变说：正变之说最早起于《诗经》，以盛世之诗为正，衰世之诗为变。这里所说的"诗体正变说"，起于宋代，学者张戒、朱熹从历代诗风的起落变化中，分出正、变等不同阶段，以此总结诗歌的发展规律。参见张戒的《岁寒堂诗话》、朱熹的《答巩仲至第四书》等。

③ 唐、宋分界说：这是关于唐宋诗孰优孰劣的讨论与纷争。明初文臣宋濂推举宋诗，明中期诗歌流派"前后七子"则打出"文必秦汉，诗必盛唐"的宗唐旗号。其后的唐宋派、竟陵派对"七子"一味模仿唐诗提出批评。明末的钱谦益以及清中期的翁方纲，又主张宗宋，两派争论不休，长达数百年。

④ 胜场：比喻超越他人的擅长领域。

⑤ 新、变：指变革求新。

文第十三

【题解】本节所讨论的"文",是指一切用汉字记录的、表达一定意义的语言片段。本节从最简略的商代卜辞、《周易》卦爻辞讲起,缕述华夏之"文"从内容到形式的发展演变之迹。其中涉及诸子之文,史传之文,辞赋及骈文,译文,注疏文,唐宋古文(散文),语录,传奇文,白话小说,八股文,清代桐城派、湘乡派的古文,一直讲到现代的白话文。在叙述中,还讨论了言、文关系,文、笔区别等问题。

现存的中国最早的文,是商代的卜辞。这只算是些句子,很少有一章一节的。后来《周易》卦爻辞和《鲁春秋》也是如此,不过经卜官和史官按着卦爻与年月的顺序编纂起来,比卜辞显得整齐些罢了。便是这样,王安石还说《鲁春秋》是"断烂朝报"①。所谓"断",正是不成片段、不成章节的意思。卜辞的简略大概是工具的缘故;在脆而狭的甲骨上用刀笔刻字,自然不得不如此。卦爻辞和《鲁春秋》似乎没有能够跳出卜辞的氛围去;虽然写在竹木简上,自由比较多,却依然只跟着卜辞走。《尚书》就不同了。《虞书》《夏书》大概是后人追记,而且大部分是战国末年的追记,可以不论;但那几篇《商书》,即使有些是追记,也总在商周之间。那不但有章节,并且成了篇,足以代表当时史的发展,就是叙述文

---

① 原注:宋周麟之跋孙觉《春秋经解》引王语。"朝报"相当于现在的政府公报。

的发展。而议论文也在这里面见了源头。卜辞是"辞",《尚书》里大部分也是"辞"①。这些都是官文书。

记言记事的辞之外,还有讼辞②。打官司的时候,原被告的口供都叫作"辞";辞原是"讼"的意思③,是辩解的言语。这种辞关系两造④的利害很大,两造都得用心陈说;审判官也得用心听,他得公平的听两面儿的。这种辞也兼有叙述和议论;两造自己办不了,可以请教讼师。这至少是周代的情形。春秋时候,列国交际频繁,外交的言语关系国体和国家的利害更大,不用说更需慎重了。这也称为"辞",又称为"命",又合称为"辞命"或"辞令"。郑子产便是个善于辞命的人。郑是个小国,他办外交,却能教大国折服,便靠他的辞命。他的辞引古为证,宛转而有理,他的态度却坚强不屈。孔子赞美他的辞,更赞美他的"慎辞"⑤。孔子说当时郑国的辞

---

① "卜辞是'辞'"二句:本书"尚书第三"中,作者说过"古代言文大概是合一的,说出的写下的都可以叫作'辞'。卜辞我们称为'辞',《尚书》的大部分其实也是'辞'"。本书"辞赋第十一"又说"辞本是'辩解的言语'的意思"。可参考。
② 讼(sòng)辞:打官司时,状纸上所写的文字。讼,诉讼,打官司。
③ 原注:《说文·辛部》。编者按:原文是"辞者,讼也"。
④ 两造:(打官司的)双方。
⑤ 原注:均见《左传》襄公二十五年。编者按:据《左传》记载,襄公二十五年(前548),郑相子产攻打陈国后,向晋国献俘,从容应对晋大夫的责备,完成献俘之礼。孔子称赞说:"《志》有之:'言以足志,文以足言。'不言,谁知其志?言之无文,行而不远。晋为伯,郑入陈,非文辞不为功。慎辞哉!"大意是古书上说:"言语用来完成愿望,文采用来修饰言语。"不说话,谁知道他的想法?说话没文采,就传不到远方。晋国是诸侯的盟主,郑攻入陈,不是子产善于辞令,这件事就不能成功。说话又怎么能不慎重呢!

命，子产先教裨谌创意起草，交给世叔审查，再教行人子羽修改，末了儿他再加润色①。他的确是很慎重的。辞命得"顺"，就是宛转而有理；还得"文"，就是引古为证。

孔子很注意辞命，他觉得这不是件易事，所以自己谦虚地说是办不了。但教学生却有这一科；他称赞宰我、子贡，擅长言语②，"言语"就是"辞命"。那时候言文似乎是合一的。辞多指说出的言语，命多指写出的言语；但也可以兼指。各国派使臣，有时只口头指示策略，有时预备下稿子让他带着走。这都是命。使臣受了命，到时候总还得随机应变，自己想说话；因为许多情形是没法预料的。——当时言语，方言之外有"雅言"。"雅言"就是"夏言"，是当时的京话或

这三段讲"文"的早期发展。中国最早的文是商代的卜辞，那只是些句子；《周易》卦爻辞和《春秋经》也都大体如此。《尚书》则有了篇章，成为叙述（事）文和议论文的源头。这些体裁，都可以称"辞"。此外，还有打官司的"讼辞"，办外交的"辞命"（"辞令"）。孔子重视辞命（亦即"言语"）的教

---

① 原注：《论语·宪问》。编者按：原文是"子曰：'为命，裨谌（Bì chén）草创之，世叔讨论之，行人子羽修饰之，东里子产润色之。'"，这里提到的裨谌、世叔（游吉）、子羽，都是郑国的官员，协助郑相子产治理郑国，卓有成效。行人，官名，外交官。东里，地名。

② 原注：《论语·先进》。编者按：原文是"言语：宰我，子贡"。意思是宰我（宰予）、子贡（端木赐）这两位孔门弟子都善于辞令。

官话。孔子讲学似乎就用雅言,不用鲁语①。卜、《尚书》和辞命,大概都是历代的雅言。讼辞也许不同些。雅言用的既多,所以每字都能写出,而写出的和说出的雅言,大体上是一致的。孔子说"辞"只要"达"就成②。辞是辞命,"达"是明白,辞多了像背书,少了说不明白,多少要恰如其分③。辞命的重要,代表议论文的发展。

战国时代,游说之风大盛。游士立谈可以取卿相,所以最重说辞。他们的说辞却不像春秋的辞命那样从容宛转了。他们铺张局势,滔滔不绝,真像背书似的;他们的话,像天花乱坠,有时夸饰,有时诡曲④,不问是非,只图激动人主的心。那时最重辩。墨子是第一个注意辩育。"辞"多指说出的语,"命"多指写下的文;那时是言、文合一的。卜辞、《尚书》、辞命以及孔子教学,多用"雅语"(普通话)。孔子对辞命的要求,是"达"(明白)。辞命带有议论文的性质。

---

① 原注:《论语·述而》:"子所雅言:《诗》、《书》、执礼,皆雅言也。"这里用刘宝楠《论语正义》的解释。编者按:大意是孔子有用雅言(普通话)的时候,读《诗》,读《书》,行礼,都用雅言。
② 原注:《论语·卫灵公》:"子曰:'辞达而已矣。'"
③ 原注:《仪礼·聘礼》:"辞多则史,少则不达,辞苟足以达,义之至也。"编者按:大意是(行聘问礼时)如果言辞过多,就像史官的策祝辞了;言辞过少,又不能把意思表达充分。言辞的多少若能把意思表达清楚,就是程度合宜的最高标准了。
④ 诡曲:离奇曲折。

论方法的人,他主张"言必有三表"。"三表"是"上本之于古者圣王之事","下原察百姓耳目之实","废(发)以为刑政,观其中国家百姓人民之利"①;便是三个标准。不过他究竟是个注重功利的人,不大喜欢文饰,"恐人怀其文,忘其'用'",所以楚王说他"言多不辩"②。——后来有了专以辩论为事的"辩者"③,墨家这才更发展了他们的辩论方法,所谓《墨经》便成于那班墨家的手里。——儒家的孟、荀也重辩。孟子说:"予岂好辩哉?予不得已也!④"荀子也说:"君子必辩。⑤"这些都是游士的影响。但道家的老、庄,法家的韩非,却不重辩。《老子》里说"信言不美,美言不信"⑥,"老

---

① 原注:《墨子·非命上》。编者按:"三表"即"有本之者,有原之者,有用之者"。本,追溯本源,考察古代圣王是如何做的。原,探究原因,向下考察百姓耳闻目见的事实。用,即实践,将正确的方针应用于政事,观察是否符合国家百姓的利益。

② 原注:《韩非子·外储说左上》。编者按:语出《外储说》左上"说一"。楚王问田鸠:为什么墨子名声显赫,大有作为,而"其言多而不辩"(话讲了不少却没有文采)?田鸠讲了"秦伯嫁女"和"买椟还珠"两个寓言,然后说,墨子的学说传播先王之道和圣人的言词,如果文词过于华丽,只怕人们记住华丽的文词而忘记内在的价值,"以文害用也"。

③ 辩者:也就是辩士、游士,属于纵横家。有时也指名家。

④ 原注:《孟子·滕文公下》。编者按:孟子此言的大意是我哪里是喜好争辩,我这是不得已啊。

⑤ 原注:《荀子·非相》篇。编者按:荀子强调君子一定要能言善辩,因为他在宣扬仁义,与小人的巧言诡辩不同。

⑥ 原注:《道德经》八十一章。编者按:这两句的大意是真话不动听,动听的话不真实。

学"所重的是自然。《庄子》里说"大辩不言"①,"庄学"所要的是神秘。韩非也注重功利,主张以法禁辩,说辩"生于上之不明"②。后来儒家作《易·文言传》,也道:"君子进德修业。忠信,所以进德也;修辞立其诚,所以居业也。③"这不但是在暗暗地批评着游士好辩的风气,恐怕还在暗暗的批评着后来称为名家的"辩者"呢。《文言传》旧传是孔子所作,不足信;但这几句话和"辞达"论倒是合拍的。

孔子开了私人讲学的风气,从此也便有了私家的著作。第一种私家著作是《论语》,却不是孔子自作而是他的弟子们记的他的说话。诸子书大概多是弟子们及后学者所记,自作的极少。《论语》以记言为主,所记的多是很简单的。孔子主张"慎言",痛恨"巧言"和"利口";他向弟子们说话,大概是很质直的,弟子们体念他的意思,也只简单地记出。到了墨子和孟子,可就铺排得多。《墨子》大约也是弟子们所记。《孟子》据说是孟子晚年和他的弟子公孙丑、万章等编订的,可也是弟子们记言的体制。那时是个"好

---

① 原注:《庄子·齐物论》。编者按:庄子说"夫大道不称,大辩不言……道昭而不道,言辩而不及……",大意是大道是不可称名的,大辩是不可言说的……道如果昭然若揭,就不是真道;言语再雄辩,说出来总是有所不及……

② 原注:《韩非子·问辩》。编者按:韩非认为论辩产生的原因是君主不明智。因为在明智的君主看来,国家的命令是最尊贵的语言,法律是唯一准绳。所有的言论,不符合法令就必须禁止,因此没有论辩的余地。

③ "君子进德"五句:这是孔子的话,大意是君子致力于培育品德,增进学业。忠信是培养品德的根基,修饰言辞以表达诚信,靠这个立足。居业,蓄积功业,立足。

辩"的时代。墨子虽不好辩，却也脱不了时代影响。孟子本是个好辩的人。记言体制的恢张①，也是自然的趋势。这种记言是直接的对话。由对话而发展为独白，便是"论"。初期的论，言意浑括，《老子》可为代表；后来的《墨经》，《韩非子·储说》的经，《管子》的《经言》，都是这体制②。再进一步，便是恢张的论，《庄子·齐物论》等篇以及《荀子》《韩非子》《管子》的一部分，都是的。——群经诸子书里常常夹着一些韵句③，大概是为了强调。后世的文也偶尔有这种例子。中国的有韵文和无韵文的界限，是并不怎样严格的。

还有一种"寓言"，借着神话或历史故事来抒论④。《庄子》多用神话，《韩非子》多用历史故事；《庄子》有些神仙家言，《韩非子》是继承《庄子》的寓言而

这三段评说诸子之文。战国时，游说之风盛行，游士（策士）的言辞铺张夸饰，形成独特文风。墨家重视辩论方法，提出"三表"之说；又追求实用，"言多不辩"。儒家孟子、荀子之言多受游士影响。道家、法家不重辩："老学"重自然，"庄学"多神秘，韩非主张以法禁辩。《易传》强调"修辞立其诚"，与孔子的"辞达"之意相合。孔子的《论语》

---

① 恢张：扩展，张扬。
② "后来的《墨经》"四句：是说《墨子》、《韩非子》（《储说》部分）、《管子》等书，都是有"经"有"说"的。"经"是纲领，"说"是阐发。
③ 韵句：押韵的句子。
④ 抒论：阐发自己的论点。

加以变化。战国游士的说辞也好用譬喻。譬喻成了风气，这开了后来辞赋的路。论是进步的体制，但还只以篇为单位，"书"的观念还没有。直到《吕氏春秋》，才成了第一部有系统的书①。这部书成于吕不韦的门客之手，有十二纪、八览、六论，共三十多万字。十二代表十二月，八是卦数，六是秦代的圣数；这些数目是本书的间架，是外在的系统，并非逻辑的秩序，汉代刘安主编《淮南子》，才按照逻辑的秩序，结构就严密多了②。自从有了私家著作，学术日渐平民化。著作越来越多，流传也越来越广。"雅言"便成了凝定的文体了。后世大体采用，言文渐渐分离。战国末期，"雅言"之外原还有齐语、楚语两种有势力的方言③。但是齐语只在

以记言为主，主张"慎言"，厌恶"巧言""利口"。墨子、孟子处于"好辩"的时代，所记内容由对话发展为独白，即所为"论"，其间也经历了由"浑括"到"恢张"的过程。此外，寓言、譬喻也是诸子常用的修辞手段。有系统的"书"始于《吕氏春秋》，其后的《淮南子》在编排上更具逻辑性。诸子之作多用雅言，随着时间推移，言、文渐渐分离。

---

① 原注：上节及本节参用傅斯年《战国文籍中之篇式书体》(《中央研究院语言历史研究所集刊》第一本第二分)说。
② "汉代刘安"三句：《淮南子》是按内容分卷的，各有篇名，如《原道训》是讲说宇宙之道的，《天文训》是讲天文，《坠形训》是讲地形的，即朱先生所说"按照逻辑的秩序"。
③ 原注：《孟子·滕文公下》："有楚大夫于此，欲其子之齐语也，则使齐人傅诸。"楚人要学齐语，可见齐语流行很广。又《韩诗外传》四："然则楚之狂者楚言，齐之狂者齐言，习使然也。""楚言"和"齐言"并举，可见楚言也是很有势力的。

《春秋公羊传》里留下一些，楚语只在屈原的"辞"里留下几个助词如"羌""些"等①；这些都让"雅言"压倒了。

伴随着议论文的发展，记事文也有了长足的进步。这里《春秋左氏传》是一座里程碑。在前有分国记言的《国语》，《左传》从它里面取材很多。那是铺排的记言，一面以《尚书》为范本，一面让当时记言体恢张的趋势推动着，成了这部书。其中自然免不了记事的文字；《左传》便从这里出发，将那恢张的趋势表现在记事文里。那时游士的说辞也有人分国记载，也是铺排的记言，后来成为《战国策》那部书。《左传》是说明《春秋》的，是中国第一部编年史。它最长于战争的记载；它能够将千头万绪的战事叙得层次分明，它的描写更是栩栩如生。它的记言也异曲同工，不过不算独创罢了。它可还算不得一部有自己的系统的书，它的顺序是依着《春秋》的。《春秋》的编年并不是自觉的系统，而且"断如复断"②，也不成一部"书"。

汉代司马迁的《史记》才是第一部有自己的系统的史书。他创造了"纪传"的体制。他的书包括十二本纪、十表、八书、三十世家、七十列传，共五十多万字。十二是十二月，是地支③，十是天

---

① "楚语只在"句：楚辞中有一些虚词如"羌""些"［应该还有"只""謇（jiǎn）"等］，学者认为是楚语的遗存。

② 断如复断：这是元代人范梈（pēng）评价李白《远别离》诗所说的话，意思是断断续续。

③ 地支：与下文的"天干"合称"干支"。天干是甲、乙、丙、丁、戊、己、庚、辛、壬、癸十个数，地支是子、丑、寅、卯、辰、巳、午、未、申、酉、戌、亥十二个数。天干、地支两两相配，便成甲子、乙丑、丙寅、丁卯……共六十对组合（总称一甲子），周而复始，古人用以标记年月日时。

干，八是卦数，三十取《老子》"三十辐共一毂"的意思，表示那些"辅弼股肱之臣""忠信行道以奉主上"[1]；七十表示人寿之大齐，因为列传是记载人物的。这也是用数目的哲学做系统，并非逻辑的秩序，和《吕氏春秋》一样。这部书"厥协'六经'异传，整齐百家杂语"，以剪裁与组织见长。但是它的文字最大的贡献，还在描写人物。左氏只是描写事，司马迁进一步描写人；写人更需要精细的观察和选择，比较的更难些。班彪论《史记》"善叙事理，辨而不华，质而不野，文质相称"[2]，这是说司马迁行文委曲自然。他写人也是如此。他又往往

这两段介绍记事文的进步，主要体现在史传中。《春秋左氏传》是里程碑，前后有《尚书》《国语》《国策》等记言史书。《左传》是中国第一部编年史，长于战争描写，记言翔实。但它依附于《春秋》，不能算系统的史书。第一部有自己系统的，是独创"纪传"体的司马迁的《史记》。全书以剪裁和组织见长，最大贡献是

---

[1] 原注：《史记·自序》。编者按：《自序》原文是"二十八宿环北辰，三十辐共一毂（gǔ），运行无穷，辅拂股肱之臣配焉，忠信行道以奉主上，作三十世家"。大意是北极星有二十八星宿环绕，车毂有三十根车辐辏聚，才能运行不止。历代的君主，也要有得力的辅佐大臣相配合，他们忠诚信实，推行道义，侍奉君主，我于是撰写三十篇"世家"加以记录。三十辐共一毂，三十根辐条装在同一个车毂上。辐，车轮的辐条。毂，车轮中心连接辐条与车轴的部件。此语出自《老子》第十一章。辅拂（bì），辅助。股肱（gōng），大腿和手臂，比喻左右辅助得力之人。

[2] 原注：《后汉书·班彪列传》。编者按：这几句的大意是《史记》善于叙述史实，讲理透彻而不浮华，语言质朴而不粗鄙，文采与内容相称，具备优秀史官的才能。

即事寓情,低徊①不尽;他的悲愤的襟怀,常流露在字里行间。明代茅坤称他"出《风》入《骚》"②,是不错的。

汉武帝时候,盛行辞赋;后世说"楚辞汉赋",真的,汉代简直可以说是赋的时代。所有的作家几乎都是赋的作家。赋既有这样压倒的势力,一切的文体,自然都受它的影响。赋的特色是铺张、排偶、用典故。西汉记事记言,都还用散行的文字,语意大抵简明;东汉就在散行里夹排偶,汉魏之际,排偶更甚。西汉的赋,虽用排偶,却还重自然,并不力求工整;东汉到魏,越来越工整,典故也越用越多。西汉普通文字,句子很短,最短有两个字的。东汉的句子,便长起来,最短的是四个字;魏代更长,往往用上四下六或上六下四的两句以完一意。所谓"骈文"或"骈体",便这样开始发展。骈体出于辞赋,夹带着不少

描写人物,能"即事寓情",被誉为"出《风》入《骚》"。

本段讲辞赋的发展及骈文的兴盛。汉代是赋的时代,赋的特色为铺张、排偶、用典故。西汉的赋虽用排偶,还比较自然;至东汉及汉魏之际,越发讲求工整,用典多,句子长,后形成四六骈体。骈体出于辞赋,句读整齐,对偶工丽,和谐悦耳,长久占领文坛,后期多用作应用文。——

---

① 低徊:徘徊,流连。这里是感情丰沛,不能自已的样子。
② 原注:《史记评林》总评。编者按:《史记评林》是明人之作,汇集了历代一百五十位学者对《史记》的评论,由唐宋派大家茅坤作序。"出《风》入《骚》"的意思是《史记》虽为历史著作,却蕴含着诗歌的情感和精神。

的抒情的成分；而句读整齐，对偶工丽，可以悦目，声调和谐，又可悦耳，也都助人情韵。因此能够投人所好，成功了不废的体制①。

梁昭明太子在《文选》里第一次提出"文"的标准，可以说是骈体发展的指路牌。他不选经、子、史，也不选"辞"。经太尊，不可选；史"褒贬是非，纪别异同"②，不算"文"；子"以立意为宗，不以能文为本"③；"辞"是子、史的支流，也都不算"文"④。他所选的只是"事出于沉思，义归乎翰藻"之作。"事"是"事类"，就是典故；"翰藻"兼指典故和譬喻。典故用得好的，譬喻用得好的，他才选在他的书里。这种作品好像

编者补充：赋与骈文的区别，还在于骈文不押韵；赋则是韵文，主体文句要押韵。

---

① 成功了不废的体制：意思是形成了被人们长久使用的文体。
② "褒贬是非，纪别异同"：是说史的作用是评判历史人物的是非，通过不同的形式记录下来（因此也不能算"文学"）。
③ "子'以立意……'"句：这里是说《老子》《庄子》《管子》《孟子》等诸子著作，主旨是表达人文主张，不重文学性。
④ "'辞'是子、史……"句：这里所说的"辞"，指的是"贤人之美辞，忠臣之抗直，谋夫之话，辨（辩）士之端"，即贤人的美好篇章，忠臣的耿直奏议，谋士、策士的舌端妙言，这些都属于诸子和史书中记录的人物话语，萧统认为这些篇章"概见坟典，旁出子史"（大略见于古老的典籍及诸子、史册），同样不符合"文"（文学）的标准。

各种乐器,"并为入耳之娱";好像各种绣衣,"俱为悦目之玩"①。这是"文",和经、子、史及"辞"的作用不同,性质自异。后来梁元帝又说"吟咏风谣,流连哀思者谓之文","文者,惟须绮縠纷披,宫徵靡曼,唇吻遒会,情灵摇荡"②。这是说,用典故、有对偶、谐声调的抒情作品才叫作"文"呢。这种"文"大体上专指诗赋和骈体而言;但应用的骈体如章奏等,却不算在里头。汉代本已称诗赋为"文",而以"文辞"或"文章"称记言、记事之作。骈体原也是些记言、记事之作,这时候却被提出一部分来,与诗赋并列在"文"的尊称之下,真是"附庸蔚为大国③"了。

> 本段探讨"文"(文学)的标准,这种讨论,始于梁朝萧统的《文选》。能录入《文选》的,才算"文";《文选》不收经、史、子和"辞",只收"事出于沉思,义归乎翰藻"的篇章。也就是说,用典故、讲排偶、谐声调的抒情作品才叫作"文",大体上专指诗赋和骈文。

---

① "这种作品"四句:原文是"……譬陶匏(páo)异器,并为入耳之娱;黼黻(fǔ fú)不同,俱为悦目之玩"。大意是这是用悦耳的乐曲、悦目的服饰图案来比喻文学之美。陶匏,陶制的埙(xūn)和葫芦制的笙,都是乐器。黼黻,古代礼服上绣饰的花纹。

② 原注:《金楼子·立言》篇。编者按:这几句的大意是吟咏歌谣,让哀婉的情思在心中回荡,这才叫文(学)。欣赏文(学)的感受,就像五彩绫罗纷披飘扬,动听的音乐轻柔奏响,歌声从唇吻间发出,让人心动神移、灵魂摇荡。

③ 附庸蔚为大国:指原为附庸的事物,逐渐发展壮大,成为主流。蔚,这里有聚集意。

这时有两种新文体发展。一是佛典的翻译,一是群经的义疏①。佛典翻译从前不是太直,便是太华;太直的不好懂,太华的简直是魏、晋人讲老、庄之学的文字,不见新义。这些译笔都不能做到"达②"的地步。东晋时候,后秦主姚兴聘龟兹③僧鸠摩罗什为国师,主持译事。他兼通华语及西域语;所译诸书,一面曲从④华语,一面不失本旨。他的译笔可也不完全华化,往往有"天然西域之语趣"⑤;他介绍的"西域之语趣"是华语所能容纳的,所以觉得"天然"。新文体这样成立在他的手里。但他的翻译虽能"达",却还不能尽"信";他对原文是不太忠实的。到了唐代的玄奘,更求精确,才能"信""达"兼尽,集佛典翻译的大成⑥。这种新文体一面增扩了国语⑦的词汇,也增扩了国语的句式。词汇的增扩,影响最大而易见,如现在口语里还用着的"因果""忏悔""刹那"等词,便都是佛典的译语。句式的增扩,直接的影响比较小些,但像文言里常

---

① 义疏:古书注释体制之一,大致是给古书的注释做进一步解释、补充。
② 达:这里指文辞流畅通顺。近代学者严复在《译〈天演论〉例言》中提出翻译三标准,为"信""达""雅"。其中"信"指翻译准确,"雅"指有文采。
③ 龟兹:(Qiūcí),汉代西域国家之一,唐代为安西四镇之一。辖境相当于今新疆轮台、库车、沙雅、拜城、阿克苏、新和等县市。
④ 曲从:委曲顺从。
⑤ 原注:宋赞宁论罗什所译《法华经》语,见《宋高僧传》卷三。编者按:此句意为(所译经书虽为汉语)却又能自然融入西域语言的趣味、格调。
⑥ 集……的大成:是指集中了某一领域的众家所长,在规模和成就上达到新的高度。
⑦ 国语:这里指汉语。

用的"所以者何""何以故"等也都是佛典的译语。另一面，这种文体是"组织的，解剖的"①。这直接影响了佛教徒的注疏和"科分"之学②，间接影响了一般解经和讲学的人。

演释古人的话的有"故""解""传""注"等。用故事来说明或补充原文，叫作"故"。演释原来辞意，叫作"解"。但后来解释字句，也叫作"故"或"解"。"传"，转也，兼有"故""解"的各种意义。如《春秋左氏传》补充故事，兼阐明《春秋》辞意。《公羊传》《穀梁传》只阐明《春秋》辞意——用的是问答式的记言。《易传》推演卦爻辞的意旨，也是铺排的记言。《诗毛氏传》解释字句，并给每篇诗作小序，阐明辞意。"注"原只解释字句，但后来也有推演辞意、补充故事的。用故事来说明或补充原文，以及一般的解释辞意，大抵明白易晓。《春秋》三传和《诗毛氏传》阐

这三段介绍两种新文体：佛典的翻译和群经的义疏。东晋时，西域僧人鸠摩罗什翻译佛经，形成新文体。至唐代玄奘翻译佛经，"信""达"兼具（既准确又通顺），

---

① 原注：梁启超《翻译文学与佛典》六之二。编者按：梁启超在下文中又有解释，说"组织的，解剖的"文体"分章分节分段，备极精密"，并称是"科判"之学。
② 原注：佛教徒注释经典、分析经文的章段，称为"科分"。

明辞意，却是断章取义，甚至断句取义，所以支离破碎，无中生有。注字句的本不该有大出入，但因对于辞意的见解不同，去取①字义，也有各别的标准。注辞意的出入更大。像王弼注《周易》，实在是发挥老、庄的哲学；郭象注《庄子》，更是借了《庄子》发挥他自己的哲学。南北朝人作群经"义疏"，一面便是王弼等人的影响，一面也是翻译文体的间接影响。这称为"义疏"之学。

汉晋人作群经的注，注文简括，时代久了，有些便不容易通晓。南北朝人给这些注作解释，也是补充材料，或推演辞意。"义疏"便是这个。无论补充或推演，都得先解剖文义；这种解剖必然的比注文解剖经文更精细一层。这种精细的却不算是破坏的解剖，似乎是佛典翻译的影响。就中推演辞意的有些也只发挥老、庄之学，虽然也是无中生有，却能自成片段，便比汉人的支离破碎进步。这是王弼等人的衣钵②，也是魏晋以

达到很高成就。其影响，增加了汉语的词汇和句式。此外，这种有条理的、细密的文风，还间接影响到儒家学者解经和讲学。当时解释推演古经，有"故""解""传""注"等形式。大致是用故事补充原文，或解释字句、推演文义。其间难免断章取义，借题发挥。汉晋人为群经作注，南北朝人又对这些注文作解释，便成"义疏"之学。唐代修《五经正义》，下足了解剖字句的功夫；至宋代形成"注疏"文体，至清代演化为精详的考证文。

---

① 去取：这里指去除或选取。
② 衣钵：原指佛教中师父传授给徒弟的袈裟和饭碗，后泛指代代传授的思想、学术、技能等。

来哲学发展的表现。这是又一种新文体的分化。到了唐修《五经正义》，削去玄谈，力求切实，只以疏明注义为重。解剖字句的功夫，至此而极详。宋人所谓"注疏①"的文体，便成立在这时代。后来清代的精详的考证文，就是从这里变化出来的。

不过佛典只是佛典，义疏只是义疏，当时没有人将这些当作"文"的。"文"只用来称"沉思翰藻"的作品。但"沉思翰藻"的"文"，渐渐有人嫌"浮""艳"了。"浮"是不直说，不简截说的意思。"艳"正是隋代李谔《上文帝书》中所指斥的："连篇累牍，不出月露之形，积案盈箱，唯是风云之状。②"那时北周的苏绰③是首先提倡复古的人，李谔等纷纷响应。但是他们都没有找到路子，死板地模仿古人到底是行不通的。唐初，陈子昂提倡改革文体，和者④尚少。到了中叶，才有一班人"宪章六艺，能探古人述作之旨"⑤，而元结、独孤及、梁肃最著。他们作文，主于教化，力避排偶，辞取朴拙。但教化的观念，广泛难以动众，而关于文体，他们

---

① 注疏：是注和疏的并称。注，是对经文字句的注解，又有传、笺、解、章句等不同叫法；疏，是对注的进一步注解，又有义疏、正义、疏义等不同叫法。
② "连篇累牍"四句：大意是（当下的文章）数量极大，内容却十分单调，无非是风花雪月之类。连篇累牍、积案盈箱，形容数量之多。月露，这里指明月难圆、露水易干等千篇一律的感慨。
③ 苏绰：按，苏绰当为西魏名臣，卒于546年（西魏大统十二年），北周557年建立。
④ 和（hè）者：响应的人。
⑤ 原注：李舟《独孤常州集序》。编者按：这两句是用来赞美独孤及等人，说他们的文章能以"六经"为准则，深得古代圣贤之作的精神及主旨。宪章，这里有效法之意。

不曾积极宣扬，因此未成宗派。开宗派的是韩愈。

韩愈，邓州南阳（今河南南阳）人。唐宪宗时，他做刑部侍郎，因谏迎佛骨被贬①；后来官至吏部侍郎，所以称为韩吏部。他很称赞陈子昂、元结复古的功劳，又曾请教过梁肃、独孤及。他的脾气很坏，但提携后进，最是热肠。当时人不愿为师，以避标榜②之名；他却不在乎，大收其弟子。他可不愿作章句师③，他说师是"传道授业解惑"的④。他实在是以文辞为教的创始者⑤。他所谓"传道"，便是传尧、舜、禹、汤、文、武、周公、孔子、孟子的道；所谓"解惑"，便是排斥佛、老。他是以继承孟子自命的；他排佛、老，正和孔子的距杨、墨⑥一样。当时佛、老的势力极大，他敢公然排斥，而且因此触犯了皇帝⑦。这自然足以惊动一世。他并没有传了什么新的道，却指示了道统，给宋儒⑧开了先路。他的重要的贡献，还在他所提倡的"古文"上。

他说他作文取法《尚书》《春秋》《左传》《周易》《诗经》，以

---

① 因谏迎佛骨被贬：唐元和十四年（819），宪宗预备将佛骨引入宫中供养三日。韩愈上《谏迎佛骨表》表示反对，惹得宪宗大怒，韩愈因此被贬。
② 标榜：夸耀，吹嘘。
③ 章句师：这里指逐章逐句解释经书字句，而不能"传道授业解惑"的老师。
④ 原注：《师说》。
⑤ 文辞：这里有文章之意。"以文辞为教"和"以章句、句读为教"是大不相同的。
⑥ 距杨、墨：排拒杨朱、墨子学派。距，同"拒"。
⑦ 原注：韩愈的《谏迎佛骨表》触怒宪宗，被贬为潮州刺史。
⑧ 宋儒：一般指以二程、朱熹为代表的宋代理学家。

及《庄子》、《楚辞》、《史记》、扬雄、司马相如等。《文选》所不收的经、子、史，他都排进"文"里去。这是一个大改革、大解放。他这样建立起文统来。但他并不死板的复古，而以变古为复古。他说"惟古于辞必己出，降而不能乃剽贼"①，又说"惟陈言之务去，戛戛乎其难哉"②；他是在创造新语。他力求以散行的句子换去排偶的句子，句逗总弄得参参差差的。但他有他的标准，那就是"气"。他说"气盛则言之短长与声之高下者皆宜"③；"气"就是自然的语气，也就是自然的音节。他还不能跳出那定体"雅言"的圈子而采用当时的白话；但有意的将白话的自然音节引到文里去，他是第一个人。在这一点上，所谓"古文"也是不"古"的；不过他提出"语气流畅"（气盛）这个标准，却

这四段讲述韩愈倡导的古文运动。从南北朝时，就有人

---

① 原注：《南阳樊绍述墓志铭》。编者按：这两句的大意是古人写文章出于自己的独创，后人做不到，只好向古人文章中去偷窃。
② 原注：《答李翊书》。编者按：这两句的大意是想要坚决去除人家说滥的话，这是很难的。务去，务必去除。戛（jiá）戛，吃力的样子。
③ 原注：同上。编者按：此句意思是气势充足，那么语言的短长与声音的扬抑就会适当。

给后进指点了一条明路。他的弟子本就不少,再加上私淑①的,都往这条路上走,文体于是乎大变。这实在是新体的"古文",宋代又称为"散文②"——算成立在他的手里。

柳宗元与韩愈,宋代并称③;他们是好朋友。柳作文取法《书》《诗》《礼》《春秋》《易》,以及《穀梁》《孟》《荀》《庄》《老》《国语》《离骚》《史记》,也将经、子、史排在"文"里,和韩的文统大同小异。但他不敢为师,"摧陷廓清④"的劳绩,比韩差得多。他的学问见解,却在韩之上,并不墨守⑤儒言。他的文深幽精洁,最工游记;他创造了描写景物的新语。韩愈的门下有难易两派。爱易派主张新而不失自然,李翱是代表。爱难派主张新就不妨奇怪,皇甫湜

批评《文选》之文"浮""艳",提倡复古。隋朝的李谔、初唐的陈子昂,也都呼吁文体改革。至中唐韩愈,大力提倡古文;把《文选》所不收的经、子、史都归入"文"中,建立"文统",力创新语,用散行换掉排偶,追寻自然的语气和音节。由此建立起"古文"的观念,宋代人又称"散文"。柳宗元赞同韩愈的复古主张,以出色的游记散文为古文开出新境界。韩愈门下的古文

---

① 私淑:没能得到某人的亲自传授,私下尊他为师,称私淑某人。
② 散文:这里的"散文",指"奇(jī)句单行"的文章,有别于今天所说的文艺性"散文"。
③ "柳宗元与韩愈"句:这是说柳宗元、韩愈两位唐人,被宋代人所推崇,将他俩视为倡导古文的领袖。
④ 摧陷廓清:攻破敌阵,肃清残敌,这里是用冲锋陷阵来比喻韩愈清算旧文体的勇猛无畏。语出唐人李汉的《昌黎先生集序》。
⑤ 墨守:死守,固执保守。

是代表。当时爱难派的流传盛些。他们矫枉过正①,语艰意奥,扭曲了自然的语气、自然的音节,僻涩诡异,不易读诵。所以唐末宋初,骈体文又回光返照了一下。雕琢的骈体文和僻涩的古文先后盘踞着宋初的文坛。直到欧阳修出来,才又回到韩愈与李翱,走上平正通达的古文的路。

韩愈抗颜为人师②而提倡古文,形势比较难;欧阳修居高位而提倡古文,形势比较容易。明代所称唐宋八大家③,韩、柳之外,六家都是宋人。欧阳修为首,以下是曾巩,王安石,苏洵和他的儿子苏轼、苏辙。曾巩、苏轼是欧阳修的门生,别的三个也都是他提拔的。他真是当时文坛的盟主。韩愈虽然开了宗派,却不曾有意地立宗派;欧、苏是有又分为李翱、皇甫湜两派,难易有别,影响到宋初的文坛。

---

① 矫枉过正:指矫正事物的偏差缺失,因用力过度,又偏向对立的一面,即所谓"过犹不及"。

② 抗颜为人师:态度严正、理直气壮地收徒为师。语出柳宗元《答韦中立论师道书》。抗颜,态度严正。

③ 原注:茅坤有《唐宋八大家文钞》,从此"唐宋八大家"成为定论。
编者按:"唐宋八大家"是指唐代的韩愈、柳宗元和宋代的欧阳修、苏洵、苏轼、苏辙、王安石和曾巩。

意地立宗派。他们虽也提倡道，但只促进了并且扩大了古文的发展。欧文主自然。他所作纡徐曲折，而能条达疏畅①，无艰难劳苦之态；最以言情见长，评者说是从《史记》脱化而出。曾学问有根柢，他的文确实而谨严；王是政治家，所作以精悍胜人。三苏长于议论，得力于《战国策》《孟子》；而苏轼才气纵横，并得力于《庄子》。他说他的文"随物赋形"，"常行于所当行，常止于不可不止"②；又说他意到笔随，无不尽之处③。这真是自然的极致了。他的文，学的人最多。南宋有"苏文熟，秀才足"的俗

本段介绍宋代散文的发展：欧阳修身居高位，继承韩柳，倡导古文，成为文坛盟主；曾巩、王安石、三苏都曾受他指教。其中尤以欧、苏成就最高。欧文主自然，纡徐而畅达；苏轼才气纵横，意随笔

---

① 纡徐曲折，而能条达疏畅：舒缓曲折，又能条理通达，文气顺畅。语出苏洵《上欧阳内翰第一书》。

② 原注：《文说》。编者按：《文说》是苏轼的一篇札记，自叙写作心得。他把自己的文思比作旺盛的泉水，说是"在平地滔滔汩汩，虽一日千里无难。及其与山石曲折，随物赋形，而不可知也。所可知者，常行于所当行，常止于不可不止，如是而已矣"。随物赋形，比喻文思可以用各种文体形式表现出来，就像水在不同的空间（如曲折的山石空隙中）都能随之变化一样。

③ 原注：何薳（yuǎn）《春渚纪闻》中东坡事实。编者按：何薳是宋代文学家，撰有笔记《春渚纪闻》。其中记述："东坡尝谓：'某平生无快意事，惟作文章，意之所到，则笔力曲折，无不尽意。自谓世间乐事无逾此矣！'"

谚①，可见影响之大。

　　欧、苏以后，古文成了正宗。辞赋虽还算在古文里头，可是从辞赋出来的骈体却只拿来作应用文了。骈体声调铿锵，便于宣读，又可铺张词藻不着边际，便于酬酢②，作应用文是很相宜的。所以流传到现在，还没有完全死去。但中间却经过了散文化。自从唐代中叶的陆贽开始。他的奏议切实恳挚，绝不浮夸，而且明白晓畅，用笔如舌。唐末骈体的应用文专称"四六"，却更趋雕琢；宋初还是如此。转移风气的也是欧阳修。他多用虚字和长句，使骈体稍稍近于语气之自然。嗣后群起仿效，散文化的骈文竟成了定体了。这也是古文运动的大收获。

　　唐代又有两种新文体发展。一是语录，一是"传奇"，都是佛家的影响。语

到，达到自然的极致。

本段是说，欧、苏以后，古文成了正宗。但骈体并未退出文坛，因其自身的种种特点，成为应用文体，同时经历了散文化的变革。

---

① 原注：陆游《老学庵笔记》。编者按：该俗谚有不同版本，今见版本文字——建炎以来，尚苏氏文章，学者翕然从之而蜀士尤盛。有语曰："苏文熟，吃羊肉；苏文生，吃菜根。"建炎，南宋高宗年号，1127—1130年。翕（xī）然，一致。
② 酬酢（zuò）：本指主宾相互敬酒，泛指交际，应酬。

录起于禅宗①。禅宗是革命的宗派，他们只说法而不著书。他们大胆的将师父们的话参用当时的口语记下来。后来称这种体制为语录。他们不但用这种体制记录演讲，还用来通信和讨论。这是新的记言的体制，里面夹杂着"雅言"和译语。宋儒讲学，也采用这种记言的体制，不过不大夹杂译语。宋儒的影响究竟比禅宗大得多，语录体从此便成立了，盛行了。传奇是有结构的小说②。从前只有杂录③或琐记的小说，有结构的从传奇起头。传奇记述艳情，也记述神怪，但将神怪人情化。这里面描写的人生，并非全是设想，大抵还是以亲切的观察做底子。这开了后来佳人才子和鬼狐仙侠等小说的先路④。它的来

> 本段介绍唐代的两种新文体：语录和传奇。语录起于禅宗，以文字记录口语，成为新的记言体裁。宋

---

① 禅宗：中国佛教宗派。其创始人为菩提达摩，安史之乱后南北分宗，南宗奉慧能为领袖，号称"六祖"。该派认为，人人心中自有佛性，无须外求。因而不重戒律，不重打坐念经，强调"即心是佛""见性成佛"，谓之"顿悟"，又称"顿门"。

② 有结构的小说：这里意为有完整故事情节的小说。

③ 杂录：古代文体中有笔记体，多为短篇文字的集合，又分为志怪、传奇、杂录、琐闻、传记、随笔等类。"杂录"和下文中的"琐记"，都是记录人物片段言行乃至奇闻异事的笔记作品，有别于有完整故事的小说。其中只有"志怪""传奇"具有今天的"小说"特征。

④ 开了……的先路：意思是走出一条新路，开创一种新形式。

源一方面是俳谐①的辞赋，一方面是翻译的佛典故事；佛典里长短的寓言所给予的暗示最多。当时文士作传奇，原来只是向科举的主考官介绍自己的一种门路。当时应举的人在考试之前，得请达官将自己姓名介绍给主考官；自己再将文章呈给主考官看。先呈正经文章，过些时再呈杂文如传奇等，传奇可以见史才、诗、笔、议论②，人又爱看，是科举的很好媒介。这样，作者便日渐其多了。

到了宋代，又有"话本"。这是白话小说的老祖宗。话本是"说话"的底本；"说话"略同后来的"说书"，也是佛家的影响。唐代佛家向民众宣讲佛典故事，连说带唱，本子夹杂"雅言"和口语，叫作"变文"③；"变文"后来也有说唱历史故事及社会故事的。"变文"便是"说

儒讲学，也采用此种"语录体"，影响很大。传奇是讲述完整故事的小说，有艳情、神怪等题材，也关注人生。它在形式上受俳谐辞赋的影响，内容上受佛典故事的影响。传奇常被应举的考生拿来做自我宣传用。

---

① 俳谐：指诙谐或戏谑的言辞。
② 传奇可以见史才、诗、笔、议论：意思是传奇可以体现作者多方面的才能，传奇中有故事（史才），穿插着诗歌（诗），可以看出作者的文笔（笔），里面还有议论。
③ 变文：源于佛经教义宣传的一种说唱文体，兴起于唐代。对象是广大底层信众，以通俗的语言、故事性的情节，阐说佛经大意，也杂有世俗故事。有说有唱，演唱时还带有伴奏，并张挂图画（"变相"）。其形式对后世的白话文学产生较大影响。

话"的源头，"说话"里也还有演说佛典这一派。"说话"是平民的艺术；宋仁宗很爱听，以后便变为专业，大流行起来了。这里面有说历史故事的，有说神怪故事的，有说社会故事的。"说话"渐渐发展，本来由一个或几个同类而不相关联的短故事，引出一个同类而不相关联的长故事的，后来却能将许多关联的故事组织起来，分为"章回"了。这是体制上一个大进步。

话本留存到现在的已经很少，但还足以见出后世的几部小说名著，如元罗贯中的《三国演义》，明施耐庵的《水浒传》，吴承恩的《西游记》，都是从话本演化出来的；不过这些已是文人的作品，而不是话本了。就中《三国演义》还夹杂着"雅言"①，《水浒传》和《西游记》便都是白话了。这里除《西游记》以设想为主外，别的都可以说是写实的。这种写实的作风在清代曹雪芹的《红楼梦》里得着充分的发展。《三国演义》等书里的故事虽然是关联的，却不是连贯的。

这两段，相当于一篇白话小说发展史。宋代的"说话"（相当于说书）是雅俗共赏的平民艺术，其源头是佛家宣讲佛典故事的"变文"。说话的底本即"话本"，是最早的短篇白话小说。此后又发展为长篇白话小说，即章回小说。元代的《三国演义》、明代的《水浒传》《西游记》，都是由

---

① 《三国演义》还夹杂着"雅言"：《三国演义》是用浅近的文言写成的。

到了《红楼梦》,组织才更严密了;全书只是一个家庭的故事。虽然包罗万有,而能"一以贯之"。这不但是章回小说,而且是近代所谓"长篇小说"了。白话小说到此大成①。

明代用八股文取士,一般文人都镂心刻骨地去简炼揣摩②,所以极一代之盛③。"股"是排偶的意思;这种体制,中间有八排文字互为对偶,所以有此称。——自然也有变化,不过"八股"可以说是一般的标准。——又称为"四书文",因为考试里最重要的文字,题目都出在"四书"里。又称为"制艺",因为这是朝廷法定的体制。又称为"时文",是对古文而言。八股文也是推演经典辞意的;它的来源,往远处说,可以说是南北朝义疏之学,往近处说,便是宋元两代的经义④。但它的格律,却是

话本演化、文人写定的章回小说,至《红楼梦》达到巅峰,成为近代"长篇小说"的先声。

---

① 大成:这里意为成熟,取得大的成就。
② 镂心刻骨:形容感念深切,难以忘怀。也作"铭心刻骨"。简炼揣摩:简选磨炼,揣度切磋。指在学术或技艺上的探讨与磨炼。
③ 极一代之盛:成为一个时代最昌盛的。
④ 经义:科举考试的科目之一,即以儒家经书的文句为题目,要求应试者撰写文章,阐说其中的义理。

从"四六"演化的。宋代定经义为考试科目,是王安石的创制;当时限用他的群经"新义"①,用别说的不录。元代考试,限于"四书",规定用朱子的章句和集注。明代制度,主要的部分也是如此。

经义的格式,宋末似乎已有规定的标准,元明两代大体上递相承袭。但明代有两种大变化:一是排偶,一是代古人语气。因为排偶,所以讲究声调。因为代古人语气,便要描写口吻;圣贤要像圣贤口吻,小人要像小人的。这是八股文的仅有的本领,大概是小说和戏曲的不自觉的影响。八股文格律定得那样严,所以得简炼揣摩,一心用在技巧上。除了口吻、技巧和声调之外,八股文里是空洞无物的。而因为那样难,一般作者大都只能套套滥调,那真是"每下愈况②"了。这原是君主牢笼③士人的玩意儿,但它的影响极

> 这两段讲八股文,又称"四书文""制艺""时文",是明、清两代科举考试的法定文体,有严格的文体结构要求。其源头,远承南北朝义疏,近承宋代经义,格律由"四六"演化而来。写八股一是讲排偶,二是要模拟圣贤口吻。写作上极重技巧,而内容上陈词滥调。明清古文大家全都是八股出身。

---

① 群经"新义":北宋神宗熙宁年间,王安石主持对儒家经典《诗》《书》《周官》重新训释,颁布天下,名"三经新义"。同时要求参加科举考试的考生要按照"新义"的解说阐发经义。
② 每下愈况:原意是越往下往深推求,越能了解真实情况。语出《庄子》。后演变为"每况愈下",词义也有所转变。
③ 牢笼:束缚,限制。

大；明清两代的古文大家几乎没有一个不是八股文出身的。

清代中叶，古文有桐城派，便是八股文的影响。诗文作家自己标榜宗派，在前只有江西诗派，在后只有桐城文派。桐城派的势力，绵延了二百多年，直到民国初期还残留着；这是江西派比不上的。桐城派的开山祖师是方苞，而姚鼐集其大成。他们都是安徽桐城人，当时有"天下文章在桐城"的话①，所以称为桐城派。方苞是八股文大家。他提倡归有光的文章，归也是明代八股文兼古文大家。方是第一个提倡"义法"②的人。他论古文以为"六经"和《论语》《孟子》是根源，得其支流而义法最精的是《左传》《史记》；其次是《公羊传》《穀梁传》《国语》《国策》，两汉的书和疏，唐宋八家文③。——再下怕就要数到归有光了。这是他的，也是桐城派的文统论④。"义"是用意，是层次；"法"是求雅、求洁的条目。雅是纯正不杂，如不可用语录中语、骈文中丽语、汉赋中板重字法、诗

---

① 原注：周书昌语，见姚鼐《刘海峰先生八十寿序》。编者按：刘海峰即刘大櫆，是桐城派代表人物。姚鼐在文章中引用翰林编修周永年（字书昌）的话，说当代文章高手"昔有方侍郎，今有刘先生，天下文章，其出于桐城乎？"。方侍郎即方苞，与刘大櫆都是安徽桐城人，"桐城派"由此命名。

② 义法：桐城派的文章撰写准则。方苞解释说："'义'即《易》之所谓'言有物也'，'法'即《易》之所谓'言有序'也。"（《又书〈货殖传〉后》）前者相当于文章的思想内容，后者则为表现手法。

③ 原注：《古文约选·序例》。编者按：《古文约选》是清代为八旗子弟编写的一本古文读本，出于方苞之手。方苞以"义法"为标准编成此书。他在书的《序例》中，把历代的经典散文作品都归入"义法"的文统中。

④ 文统论：有关文章传统的论述。

歌中俊语、《南》《北史》中佻巧语以及佛家语①。后来姚鼐又加上注疏语和尺牍语②。洁是简省字句。这些"法"其实都是从八股文的格律引申出来的。方苞论文，也讲"阐道"；③他是信程、朱之学的，不过所入不深罢了。

方苞受八股文的束缚太甚，他学得的只是《史记》、欧、曾、归的一部分，只是严整而不雄浑，又缺乏情韵。姚鼐所取法的还是这几家，虽然也不雄浑，却能"迂回荡漾，余味曲包"④，这是他的新境界。《史记》本多含情不尽之处，所谓远神的⑤。欧文颇得此味，归更向这方面发展——最善述哀⑥，姚简直用全力揣摩。他的老师刘大櫆指出作文当讲究音节，音节是神气的迹象，可以从

---

① "如不可用……佛家语"：这里是桐城派对"雅"的阐释，用的是排除法，即纯正的语言不可掺杂语录体所用的口语、骈文中的对仗句式、汉赋中过于夸饰宏大的形容词、诗歌中的漂亮句式和词语、《南史》《北史》中的新巧词汇以及佛教典籍中的翻译词汇等。佻巧语，细巧而不严肃的语句，这里似指融入口语及外族词语的文字。

② 注疏语：注释所用的语言句式，追求准确简洁而缺乏文采。尺牍语：书信中习用的语言句式，过于随意而缺乏修饰。尺牍，书信。

③ 原注：见雷铉《卜书》。编者按：雷铉是清代理学家，他在《翠庭卜书》中转述方苞的话说"非阐道翼教，有关人伦风化不苟作"。大意是文章如果不是阐发儒道、有益于儒教、与宣扬儒家人伦风化有关的，就不随便下笔。

④ 原注：吕璜纂《初月楼古文绪论》。编者按：《初月楼古文绪论》是清人吴德旋的古文理论著作，由其弟子吕璜纂述。"迂回荡漾，余味曲包"是文中称赞姚鼐的话，说他的文笔回旋而不直露，余味无穷。

⑤ 远神：深远的神韵。

⑥ 述哀：陈说哀痛之情。

字句下手①。姚鼐得了这点启示，便从音节上用力，去求得那绵邈的情韵。他的文真是所谓"阴与柔之美"②。他最主张诵读，又最讲究虚助字，都是为此。但这分明是八股文讲究声调的转变。刘是雍正副榜③，姚是乾隆进士，都是用功八股文的。当时汉学家提倡考据④，不免繁琐的毛病。姚鼐因此主张义理、考据、词章三端相济，偏废的就是"陋"儒⑤。但

这两段介绍桐城派，该派绵延二百年，开山者方苞，集大成者姚鼐，包括承上启下的刘大櫆，都是安徽桐城人。方苞是八股文大家，首倡"义法"，提出古文的文统：上起"六经"和《论》《孟》，《左传》

---

① 原注：刘大櫆《论文偶记》。编者按：刘大櫆是在方苞"义法"的基础上进一步探讨散文艺术，提出"因声求气"的撰文要诀，成为桐城派散文的重要特点。

② 原注：姚鼐《复鲁絜(jié)非书》。编者按：这是姚鼐写给朋友鲁絜非的一篇书信，文中论述了文章的阳刚与阴柔之美。其中谈到"阴与柔之美"时，用了许多优美的比喻："其得于阴与柔之美者，则其文如升初日，如清风，如云，如霞，如烟，如幽林曲涧，如沦，如漾，如珠玉之辉，如鸿鹄之鸣而入廖廓。……"沦，微波。鸿鹄，天鹅。寥廓，天空。

③ 副榜：明清参加乡试的考生，中式者入正榜，称举人；另取若干成绩较好而未中式者，入副榜，下届无须经过选拔，可以直接参加乡试。

④ 汉学家：这里是指清中期儒家经学学派"汉宋之争"中的汉学一派，又称朴学，该派继承汉儒研读经书的传统，治学以训诂考据为中心，反对推重宋儒理学的宋学一派。后文提到"汉学宋学的门户之争"，即指此。考据：即"考证"，是研究历史、语言的一种方法。通过考核事实、归纳例证，根据可靠的材料作出结论。其方法主要是训诂、校勘和资料的收集整理。

⑤ 原注：《述菴文钞序》，又《复秦小岘书》。编者按：这两篇，都是姚鼐讨论桐城派文学主张的理论文章。前者提出"余尝论学问之事，

他的义理不深,考据多误,所有的还只是词章本领。他选了《古文辞类纂》[1];序里虽提到"道",书却只成为古文的典范。书中也不选经、子、史;经也因为太尊,子、史却因为太多。书中也选辞赋。这部选本是桐城派的经典,学文的必由于此,也只须由于此。方苞评归有光的文庶几"有序",但"有物之言"太少[2]。曾国藩评姚鼐也说一样的话,其实桐城派都是如此。攻击桐城派的人说他们空疏浮浅,说他们范围太窄,全不错;但他们组织的技巧,言情的技巧,也是不可抹杀的。

姚鼐以后,桐城派因为路太窄,渐

《史记》,下到唐宋八家,直至明归有光。"义法"涉及文章主旨和形式,禁忌颇多。方苞散文严整而不雄浑,缺乏情韵;姚鼐得刘大櫆启发,作文讲究音节,追求阴柔之美。并在"义法"基础上提出"义理、考据、词章三端相济"的文章标准。他还编选了《古文辞类纂》,树立古文典范。

(接上页)有三端焉,曰:义理也,考证也,文章也。是三者,苟善用之,则皆足以相济,苟不善用之,则或至于相害。……故以能兼长者为贵"。后者也提到"(义理、考证、文章)必兼收之,乃足为善"。

[1] 《古文辞类纂》:清代姚鼐选编的文章选。以"唐宋八大家"之作为主,上至战国、秦汉,下至明代归有光,清代方苞、刘大櫆,共收入文章七百篇,按文体分为十三类,选文标准代表了"桐城派"的观点,该书是《古文观止》之前最为流行的古文选本。

[2] 原注:《书震川文集后》。编者按:这是方苞为明人归有光的文集所作的跋文,文中说"震川之文于所谓有序者,盖庶几矣;而有物者,则寡焉",对归文提出了委婉的批评。方苞所说的"言有物",强调文章要有充实的内容,还应阐发儒家义理。庶几,差不多,近似于。

有中衰之势。这时候仪征阮元提倡骈文正统论。他以《文选序》和南北朝"文""笔"的分别为根据，又扯上传为孔子作的《易·文言传》。他说用韵用偶的才是文，散行的只是笔，或是"直言"的"言"，"论难"的"语"①。古文以立意、记事为宗，是子史正流，终究与文章有别。《文言传》多韵语、偶语，所以孔子才题为"文"言。阮元所谓韵，兼指句末的韵与句中的"和"而言②。原来南北朝所谓"文""笔"，本有两义："有韵为文，无韵为笔"，是当时的常言③。——韵只是句末韵。阮元根据此语，却将"和"也算是韵，这是曲解一。梁元帝说有对偶、谐声调的抒情作

本段讲清人的"文笔"之辨，主要驳斥阮元提出的"文""笔"新标准。南朝刘勰在《文心雕龙》中指出，有韵的为文，无韵的为笔。阮元继承其说，又提出用韵用偶的为文，散行的为笔。他所说的"韵"，不但指句末的韵脚，还包括句中的"和"，也就是平仄谐调，这就把不讲押韵的骈文也包括到文中。他的主张，没能得到广泛响应。

---

① 原注：根据《说文·言部》。编者按：这两句是许慎《说文解字》对"言"的解释，阮元直接引用"许氏《说文》：'直言曰言，论难曰语'"(《文言说》)。论难，辩论，驳难。

② 原注：阮元《文言说》及《与友人论古文书》。编者按：这里所说的"句中的'和'"，是指句中文字平仄相协，声调谐调，读起来有一种和谐之美。阮元认为，这样的文章也应归入"韵文"，实际上主张将骈体归入韵文范畴。

③ 原注：《文心雕龙·总术》。编者按：此处原文是"今之常言，有文有笔，以为无韵者笔也，有韵者文也"。

品是文，骈体的章奏与散体的著述都是笔①。阮元却只以散体为笔，这是曲解二。至于《文言传》，固然称"文"，却也称"言"，况且也非孔子所作——这更是附会了。他的主张虽然也有一些响应的人，但是不成宗派。

曾国藩出来，中兴了桐城派。那时候一般士人，只知作八股文；另一面汉学宋学的门户之争，却越来越利害，各走偏锋。曾国藩为补偏救弊②起见，便就姚鼐义理、考据、词章三端相济③之说加以发扬光大。他反对当时一般考证文的芜杂琐碎，也反对当时崇道贬文④的议论，以为要明先王之道，非精研文字不可；各家著述的见道多寡，也当以他们的文为衡量的标准。桐城文的病在

本段讲曾国藩为桐城派延寿。当时为文者受汉宋门户之争的影响，或考证繁琐，或崇道贬文，各有偏颇。曾国藩发扬了姚鼐的"三端相济"理论，以学问、见识、气势增强文章的感染力，使古文回归韩愈的境界。他还编

---

① 原注：《金楼子·立言》篇。编者按：此处原文是"屈原宋玉枚乘长卿之徒，止于辞赋则谓之文。……至如不便为诗如阎纂，善为章奏如柏松，若此之流，泛谓之笔"。长卿，即司马相如。阎纂，晋代文人，曾为太傅舍人。柏松，汉代张竦，字柏松，曾写过吹嘘王莽的奏章。
② 补偏救弊：补救偏差与疏漏，纠正缺点错误。
③ 三端相济：三方面相互辅助。
④ 崇道贬文：指强调文章的思想内涵，而贬低文笔的作用。

弱在窄，他却能以深博的学问、弘通①的见识、雄直的气势，使它起死回生。他才真回到韩愈，而且胜过韩愈。他选了《经史百家杂钞》，将经、史、子也收入选本里，让学者知道古文的源流，文统的一贯，眼光便比姚鼐远大得多。他的幕僚和弟子极众，真是登高一呼，群山四应。这样延长了桐城派的寿命几十年。

但"古文不宜说理"②，从韩愈就如此。曾国藩的力量究竟也没有能够补救这个缺陷于一千年之后。而海通以来，世变日亟③，事理的繁复，有些绝非古文所能表现。因此聪明才智之士渐渐打破古文的格律，放手作去。到了清末，梁启超先生的"新文体"可算登峰造极。他的文"时杂以俚语、韵语及外国语法，纵笔所至不检束，学者竞效之"。而"条选了《经史百家杂钞》，将经、史、子也收入选本。他所领导的古文派别又叫"湘乡派"。——编者按：曾国藩还于"义理、考据、辞章"之外另加"经济"（经邦济世）一条，提高了文章的境界。

---

① 弘通：指宽宏而通达。
② 原注：曾国藩《复吴南屏书》："仆尝谓古文之道，无施不可，但不宜说理耳。"编者按：这是曾国藩的见解，认为古文可以用来表述各类内容，但不宜用来讲理。曾国藩为什么下这种结论？是否与文言文在表述上不够严密有关？无施不可，写什么都可以。
③ 海通：指近代与海外通商。日亟：日益严重，紧迫。

理明晰,笔锋常带情感,对于读者,别有一种魔力焉"①。但这种"魔力"也不能持久;中国的变化实在太快,这种"新文体"又不够用了。胡适之先生和他的朋友们这才起来提倡白话文,经过五四运动,白话文是畅行了。这似乎又回到古代言文合一的路。然而不然。这时代是第二回翻译的大时代。白话文不但不全跟着国语的口语走,也不全跟着传统的白话走,却有意的跟着翻译的白话走。这是白话文的现代化,也就是国语的现代化。中国一切都在现代化的过程中,语言的现代化也是自然的趋势,并不足怪的。

> 本段介绍"文"在近现代的巨大变化,先有梁启超提倡的"新文体",继而有胡适倡导的白话文,借五四运动的东风,白话文取代了文言文,重又回到"言文合一"的道路。作者还特别指出,翻译文学对白话文现代化有着很大影响。

---

① 原注:梁启超《清代学术概论》。

說文解字第二

漢太尉祭酒許慎記

銀青光祿大夫守右散騎常侍上柱國東海縣開國子食邑五百戶臣徐鉉等奉

敕校定

一

惟初大始道立於一造分天地化成萬物凡一之屬皆从一於悉切

丄

高也此古文上指事也凡丄之屬皆从丄時掌切篆文上

示

天垂象見吉凶所以示人也从二三垂日月星也觀乎天文以察時變示神事也凡示之屬皆从示神至切

三

數名天地人之道也於文一耦二為三成數也凡三之屬皆从三穌甘切

王

天下所歸往也董仲舒曰古之造文者三畫而連其中謂之王三者天地人也而參通之者王也孔子曰一貫三為王凡王之屬皆从王李陽冰曰中畫近上王者則天之義雨方切

玉

石之美有五德潤澤以溫仁之方也鰓理自外可以知中義之方也其聲舒揚尃以遠聞智之方也不撓而折勇之方也銳廉而不忮絜之方也象三玉之連丨其貫也凡玉之屬皆从玉陽氷曰三畫正均如貫玉也魚欲切

三十部 六百九十三文 重八十八

凡八千四百九十八字

文三十四新附

說文解字第二

乾下乾上

乾元亨利貞

乾元亨利貞

集解周氏曰元始也亨通也利和也貞正也始於時配春言萬物始生得其元始之序發育長養亨通也於時配夏言萬物得其亨通嘉美之序發育也於時配秋以成實得其利之宜貞者正也於時配冬以物之終納幹正之道更微周易口訣義

魏徵曰始萬物為元遂萬物為亨益萬物為利不私萬物為貞李衡義海撮要

初九潛龍勿用

楚辭卷第二

九歌第二 晦菴集注

離騷三至十二

九歌者屈原之所作也昔楚南郢之邑沅湘之間其俗信鬼而好祀其祀必使巫覡作樂歌舞以娛神蠻荊陋俗詞既鄙俚而其陰陽人鬼之間又或不能無褻慢淫荒之雜原既放逐見而感之故頗為更定其詞去其泰

李太白文集卷第一

草堂集序
宣州當塗縣令李陽冰

李白字太白隴西成紀人涼武昭王暠九世孫蟬聯珪組世為顯著中葉非罪謫居條支易姓為名然自窮蟬至舜七世而異焉神龍之始逃歸於蜀復指李樹而生伯陽驚姜之夕長庚入夢故生而名白以太白字之世稱太白之精得之矣不讀非聖之書恥為鄭衛之作故其言多似天仙之辭凡所著述言多諷興自三代已來風騷之後馳驅屈宋鞭撻揚馬千載獨步唯公一人故王公趨風列岳結軌群賢翕習如鳥歸鳳盧黃門云陳拾遺橫制

《经典常谈》参考资料

侯会／编注

生活·讀書·新知 三联书店

目录

一 《说文解字》第一附录 1

  《说文序》许慎（节录） 1

二 《周易》第二附录 6

  （一）《周易》六十四卦卦名 6

  （二）《乾》卦的卦爻辞、《象》辞 6

三 《尚书》第三附录 9

  （一）《尚书》篇目 9

  （二）无逸（《尚书》节录） 9

四 《诗经》第四附录 12

  （一）毛诗序（节录） 12

  （二）《诗言志辨》序 朱自清 15

  （三）关雎（《诗经》） 19

  （四）芣苢（《诗经》） 20

五 "三礼"第五附录 22

  （一）《仪礼》篇目 22

  （二）《周礼》篇目 22

  （三）《礼记》篇目 22

  （四）曲礼（《礼记》）（节录） 23

六 "《春秋》三传"第六附录 25

  （一）《春秋》三传目次 25

  （二）郑伯克段于鄢（《左传》） 25

  （三）郑伯克段于鄢（《穀梁传》） 30

  （四）《国语》篇目 32

  （五）里革断罟匡君（《国语》） 32

七 "四书"第七附录 *35*

    （一）《论语》篇目 *35*

    （二）《孟子》篇目 *35*

    （三）《论语》二则　孔丘 *35*

    （四）《孟子》二则　孟轲 *37*

    （五）《大学》(节录) *38*

    （六）《中庸》(节录) *40*

八 《战国策》第八附录 *42*

    （一）《战国策》篇目 *42*

    （二）孟尝君将入秦(《战国策》) *42*

九 《史记》《汉书》第九附录 *44*

    （一）《史记》篇目(有节略) *44*

    （二）《汉书》篇目(有节略) *45*

    （三）报任安书　司马迁(节录) *46*

    （四）鸿门宴(《史记》) *49*

    （五）鸿门宴(《汉书》) *55*

十 诸子第十附录 *57*

    （一）《墨子》篇目 *57*

    （二）《庄子》篇目 *57*

    （三）《荀子》篇目 *58*

    （四）《韩非子》篇目 *58*

    （五）《老子》二则　老聃 *59*

    （六）《庄子》二则　庄周 *60*

    （七）《荀子》一则　荀卿 *62*

（八）《韩非子》一则　韩非　*64*

　　（九）坚白论（《公孙龙子》）（节录）　*65*

十一　辞赋第十一附录　*67*

　　（一）离骚　屈原（节录）　*67*

　　（二）七发　枚乘（节录）　*68*

十二　诗第十二附录　*72*

　　（一）论诗学门径　朱自清　*72*

　　（二）《唐诗三百首》指导大概　朱自清　*77*

　　（三）陶渊明《饮酒》一首　朱自清　*113*

　　（四）有关朱自清先生几部诗歌课程教材的介绍　*115*

十三　文第十三附录　*118*

　　（一）什么是文学？　朱自清　*118*

　　（二）论雅俗共赏　朱自清　*121*

　　（三）代李敬业传檄天下文（节录）　骆宾王　*128*

　　（四）"吾日三省吾身"义疏（《论语集注义疏》节录）　*132*

　　（五）《大学》纲领（《朱子语类》节录）　*132*

　　（六）女二二圹志　归有光　*133*

　　（七）游灵岩记　姚鼐　*134*

附　录　*139*

　　（一）作者介绍　*139*

　　（二）《经典常谈》人名词典　*140*

一 《说文解字》第一附录

《说文序》许慎（节录）

【题解】这是许慎为《说文解字》所写的序言，介绍了汉字产生的背景，发展的脉络，字体的演变；并肯定了秦始皇、李斯为文字统一所做的贡献。序言重点论述了汉字的"六书"构成法；并提及作者首创的"分别部居，不相杂厕"的部首编排法，这种编排方法被后世辞书沿用至今。

……黄帝之史仓颉，见鸟兽蹄迒之迹，知分理之可相别异也，初造书契①。……仓颉之初作书，盖依类象形，故谓之文。其后形声相益，即谓之字。文者，物象之本，字者，言孳乳而浸②多也。著于竹帛谓之书。书者，如也。以迄五帝三王之世，改易殊体③。封于泰山者七十有二代，靡④有同焉。

《周礼》：八岁入小学，保氏教国子⑤，先以六书。一曰指事。指事者，视而可识，察而可见，上、下是也。二曰象形，象形者，画成其物，随体诘诎⑥，日、月是也。三曰形声。形声者，以事为名，

---

① 蹄迒（háng）：动物蹄爪的痕迹。分理：这里意为纹理。书契：文字。
② 浸：渐。
③ 迄：到，至。殊体：这里指字体不同。
④ 靡（mǐ）：这里意为没有，无。
⑤ 保氏教国子：教育官员教导贵族子弟。保氏，官名，掌教育。国子，公卿士大夫子弟。
⑥ 诘诎（jíqū）：曲折，不顺畅。

取譬相成，江、河是也。四曰会意。会意者，比类合谊，以见指㧑①，武、信是也。五曰转注。转注者，建类一首，同意相受②，考、老是也。六曰假借。假借者，本无其字，依声托事③，令、长是也。

……秦始皇帝初兼天下，丞相李斯乃奏同之④，罢其不与秦文合者。斯作《仓颉篇》，中车府令赵高作《爰（yuán）历篇》，太史令胡毋敬⑤作《博学篇》，皆取史籀大篆，或颇省改，所谓小篆者也。是时秦烧灭经书，涤除⑥旧典，大发隶卒，兴役戍；官狱职务繁，初有隶书，以趣约易⑦，而古文由此绝矣。……

尉律：学僮十七以上始试，讽籀书九千字乃得为吏，又以八体试之⑧。郡移太史并课⑨，最者以为尚书史。书或不正，辄举劾⑩之。今虽有尉律，不课，小学不修，莫达其说久矣。……

---

① 谊：同"义"。指㧑（huī）：同"旨归"，意为主旨，要旨。
② 建类一首，同意相受：同类偏旁的建为部首，相似相近的字聚在一起。
③ 依声托事：借同音字来表达某种事物。
④ 同之：使相同。
⑤ 胡毋敬：又作"胡母敬"。
⑥ 涤除：洗掉，清除。
⑦ 以趣约易：使（文字书写）趋向简易。趣，同"趋"。
⑧ 尉律：指律令。汉代律令由廷尉掌管，故称。学僮：从事学习的年轻人，学生。讽籀：讽，诵读。籀，这里也有读的意思。八体：秦代书体的八种名目，包括大篆，小篆，刻符（刻在符节上的字体），虫书（把文字写成鸟虫形状，作为一种美化的纹饰，常用于旗幡及戈矛等兵器上），摹印（对小篆稍作变化，用于印玺上的字体），署书（题写在封检或门榜，匾额上的字体），殳（shū）书（刻在兵器等物上的字体）和隶书。
⑨ 郡移太史并课：郡县把考试通过的考生转送到中央，由太史令进行合并考核。课，这里指考核。下文中的"不课"，意为不再考试。
⑩ 举劾（hé）：列举罪行加以弹劾。

今叙篆文，合以古籀，博采通人，至于小大，信而有证①。稽撰其说，将以理群类，解谬误，晓学者，达神恉②。分别部居，不相杂厕③。万物咸睹，靡不兼载。厥谊不昭，爰明以谕④。其称《易》孟氏，《书》孔氏，《诗》毛氏，《礼》周官，《春秋》左氏，《论语》，《孝经》，皆古文也。其于所不知，盖阙如⑤也。

【译文】……到了黄帝时，史官仓颉观察地上的鸟兽蹄爪痕迹，悟出纹理可以辨别物类的道理，于是创造了文字。……仓颉最初创造的文字，是按照物类描画形状，所以称作"文"（通"纹"）。其后又用音与形相结合，这就产生了所说的"字"。"字"是指在"文"的基础上孳生，繁殖，数量也渐渐增多。把文字记录在竹木、布帛上，叫"书"（书写），"书"有"如"的意思（按，"书""如"二字古音相近，这里是说，"书"有照样子描画的意思）。这样经历了五帝三王的漫长时期，文字几经改造，字体发生变异，历代君王到泰山封禅祭天，留下七十二代的刻石文字，字体各不相同。

《周礼》规定，贵族子弟八岁进入初等学校读书，由学官教导，先学"六书"。"六书"第一是"指事"，指事是说一看就认识，细思又能看出其中道理，"上""下"就是指事字的例子。第二是"象

---

① 通人：知识渊博、通达事理之人。信而有证：可靠且有证据。
② 稽撰：考核撰写。理群类：整理分类。晓：晓喻，使……明白。神恉（zhǐ）：内涵，主旨。恉，意旨。
③ 部居：分出类别，按类归部。杂厕：混杂，夹杂。
④ 咸睹：全都可见。咸，都，皆。兼载：全都记载在册。厥谊不昭，爰明以谕：其意不明的，就用比喻来说明。厥，其。昭，明白。爰，于是。
⑤ 阙如：空缺。

形",象形是说根据事物形状的曲折描画出来,"日""月"就是象形字的例子。第三是"形声",形声是以事物的叫法（做声符）,选取可以相互譬喻的偏旁（做义符）,"江""河"就是形声字的例子。第四是"会意",会意是把不同的字合起来理解,综合字义,得出新字的字义,"武""信"就是会意字的例子。五是"转注",转注是建立一个部首,创造一批同部首的字,都在形音义上与此部首相关,"考""老"就是转注字的例子。第六是"假借",假借是本来没这个字,依照某事物的叫法,找一个同音字来代替。"令""长"就是假借字的例子。

秦始皇兼并天下后,丞相李斯奏请统一制度,废除一切与秦国文字不同的文体。李斯为此作《仓颉篇》当作范例,此外,中车府令赵高作了《爰历篇》,太史令胡毋敬作了《博学篇》,都是在史籀大篆的基础上有所简化和改动,这就是所说的小篆了。这时秦朝官方焚烧儒家经书,扫荡了古籍文献。同时广泛征发百姓士卒,大兴土木,戍守要塞,官府刑狱等事务越来越繁杂,于是产生了隶书,目的是使书写变得更简易,而古文字至此已成绝响。……

汉朝法令规定,学童十七岁以后方可应试,能读写九千个古文字的人才能做书吏。又考八体文字,郡试通过,可移送中央,接受太史的考核,成绩最优者可以当尚书史。官吏文字书写出问题,就要被检举,弹劾。如今虽然律条还在,却不再执行。没人再讲习小学（文字学）,这些学问无人通晓,已经很长时间了。……

眼下我讲说篆文,并参考古代的籀文,博采专家的意见,问题无论大小,都能做到言必有据,在考证的基础上写下自己的理解,按一定逻辑分类,辩驳谬误,引导学习的人,传达文字的玄妙本义。此书采用部首分类编排，使文字排列有序。表达万事万物都可见于此书，无不具备。如有意义不明者，我就用比喻的方式来说明。书中引用的经书版本，是孟喜的《易经》，孔安国的《尚书》，毛亨、毛苌的《诗经》，三礼中的《周礼》，左丘明的《春秋左传》；此外，还有《论语》《孝经》，也都是用古文字书写的。对于我不了解的事物，我宁可空缺不论，这是遵循孔子的教导。

宋本《说文解字》书影

二 《周易》第二附录

(一)《周易》六十四卦卦名

一、乾（qián），二、坤（kūn），三、屯（zhūn），四、蒙，五、需，六、讼，七、师，八、比，九、小畜（xù），十、履，十一、泰，十二、否（pǐ），十三、同人，十四、大有，十五、谦，十六、豫，十七、随，十八、蛊（gǔ），十九、临，二十、观，二十一、噬嗑（shì kē），二十二、贲（bì），二十三、剥，二十四、复，二十五、无妄，二十六、大畜（xù），二十七、颐，二十八、大过，二十九、坎，三十、离，三十一、咸，三十二、恒，三十三、遁（dùn），三十四、大壮，三十五、晋，三十六、明夷，三十七、家人，三十八、睽（kuí），三十九、蹇（jiǎn），四十、解（xiè），四十一、损，四十二、益，四十三、夬（guài），四十四、姤（gòu），四十五、萃（cuì），四十六、升，四十七、困，四十八、井，四十九、革，五十、鼎，五十一、震，五十二、艮（gèn），五十三、渐，五十四、归妹，五十五、丰，五十六、旅，五十七、巽（xùn），五十八、兑（duì），五十九、涣，六十、节，六十一、中孚，六十二、小过，六十三、既济，六十四、未济。

(二)《乾》卦的卦爻辞、《象》辞

【题解】《周易》由《易经》《易传》组成。《易经》的内容是六十四卦之卦画和繇辞（卦、爻辞）；《易传》的内容则分散附于各卦之下。这里选取了《乾》卦繇辞及《象》传辞。

☰《乾》。元亨利贞①。

初九，潜龙勿用②。

九二，见龙在田，利见大人③。

九三，君子终日乾乾，夕惕若，厉，无咎④。

九四，或跃在渊，无咎⑤。

九五，飞龙在天，利见大人⑥。

上九，亢龙有悔⑦。

---

① "《乾》。元亨利贞"：此句为《乾》卦的卦辞。元，元始。亨，亨通。利，有利。贞，贞正，坚固。又，近代学者高亨认为这四字应断为"元亨，利贞"，"元亨"是指祭祀先王的大享之祭，"利贞"表示得到好兆。"贞"在这里有占卜的意思。

② "初九"句：此句以下至"用九"，是《乾》卦的爻辞。初九，是爻辞的序号。爻分阴阳，"九"代表阳爻，"六"代表阴爻。每卦六爻，从下向上数，最下面的是"初某"（如"初九"或"初六"），往上依次是"某二"（如"九二"或"六二"）"某三""某四"……最上面是"上某"（如"上九"或"上六"）。因《乾》卦全是阳爻，因此各爻都是"九"。另外，因《乾》《坤》两卦代表天地，各多出一条"用爻"。本爻的"潜龙勿用"，意思是龙潜藏于水底，暂时不要施展。

③ "九二"句：这是第二爻，意思是龙出现在田间，有利于圣人的出现。见（xiàn），出现。也有人理解为，有利于拜会大人物。

④ "九三"句：这是第三爻，意思是君子终日振作，直到夜间还不放松警惕，因此即使面临危险，也能化险为夷。乾乾，健而又健。惕若，警惕的样子，若是语助词。厉，危。无咎，免遭咎害。

⑤ "九四"句：第四爻，意思是龙跃入深渊，无害。也有人说，"或"即"惑"。意思是君子有所疑惑，应停下脚步，潜藏于深渊。

⑥ "九五"句：第五爻，意思是龙高飞于天空，利于大人出现；或利于拜见大人物。

⑦ "上九"句：第六爻，意思是龙飞得太高，困厄也随之而来。亢（kàng），过度，极度。悔，困厄，悔恨。

用九，见群龙无首，吉①。

《象》曰：天行健，君子以自强不息②。

清人孙星衍纂《孙氏周易集解》书影

---

① "用九"句：此为"用九"爻辞，意思是一群巨龙，没有谁以首领自居，这是吉兆。另有解释，说群龙在天，龙首为云雾遮蔽，只见龙身龙尾，此为群龙升腾之像，故称吉兆。

② "《象》曰"句：《象》为《易传》之一，对《乾》卦的讲解是，天的运行刚健有力，君子受到感召，也奋发自强，没有止息。

三 《尚书》第三附录

(一)《尚书》篇目

【虞夏书】尧典,舜典,[大禹谟],皋陶谟,益稷,禹贡,甘誓,[五子之歌],[胤(yìn)征]。

【商书】汤誓,[仲虺(huī)之诰],[汤诰],(伊训),[太甲(三篇)],[咸有一德],盘庚(三篇),[说命(三篇)],高宗肜(róng)日,西伯戡黎,微子。

【周书】[泰誓(三篇)],牧誓,[武成],洪范,[旅獒(áo)],金縢(téng),大诰,[微子之命],康诰,酒诰,梓材,召诰,洛诰,多士,无逸,君奭(Shì),[蔡仲之命],多方,立政,[周官],[君陈],顾命,康王之诰,[毕命],[君牙],[冏(jiǒng)命],吕刑,文侯之命,费誓,秦誓。(按,凡经考证为后人伪造者,加括号以为标识。另有有目无文的四十二篇,不俱录)

(二) 无逸(《尚书》节录)

【题解】本篇节自《尚书·周书·无逸》,"无逸"即不要贪图安逸。这是周公与周成王的谈话记录。周武王姬发死后,儿子姬诵继位为成王,因其年纪尚幼,由叔叔周公姬旦摄政。周公唯恐成王贪图享乐,难成大器,因而反复叮咛,语重心长。这里节录了文中的一段。

周公曰："呜呼，君子所，其无逸①！先知稼穑之艰难，乃逸，则知小人之依②。相小人，厥父母勤劳稼穑，厥子乃不知稼穑之艰难，乃逸，乃谚，既诞③，否则侮厥父母曰：'昔之人无闻知！'④"……周公曰："呜呼！继自今嗣王则其无淫于观、于逸、于游、于田，以万民惟正之供⑤。无皇曰：'今日耽乐。'⑥乃非民攸训，非天攸若，时人丕则有愆⑦！无若殷王受之迷乱，酗于酒德哉⑧！"

【译文】周公说："唉！君子身居其位，可不能贪图安逸啊！先要体会种田的艰辛，再去享受安逸的生活，也便了解了百姓的苦辛。看看那些小民，当父母辛勤种田，做儿子的却不知务农之艰辛，一味贪图安逸享乐，粗暴放任，狂妄自大，时间长了就看不起爹娘，说'他们这些老背时的知道啥！'"……周公说："唉！从今尔后继位的王啊，希望不要沉溺于观览、享乐、游玩、打猎吧，要

---

① 呜呼：表示感叹之词。所：处，这里指在位为君。其：这里表示期望的语气。
② 稼穑：指农事，农活。乃逸：一般认为，这两个字是衍文，也就是误增的文字。小人：指百姓，劳动者。依：苦衷。
③ 相：观察，看。厥：其。谚：这里意为粗暴恣肆。诞：狂妄自大。
④ 否（pǐ）则：于是就。与下文中的"丕则"同。侮：轻视，看不起。昔之人：老人，过时的人。
⑤ 继自今嗣王：指周成王及以后的王。淫：过度。观：观览。游：游乐。田：田猎。以万民惟正之供：使万民只专注于本职正业。
⑥ 无皇：无暇，不要。耽乐：纵情享乐。
⑦ 非民攸训：不是百姓的榜样。攸，所；训，榜样。非天攸若：不符上天的意旨。天若，天命。时：是，这。丕则：于是。愆（qiān）：过错。
⑧ 无若：不要像。殷王受：即商纣王，名受。酗（xù）：饮酒过度，发酒疯。

让万民都专注于他们的本职正业。不要随便说：'今天可要纵情乐一乐！'这可不是给万民树榜样，不符合上天的意旨，这样做的人，便是犯了大过错！千万别像商纣王那样迷惑昏乱，把无节制地狂饮当成酒德！"

四 《诗经》第四附录

（一）毛诗序（节录）

【题解】《毛诗》每篇都有一篇序，称"小序"。其中第一篇《关雎》的序，同时又可视作全书的总序，称"大序"。

……诗者，志之所之也①，在心为志，发言为诗。情动于中而形于言，言之不足，故嗟叹之，嗟叹之不足，故永歌之，永歌之不足，不知手之舞之②，足之蹈之也。

情发于声，声成文③谓之音。治世之音安以乐，其政和；乱世之音怨以怒，其政乖；亡国之音哀以思④，其民困。故正得失⑤，动天地，感鬼神，莫近于诗。先王以是经夫妇，成孝敬，厚人伦，美教化，移风俗⑥。

故诗有六义焉：一曰风，二曰赋，三曰比，四曰兴，五曰雅，

---

① 志之所之也：诗是用来展示心志情感的。后一个"之"是动词，所之就是所处，所出。
② 情动于中而形于言：中，心中。形，表现，表达。永歌：歌咏，歌唱。永，同"咏"，也是歌的意思。不知：情不自禁。
③ 文：同"纹"，这里指不同的音阶。
④ 治世：太平年月。乖：背离，不和谐。哀以思：哀伤而满含愁思。
⑤ 正得失：矫正得失。
⑥ 经夫妇：端正夫妻关系。成孝敬：养成孝敬的美德。厚人伦：使人伦关系敦厚和谐。人伦，人与人之间尊卑亲疏的关系。美教化：完善教化。移风俗：移风易俗，使风俗淳厚。

六曰颂①。上以风化下，下以风刺上②；主文而谲谏③，言之者无罪，闻之者足以戒，故曰风。至于王道衰，礼义废，政教失，国异政，家殊俗，而变风变雅作矣④。

国史明乎得失之迹，伤人伦之废，哀刑政之苛⑤，吟咏情性，以风其上，达于事变而怀其旧俗也。故变风发乎情，止乎礼义⑥。发乎情，民之性也；止乎礼义，先王之泽⑦也。

是以一国之事，系一人之本，谓之风⑧；言天下之事，形四方之风，谓之雅。雅者，正也，言王政之所由废兴也⑨。政有小大，故

---

① "故诗有六义焉"七句：《毛诗序》中六义的排列顺序与"风""雅""颂""赋""比""兴"的排列有所不同。
② 风：本指民间谣谚，也指讽刺，讽喻。在《诗大序》中，两种意思都有。刺：讽刺，讽喻。
③ 主文而谲（jué）谏：用深隐的文辞作委婉的谏劝。主，使用。文，这里指经过文饰的语言。谲，原意为狡诈，变化多端；这里可理解为委婉，拐弯抹角。
④ 王道衰：指周天子失去权威。国异政：诸侯国各行其是，政令不一。家殊俗：指士大夫之家不按礼俗行事。变风变雅：反映乱世现实，味道不正的"风""雅"诗篇。按，这里是以"治世之音"当作正风正雅。变，指世事由盛变衰。作，兴起。
⑤ 国史：指史官。哀刑政之苛：可怜刑罚政令的苛刻（给百姓带来的痛苦）。
⑥ 发乎情，止乎礼义：发自内心的情感流露，表达上又不超越礼义的制约。
⑦ 先王之泽：先王遗留下来的礼仪规范。泽，有雨露、恩泽意，这里指前代遗留的礼仪制度。
⑧ 一国之事：这里指一个诸侯国的政事民生。一人之本：这里指诗人的内心。风：这里指某一邦国的谣谚。
⑨ "言天下"六句："雅"关心天下之事（而不是一国一地的事），代表四方的民意，有"正"（政）的意思，因此下面提到"言王政之所由废兴也"，即显示王政兴衰的因由。

有小雅焉，有大雅焉。颂者，美盛德之形容①，以其成功告于神明者也。是谓四始，诗之至也②。……

【译文】……诗是表达人的情志的所在，情志是藏于心中的，用语言表达出来，就成了诗。心中受感动，就会产生强烈的情感，需要用语言来表达；语言表达还不够劲儿，就会长吁短叹；长吁短叹还不足以表达，就会发为歌咏；歌咏还不能表达内心的感动，便会情不自禁地手舞足蹈起来。

感情用声音表达，声音高低谐调，就成了悦耳的音乐。太平盛世的音乐安详而欢乐，显示着政治的和顺；乱世的音乐透着怨恨、恼怒，显示着政治的乖背；至于国家将亡，那时的音乐悲哀而充满愁思，显示着百姓的走投无路。因此，用什么矫正政治的得失，感动天地鬼神？没有比诗更合适的了。古代的圣王便是用诗来端正夫妻关系，培养晚辈的孝敬态度，让人伦和谐宽厚，完善教化，移风易俗。

所以诗有六个义项：一是"风"，二是"赋"，三是"比"，四是"兴"，五是"雅"，六是"颂"。上面的（统治者）用"风"来教化下面的（平民百姓），下面的（平民百姓）用"风"来讽喻上面的（统治者），用深隐的文辞作委婉的谏劝，（这样）说话的人不会因言获罪，听取的人（即便没有错误）也足以得到警诫，这就叫"风"。至于王道衰微，礼义废弛，政教丧失，诸侯各国各行其政，士大夫

---

① 美盛德之形容：赞美君王的辉煌德政。形容，这里意为美好的样貌。
② 四始：指"风""大雅""小雅"和"颂"，认为从中可以体现王国兴衰的由头，故称"始"。至：最，顶尖。

也不依礼仪、各行其是，于是"变风""变雅"的诗就出来了。

　　国家的史官清楚政治得失的事实，感伤人伦关系的废弛，悲悯刑罚政令的严苛，于是将内心的感受发为诗歌，用以讽喻君上，析解世道衰败的原因，表达对旧日美好风俗的怀念。因此变风（变雅）也是情感发自内心，表达又不超越礼义制约。情感发自内心，体现了人的本性；表达不超越礼义，又是对先王教化的遵从。

　　因此，如果诗是吟咏一个邦国的事，只是表现诗人个人的内心情感，就叫"风"；如果吟咏天下的事，表现的是天下四方的风俗，就叫"雅"。"雅"的本义有"正（政）"的意思，显示着王政衰微兴盛的因由。政事有小大之分，所以有的叫"小雅"，有的叫"大雅"。"颂"，就是赞美君王盛德，并将他功业告诉祖宗神明。而"风""小雅""大雅""颂"就是"四始"，是诗中最高等的了。……

（二）《诗言志辨》序　朱自清

　　【题解】这是朱自清为自己的《诗言志辨》一书所写的序言，该书1947年8月由开明书店在上海出版。全书分为"诗言志""比兴""诗教"和"正变"四篇。

　　西方文化的输入改变了我们的"史"的意念，也改变了我们的"文学"的意念。我们有了文学史，并且将小说、词曲都放进文学史里，也就是放进"文"或"文学"里；而曲的主要部分，剧曲，也作为戏剧讨论，差不多得到与诗文平等的地位。我们有了王国维先生的《宋元戏曲史》，这是我们的第一部文学专史或类别的文学史。新文学运动加强了新的文学意念的发展。小说的地位增高，我们有了鲁迅先生的《中国小说史略》。词曲差不多升到了诗里，我们有刘毓盘先生的《词史》，虽然只是讲义，而且并未完成，还有王易先生的《词曲史》。民间的歌谣和故事也升到了文学里，"变文"和弹词等也跟着升，于是乎有郑振铎先生的《中国俗文学史》。这里特别要提出的是，在中国的文学批评称为"诗文评"的，也升了格成为文学的一类。陈中凡先生的《中国文学批评史》仅后于《宋元戏曲史》，但到郭绍虞先生的那一本出来，才引起一般的注意，虽然那还只是上卷书。

从目录学上看，俗文学或民间文学的歌谣部分虽然因为用作乐歌，早得著录，但别的部分差不多从不登大雅之堂。词曲发展得晚，著录得也晚。小说发展虽早，从前只附在子、史两部里，我们所谓小说的小说，到明代才见著录。诗文评的系统的著作，我们有《诗品》和《文心雕龙》，都作于梁代。可是一向只附在"总集"类的末尾，宋代才另立"文史"类来容纳这些书。这"文史"类后来演变为"诗文评"类。著录表示有地位，自成一类表示有独立的地位；这反映着各类文学本身如何发展，并如何获得一般的承认。

一类文学获得一般的承认，却还未必获得与别类文学一般的平等的地位。小说、词曲、诗文评，在我们的传统里，地位都在诗文之下，俗文学除一部分古歌谣归入诗里以外，可以说是没有地位。西方文化输入了新的文学意念，加上新文学的创作，小说、词曲、诗文评，才得升了格，跟诗歌和散文平等，都成了正统文学。但俗文学还只是"俗"文学；虽是"文学"，还不能放进正统里。所谓词曲的平等地位，得分开来看。戏曲是歌剧，属于戏剧类，与话剧平分天下。词和散曲可以说是诗类，但就史的发展论，范围跟影响都远不如五七言诗，所以还只能附在诗里；不过从"诗余""词余"而成为"诗"，从余位升到了正位，确是真的。诗文评虽然极少完整的著作，但从本质上看，自然是文学批评。前些年苏雪林女士曾著专文讨论，结论是正的。现在一般似乎都承认了诗文评即文学批评的独立的平等的地位。

文学史的发展一面跟着一般史学的发展，一面也跟着文学的发展。这些年来我们的史学很快地进步，文学也有了新的成长，文学史确是改变了面目。但是改变面目是不够的，我们要求新的血和肉。这需要大家长期的不断的努力。一般的文学史如此，类别的文学史更显然如此。而文学批评史似乎尤其难。一则一般人往往有种成见，以为无创作才的才去做批评工作，批评只是第二流货色，因此有些人不愿意研究它。二则我们的诗文评断片的多，成形的少，不容易下手。三则我们的现代文学里批评一类也还没有发展，在各类文学中它是最落后的。现在我们固然愿意有些人去试写中国文学批评史，但更愿意有许多人分头来搜集材料，寻出各个批评的意念如何发生，如何演变——寻出它们的史迹。这个得认真地仔细地考辨，一个字不放松，像汉学家考辨经史子书。这是从小处下手。希望努力的结果可以阐明批评的价值，化除一般人的成见，并坚强它那新获得的地位。

诗文评的专书里包含着作品和作家的批评，文体的史的发展，以及一般的理论，也包含着一些轶事异闻。这固然得费一番爬梳剔抉的功夫。专书以外，经史子集里还有许多，即使不更多，诗文评的材料，直接的或间接的。前者如"诗言志""思无邪""辞，达而已矣""修辞立其诚"；后者如《庄子》里"神"的意念和《孟子》

里"气"的意念。这些才是我们的诗文评的源头，从此江淮河汉流贯我们整个文学批评史。至于选集、别集的序跋和评语，别集里的序跋、书牍、传志，甚至评点书，还有《三国志》《世说新语》《文选》诸注里，以及小说、笔记里，也都五光十色，层出不穷。这种种是取不尽、用不竭的，人手越多越有意思。只要不掉以轻心，谨严地考证、辨析，总会有结果的。

我们的文学批评似乎始于论诗，其次论"辞"，是在春秋及战国时代。论诗是论外交"赋诗"，"赋诗"是歌唱入乐的诗。论"辞"是论外交辞命或行政法令。两者的作用都在政教。从论"辞"到论"文"还有一段曲折的历史，这里姑且不谈；只谈诗论。"诗言志"是开山的纲领，接着是汉代提出的"诗教"。汉代将"六艺"的教化相提并论，称为"六学"；而流行最广的是"诗教"。这时候早已不歌唱诗，只诵读诗。"诗教"是就读诗而论，作用显然也在政教。这时候"诗言志""诗教"两个纲领都在告诉人如何理解诗，如何受用诗。但诗是不容易理解的。孟子说过论诗者"不以文害辞，不以辞害志"，确也说过知人论世。毛公释"兴诗"，似乎根据前者，后来称为"比兴"；郑玄作《诗谱》，论"正变"，显然根据后者。这些是方法论，是那两个纲领的细目，归结自然都在政教。

这四条诗论，四个批评的意念，二千年来都曾经过多多少少的演变。现代有人用"言志"和"载道"标明中国文学的主流，说这两个主流的起伏造成了中国文学史。"言志"的本义原跟"载道"差不多，两者并不冲突；现时却变得和"载道"对立起来。"诗教"原是"温柔敦厚"，宋人又以"无邪"为"诗教"；这却不相反而相成。"比兴"的解释向来纷无定论，可以注意的是这个意念渐渐由方法而变成了纲领。"正变"原只论"风雅正变",后来却与"文变"说联合起来,论到诗文体的正变,这其实是我们固有的"文学史"的意念。

这本小书里收的四篇论文,便是研究那四条诗论的史的发展的。这四条诗论,四个词句,在各时代有许多不同的用例。书中便根据那些重要的用例试着解释这四个词句的本义跟变义,源头和流派。但《比兴》一篇却只能从《毛诗》下手,没有追溯到最早的源头;文中解释"赋""比""兴"的本义,也只以关切《毛诗》的为主。"赋""比""兴"原来大概是乐歌的名称,和"风""雅""颂"一样。这一层已经有人在研究,但跟文学批评无关,我们可以不论。《毛诗》的解释跟作诗人之意相合与否,我们也不论。因为我们要解释的是"比兴",不是诗。

本书原拟名为"诗论释辞","辞"指词句而言。后来因为书中四篇论文是一套,而以"诗言志"一个意念为中心,所以改为今名。《诗言志》篇跟《比兴》篇是抗战前写的,曾分别登载《语言与文学》和《清华学报》。《诗教》篇跟《正变》篇是近两年中写的。前者曾载《人文科学学报》,后者也给了《清华学报》,但这一期学报本身还未能印出。已发表的三篇都经过补充和修正,《诗言志》篇差不多重写了一回,不过疏陋的地方必还不少,如承方家指教,深为感谢。

(三) 关雎(《诗经》)

【题解】本篇为《诗经·国风·周南》第一首,也是《诗经》的第一篇。诗题"关雎"为首句"关关雎鸠"的省写。诗以水鸟在小洲鸣叫开篇，是典型的"起兴"手法。诗中还运用了复沓的手法，阅读时当留意。

关关雎鸠，在河之洲。窈窕淑女，君子好逑[①]。
参差荇菜，左右流之。窈窕淑女，寤寐求之[②]。
求之不得，寤寐思服。悠哉悠哉，辗转反侧[③]。
参差荇菜，左右采之。窈窕淑女，琴瑟友之[④]。
参差荇菜，左右芼之。窈窕淑女，钟鼓乐之。

（四）芣苢（《诗经》）

【题解】本篇出自《诗经·国风·周南》。芣苢（fúyǐ），植物名，又名车前草，可以入药。诗中描述采集芣苢的劳动场面，运用了复沓的表现手法。

[①] "关关"四句：意谓在河中小岛上，鱼鹰"关关"地叫着，那个善良美丽的姑娘，成为我的伴侣有多好。关关，鸟鸣声。雎鸠（jūjiū），水鸟名，即鱼鹰。窈窕（yǎotiǎo），形容女子心貌皆美。淑女，美好的女子。好逑（qiú），好的配偶。

[②] "参差"（第二章）四句：意谓水中的荇菜参差不齐，左边采了右边采。善良美丽的姑娘，让我日夜都在苦苦思念。荇（xìng）菜，一种水生植物。流，同"摎（liú）"，摘取。寤寐（wùmèi），醒着睡着，犹言日夜。

[③] "求之不得"四句：意谓我的目标难以实现，让我日夜都在思念，思念悠长难断绝，翻来覆去不成眠。思服，思念。辗转反侧，指翻来覆去不能入睡。

[④] "参差"（第四、五章）各四句：与第二章为复沓关系，采、芼（mào），也都是采摘的意思。琴瑟友之，弹琴鼓瑟向女子表达爱慕之情。友，亲爱。钟鼓乐之，鸣钟击鼓取悦女子。乐（yuè），取悦，令高兴。

采采芣苢,薄言采之①。

采采芣苢,薄言有之。

采采芣苢,薄言掇之。

采采芣苢,薄言捋之。

采采芣苢,薄言袺之。

采采芣苢,薄言襭之。

---

① 采采:采呀采。一说茂盛貌。薄言:急急忙忙或勉力的样子。言,读作然或焉,语气词。采,采摘。按,以下每两句只更换一个动词:有,取得,获得。掇(duō),拾取,摘取。捋(luō),用手撸下。袺(jié),用手捏着衣襟兜着。襭(xié),用衣襟别在腰里兜着。

五 "三礼"第五附录

（一）《仪礼》篇目

士冠礼第一，士昏礼第二，士相见礼第三，乡饮酒礼第四，乡射礼第五，燕礼第六，大射第七，聘礼第八，公食大夫礼第九，觐礼第十，丧服第十一，士丧礼第十二，既夕礼第十三，士虞礼第十四，特牲馈食礼第十五，少牢馈食礼第十六，有司彻第十七。

（二）《周礼》篇目

天官冢宰第一，地官司徒第二，春官宗伯第三，夏官司马第四，秋官司寇第五，冬官考工记第六。（细目略）

（三）《礼记》篇目

曲礼上第一，曲礼下第二，檀弓上第三，檀弓下第四，王制第五，月令第六，曾子问第七，文王世子第八，礼运第九，礼器第十，郊特牲第十一，内则第十二，玉藻第十三，明堂位第十四，丧服小记第十五，大传第十六，少仪第十七，学记第十八，乐记第十九，杂记上第二十，杂记下第二十一，丧大记第二十二，祭法第二十三，祭义第二十四，祭统第二十五，经解第二十六，哀公问第二十七，仲尼燕居第二十八，孔子闲居第二十九，坊记第三十，中庸第三十一，表记第三十二，缁衣第三十三，奔丧第三十四，问丧第三十五，服问第三十六，闲传第三十七，三年问第三十八，深衣第三十九，投壶第四十，儒行第四十一，大学第四十二，冠义第四十三，昏义第四十四，乡饮酒义第四十五，射义第四十六，燕义第四十七,聘义第四十八,丧服四制第四十九。

(四)曲礼(《礼记》)(节录)

【题解】本篇节自《礼记·曲礼》,曲礼专讲生活中的礼节。这一段讲外出进入他人居所时应遵循的礼节。

将适舍,求毋固①。将上堂,声必扬②。户外有二屦③,言闻则入,言不闻则不入。将入户,视必下④。入户奉扃,视瞻毋回⑤;户开亦开,户阖亦阖;有后入者,阖而勿遂⑥。毋践屦,毋踖席⑦,抠衣趋隅,必慎唯诺⑧。

【译文】到客舍投宿(或到人家做客),要求跟平时在家不同。准备进门时,要高声探问(好让屋里人知道)。看到堂下有两双鞋子,如果听到屋里有说话声,就可以进去;没有说话声,就不要进入。推门而进的一瞬间,眼光要朝下看。进门时手把着门栓,眼睛不要骨碌碌环视。进了门,身后的门原来是开着的,就还让它开着;若是关着的,就把它关上。如果身后还有人跟着进来,就把门

---

① 适:前往。舍:屋舍,客舍。求毋固:要求与往常在家时不一样。固,常。一说,到人家做客,提出请求时,(如果人家很勉强)不要固执。
② 声必扬:说话要高声。
③ 户:门。屦(jù):鞋子。按:古人入室,把鞋脱在户外。
④ 视必下:眼一定朝下看。
⑤ 奉扃(jiōng):手捧门栓,扃,门栓。视瞻毋回:这里指目光不要环视。
⑥ 阖(hé):关门。遂:这里有关严的意思。
⑦ 践:踩踏。踖(jí):践踏,跨越。
⑧ 抠(kōu)衣:提着裙裳,表示恭敬。隅(yú):角落。唯诺:应答。

带上,别关严。进门时,不要踩到别人的鞋子,不要跨越座席。自己提着裙裳的衣襟,走到席尾角落处落座。与人对话,应答时态度要恭敬。

六 "《春秋》三传"第六附录

（一）《春秋》三传目次

隐公，桓公，庄公，闵公，僖公，文公，宣公，成公，襄公，昭公，定公，哀公。

（二）郑伯克段于鄢（《左传》）

【题解】鲁隐公元年（前722），郑庄公（郑伯）在鄢（今河南鄢陵县西北）粉碎了胞弟共叔段的一次反叛阴谋。这里的"夏五月，郑伯克段于鄢"，是《春秋》的经书原文；【传】以下，是《左传》对经文的解释与补充。注意，文中"书曰"一段，即属于"书法"。——为了让读者了解《春秋》三传的异同，附录（三）还引录了《穀梁传》对这同一段经文的讲解。

【经】（鲁隐公元年）夏五月，郑伯克段于鄢。

【传】初，郑武公娶于申①，曰武姜。生庄公及共叔段。庄公寤生，惊姜氏，故名曰寤生，遂恶之②。爱共叔段，欲立之，亟请于武公，公弗许③。及庄公即位，为之请制④。公曰："制，岩邑也，虢叔

---

① 初：当初。这里是倒叙，揭示庄公与母亲、弟弟的矛盾由来。郑武公、武姜：庄公与段的父亲和母亲。申：国名，在今河南南阳市。
② 寤（wù）生：难产，分娩时脚先出来。恶（wù）：厌恶。
③ 立：立为太子。亟（qì）：多次。弗许：不答应。
④ 制：地名，在今河南荥阳汜水镇境内。

死焉，佗邑唯命①。"请京，使居之，谓之京城大叔②。祭仲曰："都城过百雉，国之害也。先王之制：大都不过叁国之一，中五之一，小九之一。今京不度，非制也，君将不堪③。"公曰："姜氏欲之，焉辟害④？"对曰："姜氏何厌之有？不如早为之所，无使滋蔓，蔓难图也⑤。蔓草犹不可除，况君之宠弟⑥乎？"公曰："多行不义必自毙，子姑待之⑦。"

既而大叔命西鄙、北鄙贰于己⑧。公子吕曰："国不堪贰，君将若之何？欲与大叔，臣请事之；若弗与，则请除之。无生民心⑨。"公曰："无庸，将自及⑩。"大叔又收贰以为己邑，至于廪延⑪。子封

---

① 岩邑：险要的城邑。虢（Guó）叔：周武王的叔父虢仲曾被封在制，后为郑国所灭。佗邑：别的城邑。佗，同"他"。
② 京：在今河南荥阳。大叔：太叔。
③ 祭（Zhài）仲：郑国大夫。雉（zhì）：城墙长三丈、高一丈为一雉。国：国家（"国之害也"），国都（"叁国之一"）。不度：不合法度规定。不堪：受不了。
④ 焉辟害：如何避害。
⑤ 厌：满足。早为之所：提早安排处所，这里指早做安排。滋蔓：滋生蔓延。图：对付。
⑥ 宠弟：受宠的弟弟。
⑦ 自毙：自己寻死。姑：姑且。
⑧ 鄙：边境。贰：这里指有二心，具体来说，就是背离郑伯而听命于他（共叔段）。下文中的"收贰以为己邑"，是指把已经背叛庄公的西鄙和北鄙，彻底收归己有。
⑨ 公子吕：郑国大夫，下文中的"子封"也是他。欲与大叔：要把国家给段。事之：侍奉他（指段）。无生民心：不要让百姓生二心。
⑩ 无庸：不用。自及：自寻死路，自作自受。
⑪ 廪延：在今河南延津县东北。

曰:"可矣,厚①将得众。"公曰:"不义不昵,厚将崩②。"

大叔完聚,缮甲兵,具卒乘,将袭郑,夫人将启之③。公闻其期,曰:"可矣!"命子封帅车二百乘以伐京。京叛大叔段,段入于鄢,公伐诸④鄢。五月辛丑,大叔出奔共⑤。

书⑥曰:"郑伯克段于鄢。"段不弟⑦,故不言弟;如二君,故曰克⑧;称郑伯,讥失教也;谓之郑志⑨。不言出奔,难之⑩也。

遂寘姜氏于城颍,而誓之曰:"不及黄泉⑪,无相见也。"既而悔之。颍考叔为颍谷封人⑫,闻之,有献于公,公赐之食,食舍⑬肉。公问之,对曰:"小人有母,皆尝小人之食矣,未尝君之羹,请以遗⑭之。"公曰:"尔有母遗,繄⑮我独无!"颍考叔曰:"敢问何谓

---

① 厚:土地多、势力大。
② 不义不昵:做事不合义理,百姓就不会亲近他。昵,亲近。崩:崩溃。
③ 完聚:修理城墙,屯聚粮草。缮甲兵:制造修缮铠甲武器。具卒乘:训练好步兵车兵。启:开城门,做内应。
④ 诸:之于。
⑤ 共:国名,在今河南辉县市。
⑥ 书:经书,指《春秋经》。
⑦ 不弟:不按弟弟的准则行事。
⑧ 克:战胜。
⑨ 失教:失于教诲。郑志:郑伯的本心。
⑩ 难之:难于下笔。
⑪ 寘(zhì):同"置",放置,安置。城颍:今河南临颍西北。黄泉:地下之泉,犹言阴间。
⑫ 封人:管理守护疆界的小官。
⑬ 舍:留下不吃。
⑭ 遗(wèi):赠送。
⑮ 繄(yī):用于句首的语气词。

也?"公语之故,且告之悔。对曰:"君何患焉?若阙地及泉,隧而相见①,其谁曰不然?"公从之。公入而赋:"大隧之中,其乐也融融②!"姜出而赋:"大隧之外,其乐也泄泄。"遂为母子如初。

君子曰:"颍考叔,纯孝也,爱其母,施③及庄公。《诗》曰:'孝子不匮,永锡尔类④',其是之谓乎?"

【译文】起初,郑武公娶申国女子为妻,名叫武姜。武姜生下庄公和共叔段。生庄公时难产,武姜受到惊吓,因而为他取名"寤生",并因此讨厌他。武姜偏爱共叔段,想要立他为太子,为此多次向武公请求,武公不答应。待庄公即位,武姜又为共叔段请求制作为封邑。庄公说:"制是个险要的城邑,从前虢叔就死在那儿。若是别的城邑,唯命是从。"武姜又求京邑,庄公便让段去了那里,人们因此称段为"京城太叔"。大夫祭仲对庄公说:"大城的城垣若超过三百丈,就会成为国家的祸患。先王规定的制度:大城邑不能超过国都的三分之一,中等城邑不得超过五分之一,小的不能超九分之一。京邑的城垣不合规定,违背了制度,国君会受到威胁的。"庄公说:"姜氏想要如此,我又怎样避害呢?"祭仲答道:"姜氏哪里会满足呢?不如早做安排,别让他滋生蔓延,蔓延就不好办了——蔓延的野草还锄不净呢,何况是您那受宠爱的弟弟呢?"庄公说:"不义的事做多了自会倒霉的,你且等着看吧。"

不久,太叔段命令郑国西边和北边的边邑同时听命于自己。大

---

① 患:担心。阙:同"掘"。隧(隧而相见):此处作动词,指挖隧道。
② 赋:吟诗。融融:和乐貌。下文中的"泄(yì)泄"为舒畅快乐貌。
③ 施:推广。
④ 不匮:不缺少,不匮乏。锡:同"赐"。尔类:你们这些人。

夫公子吕对庄公说："国家不能容忍这种两属的情形，您打算怎么办？您要把君位让给太叔，我就直接去侍奉他好了。如果不给他，就请早早除掉他，别让百姓生二心。"庄公回答："用不着，他自己会自作自受的。"太叔不久又把两属的边地划归自己，势力一直扩展到廪延那地方。大夫公子吕对庄公说："该动手了！太叔势力再大，将会获取民心的。"庄公说："做事不合义理，百姓不会亲近他。势力再大，反会导致垮台。"这边，太叔修治城垣、积聚粮草，制造修缮铠甲兵器，训练步兵车兵，准备袭击国都。武姜则预备开城门做内应。庄公得知太叔偷袭的准确日期，说："可以了！"命令公子吕率领二百乘战车讨伐京邑。京邑的百姓都背叛太叔段，段逃到鄢城，庄公的讨伐军又追到鄢城。五月二十三日，太叔段逃到共国去。

经书记载："郑伯克段于鄢。"段不像兄弟，所以经文中不说他是弟弟。兄弟相争，像是两国国君在打仗，所以用"克"字。称庄公为"郑伯"（而不说他是哥哥），这是讥刺他对弟弟失于教诲，暗示这个结果是庄公的本心所愿。不说"出奔"，是史官难以下笔。

于是庄公把武姜安置在城颖，并发誓说："不到黄泉，再不见面！"过些时候，他又有些后悔了。有个叫颖考叔的，是颖谷管理疆界的官吏，听说这件事，就借口有东西奉献给庄公，前来进见。庄公赐给他饭食。颖考叔在吃饭时，把肉留在一边。庄公问他缘故，他答道："小人有老母，遍尝了小人的饭食，却没尝过君王的肉羹。请允许我带回去送给她尝尝。"庄公感慨说："你有老母可孝敬，我却偏偏没有！"颖考叔问："敢问您这话怎讲？"庄公向他讲了缘故，并告诉他自己的悔意。颖考叔说："您这又有什么可担心的？若掘地挖到泉水，在隧道里相见，又有谁能说您违背了誓言呢？"庄公听从他的话，挖了隧道。庄公走进隧道见了武姜，赋诗说："来到隧道中，其乐水乳融！"姜氏则从隧道中走出，也赋诗说："走到隧道外，心中好畅快！"两人于是恢复母子关系，如从前一样。

君子说："颍考叔真称得上纯孝了，他爱自己的母亲，又把爱心扩展到庄公身上。《诗经》说：'孝子的孝心永不枯竭，永远可以赐给你的同类。'说的就是这种情况吧？"

（三）郑伯克段于鄢（《穀梁传》）

【题解】这是《穀梁传》对《春秋》中"郑伯克段"一事的讲解，作者没有叙述史实，而是采用塾师讲书的方式，自问自答，抠字眼儿，试图挖掘其中的"微言大义"，结果只能是牵强附会，自说自话，甚至给人不知所云的感觉。

【经】夏五月，郑伯克段于鄢。

【传】克[①]者何？能也。何能也？能杀也。何以不言杀？见段之有徒众也。段，郑伯弟也。何以知其为弟也？杀世子母弟，目君；以其目君[②]，知其为弟也。段，弟也，而弗谓弟；公子也，而

[①] 克：克是个多义词，包括战胜、能、克服等。解经者说克在这里是能的意思，显然是曲解。

[②] 世子：诸侯的嫡长子。母弟：同母的弟弟。目：被看作，称作。

弗谓公子①，贬之也。段失子弟之道矣，贱段而甚郑伯也②。何甚乎郑伯？甚郑伯之处心积虑成于杀也。于鄢，远也，犹曰取之其母之怀而杀之云尔③，甚之也。然则为郑伯者宜奈何？缓追逸贼，亲亲之道也④。

【译文】"克"是什么意思？就是"能"的意思。能干什么？能杀人。为什么不说"杀"呢？因为要表示共叔段拥有不少徒众。共叔段是郑伯的弟弟。怎么知道他是郑伯的弟弟呢？因为凡是国君杀死了嫡亲长子或其同母弟弟的，经文记载时都称为君；经文里既然用君来称呼他，可知段是弟弟了。共叔段是弟弟，却不称他为弟弟，是公子，却不称他为公子，这是《春秋》贬抑共叔段的意思。共叔段丧失了作为公子和弟弟的道德，《春秋》对共叔段的责备比对郑伯的责备要严厉。那么作者对郑伯加重责备又是为何呢？责备郑伯处心积虑地造成共叔段的死罪。经文还特别提到战斗发生在鄢，那是很远的地方。这如同是说，把婴儿从母亲怀里夺过来杀掉一样，这正是责备郑伯做事过分。那么郑伯应该如何做呢？应该慢慢地追赶逃走的叛逆者，这才是对待亲人应有的态度。

---

① 弗谓：不叫，不称。公子：诸侯的儿子称公子。
② 段失子弟之道：段失去了作为公子和弟弟应遵从的礼教。贱：鄙视。甚：这里是加重责备的意思。
③ 云尔：如此而已。
④ 缓追：慢慢地追（放他一马）。逸贼：逃跑的反贼。亲亲之道：对待亲人的正当方式。

（四）《国语》篇目

周语三卷，鲁语二卷，齐语一卷，晋语九卷，郑语一卷，楚语二卷，吴语一卷，越语二卷。（细目略）

（五）里革断罟匡君（《国语》）

【题解】本篇选自《国语·鲁语上》。里革是春秋时鲁宣公朝的大夫，任太史，为人正直耿介，曾屡次劝谏宣公。宣公在夏日张网（罟，gǔ）捕鱼，不合古人护生之德，里革径直将网割断，并宣讲古训，令宣公心服口服。通篇只是人物对话，体现了记言体史书的特点。

宣公夏滥于泗渊①，里革断其罟而弃之，曰："古者大寒降，土蛰发，水虞于是乎讲罛罶，取名鱼，登川禽，而尝之寝庙，行诸国，助宣气也②。鸟兽孕，水虫成，兽虞于是乎禁罝罗，猎鱼鳖以为夏犒，助生阜也③。鸟兽成，水虫孕，水虞于是乎禁罜䍟，设阱鄂，

---

① 宣公：鲁宣公，前608—前591年在位。滥：下网捕鱼。泗渊：泗水的深潭。
② 大寒：二十四节气之一，在阳历一月下旬。土蛰（zhé）：在地下冬眠的动物。水虞：掌管河湖水产捕捞及相关禁令的官。下文中"兽虞"是掌管山林鸟兽捕捉及相关禁令的官员。讲：谋划。罛（gū）：大鱼网。罶（liǔ）：小鱼篓。名鱼：大鱼。登：求得。川禽：水中的动物，如鱼鳖、水虫等。尝：一种祭祀，把新鲜的食物献给祖宗先尝。寝庙：宗庙。诸："之于"的合音。宣气：宣泄阳气。
③ 罝（jū）：捕兔的网。罗：捕鸟的网。猎（zé）：刺取。夏犒：夏天吃的鱼干。生阜：生长。

以实庙庖，畜功用也①。且夫山不槎蘖，泽不伐夭，鱼禁鲲鲕，兽长麑䴠，鸟翼鷇卵，虫舍蚳蝝，蕃庶物也②，古之训也。今鱼方别孕，不教鱼长，又行网罟，贪无艺③也。"

公闻之曰："吾过而里革匡我④，不亦善乎！是良罟也，为我得法⑤。使有司藏之，使吾无忘谂⑥。"师存⑦侍曰："藏罟，不如置里革于侧之不忘也。"(《国语·鲁语上》)

【译文】鲁宣公夏天到泗水的深潭中下网捕鱼，鲁大夫里革把渔网砍断丢弃，说："在古代，大寒以后，冬眠的动物都活动起来，管理河湖的水虞之官这时便开始谋划用鱼网、鱼篓捞大鱼、捉鱼鳖，送到宗庙里祭祖。让国人也来捕鱼捞鳖，有助于宣发地下的阳气。等到鸟兽开始怀孕生仔，鱼鳖也长大了，管理山林的兽虞之官这时便禁止用网罗捕兽捉鸟，只准刺取鱼鳖，用来制成夏天吃的鱼干，有助于鸟兽生长。当鸟兽已长大，鱼鳖开始怀孕生仔时，水虞便又禁止用小鱼网捕捉鱼鳖，只准设下各种陷阱捕兽，拿来供应宗庙和庖厨，并储存起来以备慢慢享用。同时在山上不能砍伐新生的

---

① 罛䍡(zhǔlù)：小渔网。阱：陷坑。鄂：埋有尖木桩的陷坑。庖：厨房。畜功用：储存物产，以备享用。
② 槎：砍伐。蘖(niè)：树木砍伐后发的嫩芽。夭：没有长大的树木。鲲鲕(ér)：小鱼。麑(ní)：幼鹿。䴠(yǎo)：幼麋。鷇(kòu)：幼鸟。蚳(chí)：蚁的幼虫。蝝(yuán)：蝗的幼虫。庶物：万物。
③ 无艺：没有限度。
④ 过：过错。匡：匡正，纠正。
⑤ 得法：认识到治理天下的方法。
⑥ 谂(shěn)：劝告。
⑦ 师存：名叫存的乐师。

枝条，在水边不能割取幼嫩的草木，捕鱼时不准捕捞小鱼，捉兽时要留下幼小的鹿麋，逮鸟时要保护雏鸟和鸟蛋，捉虫时也要避免伤害蚂蚁、蝗虫的幼虫，全都为了使万物繁殖，这原是古人的教导。眼下正是鱼类怀仔的时候，您不让它长大，还下网捕捉，贪心没边儿了！"

宣公听了里革的话说："我有过错，里革帮我纠正，这不是挺好吗？这是张有意义的网，使我得知古人治理天下的理念。让主管官吏把这网收藏好，使我别忘了这事。"正巧有个叫存的乐师在旁边伺候，说："与其收藏这张网，不如把里革安排在身边，让您不忘劝谏，就更好。"

七 "四书"第七附录

(一)《论语》篇目

学而篇第一,为政篇第二,八佾篇第三,里仁篇第四,公冶长篇第五,雍也篇第六,述而篇第七,泰伯篇第八,子罕篇第九,乡党篇第十,先进篇第十一,颜渊篇第十二,子路篇第十三,宪问篇第十四,卫灵公篇第十五,季氏篇第十六,阳货篇第十七,微子篇第十八,子张篇第十九,尧曰篇第二十。

(二)《孟子》篇目

梁惠王章句(上、下),公孙丑章句(上、下),滕文公章句(上、下),离娄章句(上、下),万章章句(上、下),告子章句上(上、下),尽心章句(上、下)。

(三)《论语》二则 孔丘

【题解】这里选择了两则《论语》文字,一则讲"恕"道。仁、恕是孔子道德论的核心,其中仁就是爱人,恕其实也是爱人,是把自己的感受投射到他人身上。另一则间接记录了孔子对《诗》和礼的评价及其教子原则。

子贡问曰:"有一言而可以终身行之者乎?"子曰:"其'恕'[①]乎!己所不欲,勿施于人。"(《论语·卫灵公》)

[①] 恕:本意为原谅、宽容,所谓"恕道",又强调推己及人,要求实行者设身处地理解、体贴他人。

【译文】子贡问孔子:"有没有一句话可以奉行一辈子的呢?"孔子回答:"那应该是'恕'吧!自己不想承受的事,就不要强加到别人身上。"

陈亢问于伯鱼曰①:"子亦有异闻乎②?"对曰:"未也。尝独立,鲤趋③而过庭。曰:'学《诗》乎?'对曰:'未也。''不学《诗》,无以言。'鲤退而学《诗》。他日又独立,鲤趋而过庭。曰:'学礼乎?'对曰:'未也。''不学礼,无以立④。'鲤退而学礼。闻斯⑤二者。"陈亢退而喜曰:"问一得三:闻《诗》,闻礼,又闻君子之远其子也。"(《论语·季氏》)

【译文】陈亢问孔子的儿子孔鲤:"您(从先生那里)曾听过不同的教导吗?"孔鲤说:"没有。他老人家有一回独自站在那儿,我快步从庭院走过。他(叫住我)问道:'学《诗》了吗?'我回答:'没有。'他说:'不学《诗》便不会讲话。'我于是回去学《诗》。另一天,他又独自站在那儿,我快步从庭院走过。他(叫住我)问道:'学礼了吗?'我说:'没有。'他说:'不学礼,就没法立足。'我于是回去学礼。我只是从父亲那里得到过这两次单独的教诲。"陈亢回去高兴地说:"我问了一句话,得到三个收获:知道

---

① 陈亢:孔子的学生,字子禽。伯鱼:孔子的儿子孔鲤。下文中的"鲤"是伯鱼自称。
② 子:你,这里指孔鲤。异闻:与众不同的学业传授。
③ 趋:小步快走,是在尊者面前表示敬意的一种行为方式。
④ 无以立:无法立足。
⑤ 斯:这。

该学《诗》，知道该学礼，知道君子对儿子要保持一定距离（没有偏私）。"

（四）《孟子》二则　孟轲

【题解】这里选择了两则《孟子》文字，一则反映了孟子的民贵君轻思想——以民为本的思想是先秦哲人留给后世的宝贵思想财富，在《尚书》中，已有"天视自我民视，天听自我民听"的说法。这一则是对孟子民本思想的直接表述。另一则是孟子对"四端"的阐释，在孟子看来，仁、义、礼、智都发自人的天性，在人心中植有根苗。

孟子曰："民为贵，社稷次之，君为轻①。是故得乎丘民而为天子②，得乎天子为诸侯，得乎诸侯为大夫。诸侯危社稷，则变置③。牺牲既成，粢盛既洁，祭祀以时，然而旱干水溢④，则变置社稷。"

【译文】孟子说："老百姓最尊贵，政权居次席，君主分量最轻。所以得到百姓的欢心可以做天子，得到天子的欢心可以做诸侯，得到诸侯的欢心可以做大夫。诸侯危害国家，就要改立。祭祀用的牺牲已经肥壮，祭品也已洁净，按时祭祀，但仍然遭到旱灾水灾，（使百姓承受苦难，）就要变易政权。"

---

① 社稷：土谷神，这里指政权。君：这里的君，指诸侯，区别于天子。
② 得：得到认同、欢心。丘民：众民，百姓。
③ 变置：改立，换掉。
④ 粢（zī）盛：供祭祀的黍稷等粮食。以时：按时。水溢：发洪水。

（孟子曰：）"……所以谓人皆有不忍人之心者，今人乍见孺子将入于井，皆有怵惕恻隐之心①，非所以内交于孺子之父母也，非所以要誉于乡党朋友也，非恶其声而然也②。由是观之，无恻隐之心，非人也；无羞恶之心，非人也；无辞让之心，非人也；无是非之心③，非人也。恻隐之心，仁之端④也；羞恶之心，义之端也；辞让之心，礼之端也；是非之心，智之端也。人之有是四端也，犹其有四体⑤也。

【译文】孟子说："……我们所以说人都有怜恤别人的心，即在于：如今有人猛然见有个孩子要掉到井里了，无论谁都会有震惊怜悯的心情产生，不是要跟孩子的父母攀交情，不是要在乡亲朋友中博取好名声，也不是厌恶孩子的哭喊惊叫声才如此（而是发自内心的）。由此看来，没有同情心就不是人，没有羞耻心就不是人，没有谦让心就不是人，没有是非心就不是人。同情心是仁的苗头，羞耻心是义的苗头，谦让心是礼的苗头，是非心是智的苗头。人有这四种苗头，就像人有四肢一样（都是与生俱来的）。"

（五）《大学》（节录）

【题解】"大学"是跟"小学"（礼、乐、射、御、书、数）相

---

① 不忍人之心：怜悯他人之心，也就是恻隐之心。孺子：小孩子。怵（chù）惕恻隐：惊惧、同情。
② 内（nà）交：纳交，主动结交。要（yāo）：求取。乡党：乡亲。恶（wù）：厌恶。
③ 恻隐：对别人遭遇不幸产生同情。羞恶：羞愧、耻辱。辞让：谦让、谦逊。是非：对错。
④ 端：苗头，开端。
⑤ 四体：四肢。

对而言。《大学》一文，是《礼记》第四十二篇，传为孔子弟子曾参所撰。宋代理学家程颢、程颐十分重视此篇；朱熹更将它列为"四书"之首。本段出自《大学》第一章，提出研习者自我完善及兼善天下的纲领（"明明德""亲民""止于至善"称"三纲领"）；实现目标的步骤，依次为格物、致知、正心、诚意、修身、齐家、治国、平天下（称"八条目"）。

大学之道，在明明德，在亲民①，在止于至善。知止而后有定，定而后能静，静而后能安，安而后能虑，虑而后能得②。物有本末，事有终始。知所先后，则近道矣③。古之欲明明德于天下者，先治其国；欲治其国者，先齐④其家；欲齐其家者，先修其身；欲修其身者，先正其心；欲正其心者，先诚⑤其意；欲诚其意者，先致⑥其知；致知在格物⑦。（《大学》第一章）

【译文】大学的宗旨，在于彰显（自身原有的）光明美善的品德，（再推己及人）使民众弃旧图新，最终达到最美善的境界。知道最美善的目标，才能意志坚定；意志坚定，才能心不妄动；心不

---

① 明明德：彰显光明美好的道德。前一个"明"是动词，使之明，彰显；下一个"明"字是形容词，光明美好。亲民："亲"同"新"，动词；亲民便是使民日新月异。
② 定：意志坚定。静：心静，不妄动。得：指达到至善之境。
③ 知所先后：弄清修行的先后顺序。近道：接近真理。
④ 齐：整顿，使整齐有序。
⑤ 诚：使……真诚。
⑥ 致：获取，拿来。
⑦ 格物：推究事物的原理。

妄动，才能神安气定；神安气定，才能潜心思虑；潜心思虑，才能达到至善之境。万物都有根本与枝节，万事都有开始与终结。知道先后顺序，也就接近大学的宗旨了。古代想要彰显个人的美善之德并推广至天下的人，先要治理好自己的国家；要想治理好国家，先要整顿好自己的家；要想整顿好自己的家，先要修治自身；而要修治自身，先要端正自己的心；要端正自己的心，先要使自己意念真诚；要使自己意念真诚，先要获取足够的知识；要想获取足够的知识，则要推究一切事物的道理。

（六）《中庸》（节录）

【题解】"中庸"是儒家哲学思想的至高境界，宋代学者程颢、程颐的解释是："不偏之谓中，不易之谓庸。中者天下之正道，庸者天下之定理。"（《中庸章句》卷首语）。《中庸》是《礼记》的第三十一篇，一般认为是孔子的嫡孙子思（孔伋）所撰，篇中集中讨论中庸之道。本段为《中庸》第四章。

子曰："道之不行也，我知之矣。知者过之[①]，愚者不及[②]也。道之不明也，我知之矣。贤者过之，不肖[③]者不及也。人莫不饮食，鲜[④]能知味也。"

【译文】孔子说："中庸之道不能推行的原因，我知道了。智者

---

① 知（zhì）者：智者。过：超出。
② 不及：达不到。
③ 不肖：不贤，不成才。
④ 鲜（xiǎn）：少。

总是理解过头，愚者总是理解不到位。中庸之道不能彰明的原因，我知道了。贤者总是做过了，不贤者总是达不到。人没有不吃饭的，但真正能品出滋味的却不多。"

八 《战国策》第八附录

（一）《战国策》篇目

《东周策》一卷，《西周策》一卷，《秦策》五卷，《齐策》六卷，《楚策》四卷，《赵策》四卷，《魏策》四卷，《韩策》三卷，《燕策》三卷，《宋卫策》一卷，《中山策》一卷。（细目略）

（二）孟尝君将入秦（《战国策》）

【题解】本篇选自《战国策·齐策》。孟尝君即田文，是战国时齐国的贵族，在齐为相。篇中通过苏秦与孟尝君的一段对话，展示了策士的论辩技巧。

孟尝君将入秦，止者千数而弗听①。苏秦欲止之，……孟尝君见之。谓孟尝君曰："今者臣来，过于淄上，有土偶人与桃梗相与语②。桃梗谓土偶人曰：'子，西岸之土也，埏子以为人，至岁八月，降雨下③，淄水至，则汝残矣。'土偶曰：'不然。吾西岸之土也，吾残，则复西岸耳。今子，东国之桃梗也，刻削子以为人，降雨下，淄水至，流子而去，则子漂漂者将何如耳。'今秦四塞之国，譬若虎口，而君入之，则臣不知君所出矣④。"孟尝君乃止。

---

① 止者：劝阻的人。弗听：不肯听从。
② 淄：水名，在山东。土偶人：用泥土捏成的人形。桃梗：桃木枝，这里指桃木雕刻的人偶。
③ 埏（shān）：以水和泥揉制。降雨：大雨。降，同"洚"。
④ 四塞：四面都有高山、要塞。所出：离开的方法。

【译文】孟尝君准备去秦国，成百上千的人劝阻他，他不听。苏秦也想劝阻，……孟尝君接见了他。他对孟尝君说："今天我路经淄水，见有个泥偶人和一个桃木人在那儿谈天。桃人对泥人说：'你本是西岸的泥土，被捏成人形，到了八月，大雨一下，淄水泛滥，你会被冲坏的。'泥人说：'不然。我是西岸的泥土捏成的，即便被冲坏，泥土仍旧回归西岸！如今先生你是用东方的桃木刻成的，天降大雨，淄水泛滥，把你冲走，你随水漂荡，还不知会漂到哪去呢！'如今秦国四面都是要塞，如同虎口一般。而您一旦进入，我不知您如何出来。"孟尝君于是打消了入秦的念头。

九 《史记》《汉书》第九附录

（一）《史记》篇目（有节略）

【本纪】五帝本纪第一，夏本纪第二，殷本纪第三，周本纪第四，秦本纪第五，秦始皇本纪第六，项羽本纪第七，高祖本纪第八，吕太后本纪第九，孝文本纪第十，孝景本纪第十一，孝武本纪第十二。

【表】三代世表第一，十二诸侯年表第二，六国年表第三，秦楚之际月表第四，汉兴以来诸侯王年表第五，高祖功臣侯者年表第六，惠景间侯者年表第七，建元以来侯者年表第八，建元以来王子侯者年表第九，汉兴以来将相名臣年表第十。

【书】礼书第一，乐书第二，律书第三，历书第四，天官书第五，封禅书第六，河渠书第七，平准书第八。

【世家】吴太伯世家第一，齐太公世家第二，鲁周公世家第三，燕召公世家第四，管蔡世家第五，陈杞世家第六，卫康叔世家第七，宋微子世家第八，晋世家第九，楚世家第十，越王勾践世家第十一，郑世家第十二，赵世家第十三，魏世家第十四，韩世家第十五，田敬仲完世家第十六，孔子世家第十七，陈涉世家第十八，外戚世家第十九，楚元王世家第二十，荆燕世家第二十一，齐悼惠王世家第二十二，萧相国世家第二十三，曹相国世家第二十四，留侯世家第二十五，陈丞相世家第二十六，绛侯周勃世家第二十七，梁孝王世家第二十八，五宗世家第二十九，三王世家第三十。

【列传】伯夷列传第一，管晏列传第二，老子韩非列传第三,(中略)循吏列传第五十九,汲郑列传第六十,儒林列传第六十一,酷吏列传第六十二,大宛列传第六十三,游侠列传第六十四,佞幸列传第六十五,滑稽列传第六十六,日者列传第六十七,龟策列传第六十八,货殖列传第六十九,太史公自序第七十。

(二)《汉书》篇目(有节略)

【本纪】本纪第一高帝刘邦,本纪第二惠帝刘盈,本纪第三高后吕雉,本纪第四文帝刘恒,本纪第五景帝刘婴,本纪第六武帝刘彻,本纪第七昭帝刘弗陵,本纪第八宣帝刘询,本纪第九元帝刘奭,本纪第十成帝刘骜,本纪第十一哀帝刘欣,本纪第十二平帝刘衎(kàn)。

【表】表第一异姓诸侯王表,表第二诸侯王表,表第三王子侯表,表第四高惠高后文功臣表,表第五景武昭宣元成功臣表,表第六外戚恩泽侯表,表第七百官公卿表,表第八古今人表。

【志】志第一律历志,志第二礼乐志,志第三刑法志,志第四食货志,志第五郊祀志,志第六天文志,志第七五行志,志第八地理志,志第九沟洫志,志第十艺文志。

【列传】列传第一陈涉、项籍传,列传第二张耳、陈余传,(中略)列传第五十八儒林传,列传第五十九循吏传,列传第六十酷吏传,列传第六十一货殖传,列传第六十二游侠传,列传第六十三佞幸传,列传第六十四匈奴传,列传第六十五西南夷两粤朝鲜传,列传第六十六西域传,列传第六十七外戚传,列传第六十八元后传,列传第六十九王莽传,列传第七十叙传。

（三）报任安书　司马迁（节录）

【题解】本篇是司马迁写给朋友任安的一封书信。任安字少卿，是汉武帝时官吏。他曾写信给司马迁，希望对方能向皇帝推荐贤士。司马迁此信是对前信的回复，因称"报"。这里节选信中司马迁自述心志的几段。

夫人情莫不贪生恶死，念父母，顾妻子；至激于义理者不然，乃有所不得已也①。今仆不幸，早失父母，无兄弟之亲，独身孤立，少卿视仆于妻子何如哉②？且勇者不必死节，怯夫慕义，何处不勉焉③！仆虽怯懦，欲苟活，亦颇识去就之分矣，何至自沉溺缧绁之辱哉④！且夫臧获婢妾，犹能引决⑤，况若仆之不得已乎？所以隐忍苟活，幽于粪土之中而不辞者，恨私心有所不尽，鄙陋没世，而文采不表于后世也⑥。

---

① 夫：发语词。恶（wù）死：厌恶死亡。激于义理者：被高尚的义理所激励的人。不得已：不得不如此。
② 仆：我，这里是谦词。于妻子何如：对妻子、孩子的感情如何。
③ 死节：以死殉名节。怯夫：怯懦的人。慕义：仰慕节义之举。勉：努力。
④ 苟活：苟且偷生。去就之分：舍生就义的界限。缧绁（léixiè）：束缚囚犯的刑具，引申为牢狱。
⑤ 且夫：况且。臧获：奴婢。引决：自杀。
⑥ 所以……者，……也：文言文常用的表示因果关系的句式。隐忍苟活：忍受屈辱勉强存活。幽：幽禁，身陷。粪土之中：污秽的环境（如牢狱）中。私心：这里指内心的目标。鄙：耻于。文采：文章。

古者富贵而名摩灭，不可胜记，唯倜傥非常之人称焉①。盖文王拘而演《周易》②；仲尼厄③而作《春秋》；屈原放逐，乃赋《离骚》；左丘失明，厥有《国语》④；孙子膑脚，《兵法》修列⑤；不韦迁蜀，世传《吕览》⑥；韩非囚秦，《说难》《孤愤》⑦；《诗》三百篇，大底圣贤发愤之所为作也⑧。此人皆意有所郁结，不得通其道，故述往事，思来者⑨。乃如左丘明无目，孙子断足，终不可用，退而论书策，以舒其愤，思垂空文以自见⑩。

仆窃不逊，近自托于无能之辞，网罗天下放失旧闻，略考其行事，综其终始，稽其成败兴坏之纪⑪，上计轩辕，下至于兹，为十

---

① 摩灭：磨灭。不可胜记：数量很多，记不过来。倜傥（tìtǎng）：才气豪迈，不受约束。
② 盖：句首助词，引起议论。文王：周文王姬昌，相传他被商纣王囚禁在羑（Yǒu）里，推演出六十四卦，终成《周易》。
③ 厄：同"阨"，穷困。
④ "左丘"二句：相传左丘明失明后创作《国语》。厥，乃，因而。
⑤ 孙子：这里指孙膑。膑脚：削去膝盖骨。修列：编著。
⑥ 不韦：秦相吕不韦。《吕览》：《吕氏春秋》。按：始皇十年，令吕不韦举家迁蜀，吕不韦自杀。
⑦ 《说难》《孤愤》：都是韩非子所撰名篇。
⑧ 大底：大抵。发愤：抒发愤懑。
⑨ 郁结：内心抑郁不舒。通其道：行其道。思来者：令来者思。
⑩ "思垂"句：想让文章流传后世，以表达自己的见解。垂，流传。空文，指文章。与建立功业相对，故称空文。这里是自谦之语。自见，表达自己的思想。见，同"现"。
⑪ 不逊：不谦逊，不自量。无能之辞：略等于前面所说的"空文"。网罗：搜罗。放失旧闻：散乱失传的文献。失，同"佚"，散失。稽：考察。纪：纲纪，规律。

表,本纪十二,书八章,世家三十,列传七十,凡百三十篇①。亦欲以究天人之际,通古今之变,成一家之言。草创未就,会遭此祸,惜其不成,是以就极刑而无愠色②。仆诚以著此书,藏之名山,传之其人,通邑大都,则仆偿前辱之责,虽万被戮③,岂有悔哉!然此可为智者道,难为俗人言也!

【译文】按人之常情,没有人不贪生厌死、不顾念父母妻儿的;只有那些激于高尚义理的人除外,然而他们又各有不能不死的理由。而今我不幸,早早失去了父母,又没有兄弟亲人,孑然一身,孤独无友,少卿你看我对妻子儿女还有啥顾念吗?况且就是勇敢者,也不一定死于名节;怯懦者若仰慕大义,又以何种方式不能努力呢?我纵然怯懦软弱,贪恋生命,却也充分认识生死取与的界限,何至于选择在牢狱中受辱?奴婢下人还懂得自杀免辱呢,何况到了我这样不得不死的地步!我之所以忍辱活命,幽禁于粪土之境还不肯死,只因抱憾我心中的目标还没实现,耻于人死了,文章却不能彰显于后世。

古人活着时富贵显达、死后名字磨灭的,数不胜数。唯有那些特立独行、不同流俗的人才能扬名后世。如西伯姬昌被拘禁后推演《周易》;孔子遭困而作《春秋》;屈原被流放,于是写了《离骚》;左丘明失明,才有了《国语》;孙子受了膑刑,《孙子兵法》得以纂

---

① 轩辕:黄帝。兹:此刻,现在。凡:总共。
② 草创:开始起草。极刑:这里指作者所遭受的官刑。愠(yùn)色:怨怒之色。
③ 其人:这里指能认识此书价值并予以传播的人。通邑大都:指四通八达、人口众多的城邑都市。责:同"债"。戮:羞辱。

修；吕不韦流迁蜀地，才有《吕览》传世；韩非被囚禁于秦国，才有《说难》《孤愤》传世；《诗经》三百篇，大多是圣贤为抒发愤懑所作。这都是人们情绪有所压抑，没有发泄的途径，所以要追述往事，启迪来者。就如左丘明丧失视力，孙膑被砍断脚，导致不能被任用，于是回家著书立说，以此抒发愤懑，想着拿（看似无用的）文章传之后世，借此显示自己的才华、见识。

我私下不自量力，近来借助于无用的文字，搜罗天下散乱失传的文献，大略地考订历史的事实，综述事件的本末，考察其成功与失败的规律，最早从黄帝开始，直至当下，编撰为十篇"表"，十二篇"本纪"，八篇"书"，七十篇"列传"，总共一百三十篇。也打算探究天与人的关系，弄懂古今变化的规律，成就自己一套独到的历史观念。可是草稿还没完成，恰便遭遇此祸，顾惜这书还没完成，因而遭受如此酷刑却没有怨怒之色。如今我已完成此书，预备藏于名山，传给合适的人，传播于大都邑，便可补偿我此前所遭受的屈辱，即便再被辱万回，我又有啥可悔恨的呢？但是这些话只能对明白人讲，却难以向世俗愚昧的人言说！

（四）鸿门宴（《史记》）

【题解】本篇节自《史记·项羽本纪》。刘邦和项羽分别是秦末两支武装力量的领袖，在共同的反秦战争中，军力弱小的刘邦侥幸先打进咸阳，接受秦王子婴投降。项羽认为刘邦要代秦称帝，于是杀来关内，兴师问罪；并召刘邦来驻地鸿门赴宴，想乘机除掉他。面对军力强大的楚军，刘邦主动示弱，登门请罪，经过一番周旋，终于逃脱。《史记》《汉书》都叙述了这段史实，只是前者在《项羽本纪》中详述，后者在《高帝刘邦本纪》中详述。附录（四）和附录（五）分别选录了两书的相关段落，使读者对两书的写作风格有所对照、了解。

    沛公旦日从百余骑来见项王，至鸿门，谢曰①："臣与将军戮力而攻秦，将军战河北，臣战河南，然不自意能先入关破秦②，得复见将军于此。今者有小人之言，令将军与臣有郤③。"项王曰："此沛公左司马曹无伤言之，不然，籍④何以至此？"项王即日因留沛公与饮。项王、项伯东向坐，亚父南向坐。亚父者，范增也⑤。沛公北向坐，张良西向侍⑥。范增数目项王，举所佩玉玦以示之者三⑦，项王默然不应。范增起，出召项庄⑧，谓曰："君王为人不忍，若入前为寿，寿毕，请以剑舞，因击沛公于坐，杀之。不者，若属皆且为所虏⑨。"

---

① 沛公：刘邦。旦日：明天，第二天。从百余骑（jì）：率领百名骑兵。鸿门：地名，在陕西新丰以东。谢：道歉，谢罪。

② 臣：刘邦自称。将军：称呼项羽。戮力：合力，并力。河北、河南：黄河以北、以南。不自意：不自料，没想到。

③ 郤（xì）：同"隙"，隔阂。

④ 籍：项羽名籍，这里是他自称，相当于"我"。

⑤ 项伯：项羽的族叔，与刘邦的谋臣张良有交情。东向：面向东。亚父：范增，是项羽的主要谋士。建议项羽借机除掉刘邦的就是他。

⑥ 侍：陪侍。

⑦ 数（shuò）目：多次用眼色示意。玉玦（jué）：半环形的玉质佩饰。三：再三，多次。

⑧ 项庄：楚将，项羽的堂弟。

⑨ 君王：指项羽。不忍：有不忍之心，仁慈。为寿：祝酒。因：趁机。坐：座位。不者：否则。若属：你们这些人。且：将。为所虏：被（他）俘虏。

庄则入为寿，寿毕，曰："君王与沛公饮，军中无以为乐，请以剑舞。"项王曰："诺①。"项庄拔剑起舞，项伯亦拔剑起舞，常以身翼蔽②沛公，庄不得击。

于是张良至军门，见樊哙③。樊哙曰："今日之事何如？"良曰："甚急。今者项庄拔剑舞，其意常在沛公也。"哙曰："此迫矣，臣请入，与之同命④。"哙即带剑拥⑤盾入军门。交戟之卫士欲止不内⑥。樊哙侧其盾以撞，卫士仆地⑦，哙遂入。披帷西向立，瞋目视项王，头发上指，目眦尽裂⑧。项王按剑而跽⑨曰："客何为者？"张良曰："沛公之参乘⑩樊哙者也。"项王曰："壮士，赐之卮⑪酒。"则与斗卮酒。哙拜谢，起，立而饮之。项王曰："赐之彘肩⑫。"则与一生彘肩。樊哙覆其盾于地，加彘肩上，拔剑切而啖之⑬。项王曰：

---

① 诺：应答之词，表赞同。
② 翼蔽：遮蔽、掩护。
③ 樊哙（kuài）：刘邦手下猛将。
④ 迫：紧迫。同命：拼命。
⑤ 拥：持，拿。
⑥ 交戟：将戟交叉拿着（以封锁道路或门户）。不内：不让进。内，同"纳"。
⑦ 仆地：脸朝下倒地。
⑧ 披：用手分开。帷：这里指帐篷的帷幕。瞋（chēn）目：瞪圆双眼。目眦（zì）：眼角，眼眶。
⑨ 跽（jì）：直腰而跪的姿势。古人以跪为坐，坐时臀部压在脚跟上。"跽"是保持跪姿而挺起腰板，也叫"长跪"。
⑩ 参乘（cānshèng）：也作"骖乘"，陪乘或陪乘的人。
⑪ 卮（zhī）：酒杯。下面的"斗卮"是大酒杯。
⑫ 彘（zhì）肩：猪前腿。
⑬ 覆：翻过来。啖（dàn）：吃。

"壮士！能复饮乎？"樊哙曰："臣死且不避，卮酒安足辞①！夫秦王有虎狼之心，杀人如不能举，刑人如恐不胜，②天下皆叛之。怀王③与诸将约曰：'先破秦入咸阳者王之④。'今沛公先破秦入咸阳，毫毛不敢有所近，封闭宫室，还军霸上⑤，以待大王来。故遣将守关者，备他盗出入与非常也⑥。劳苦而功高如此，未有封侯之赏，而听细说⑦，欲诛有功之人。此亡秦之续耳，窃为大王不取也⑧！"项王未有以应，曰："坐。"樊哙从良坐⑨。坐须臾，沛公起如厕⑩，因招樊哙出。

……沛公已去，间⑪至军中。张良入谢，曰："沛公不胜杯杓，不能辞⑫。谨使臣良奉白璧一双，再拜献大王足下；玉斗一双，再拜

---

① 辞：推辞，推让。
② "杀人"二句：杀人并用酷刑折磨人，唯恐不够多。举、胜，都有尽的意思。
③ 怀王：这里指楚怀王熊槐的孙子（名心），曾被项羽、刘邦等拥立为义军领袖，仍称怀王。
④ 王（wàng）之：拥立他为王。
⑤ 还军霸上：返回霸上驻扎。还（huán）：返回。霸上，也作灞上，即白鹿原，现位于西安东。
⑥ 守关：把守函谷关。备：防备。他盗：其他有野心者。非常：不可预测的情况。
⑦ 细说：小人之言，谗言。
⑧ 亡秦之续：亡秦（做法）的延续。不取：不会效法。
⑨ 从良坐：坐在张良旁边。
⑩ 如厕：上厕所。
⑪ 间（jiàn）：抄小道。
⑫ 不胜杯杓（sháo）：不能再多喝（酒）。杯、杓，都是盛酒器。辞：这里指当面告辞。

奉大将军足下①。"项王曰："沛公安在②？"良曰："闻大王有意督过③之，脱身独去，已至军矣。"项王则受璧，置之坐上。亚父受玉斗，置之地，拔剑撞而破之，曰："唉！竖子④不足与谋。夺项王天下者必沛公也。吾属今为之虏矣！"沛公至军，立诛杀曹无伤。

【译文】第二天，刘邦带着百多名骑兵来见项羽，到了鸿门，向项羽赔礼解释说："我和将军全力攻打秦朝，将军在河北作战，我在河南作战，然而我也没料到能率先攻入咸阳灭掉秦朝，能跟您在这里再次见面。如今有小人散布谣言，让将军和我产生了隔阂。"项羽说："这都是你手下的左司马曹无伤说的，否则，我怎么会到这儿来呢。"项羽于是留下刘邦一同饮酒。项羽和项伯朝东坐，亚父朝南坐。亚父就是范增。刘邦朝北坐，张良面朝西陪侍。范增多次向项羽使眼色，并举起佩戴的玉玦几次向项羽示意。项羽只是沉默不理。范增于是起身出帐，招来项庄，对他说："项王为人太心软，你进去上前祝酒，祝酒完毕，你请求舞剑，趁机到座位上剑刺刘邦，把他杀掉。否则，你们都将被他所俘获！"项庄于是入帐祝酒，祝罢酒，说："大王与沛公饮酒，军中没啥娱乐，我请求舞剑为乐。"项羽说："好。"项庄于是拔剑起舞。项伯也拔出剑一同起舞，随时用身体护着刘邦，项庄找不到刺杀的机会。

（见势不妙，）张良来到军营门外，来见刘邦的部下樊哙。樊哙问："今天的情形怎样？"张良回答："非常紧急！眼下项庄拔剑起

---

① 谨：恭敬地。奉：献。再拜：拜两次，这是隆重的礼节。大将军：指范增。
② 安在：在哪里。
③ 督过：责备。
④ 竖子：轻蔑语，如言"小子"，这里当指项庄。

舞,他的心思却总在沛公身上。"樊哙说:"这太紧迫了,我请求进去,跟他们拼命!"樊哙随即持剑带盾要闯军营,守门的卫士以戟交叉,拦住樊哙不准进入。樊哙侧过盾牌一撞,卫士扑倒在地,樊哙于是闯入,手拉开军帐的帷幕,面朝西站着,圆睁双眼瞪着项羽,头发向上竖起,眼眶都要瞪裂了。项羽手按剑柄,挺起上身,问:"来客是干什么的?"张良回答:"这是沛公的陪乘将士樊哙。"项羽称赞:"好一个壮士!赐他一杯酒。"项羽手下拿一大杯酒赏给樊哙,樊哙下跪拜谢,起身站着把酒一饮而尽。项羽又吩咐:"赐他一只猪腿。"手下人拿一只生猪腿给樊哙。樊哙把盾牌扣在地上当砧板,拿猪腿放在盾牌上,拔剑切着吃起来。项羽又称赞:"真乃壮士!还能再饮吗?"樊哙回答:"我死都不怕,一杯酒还值得推辞吗?话说秦王心如虎狼,杀人唯恐不够多,用刑惩罚唯恐有遗漏,天下人无不背叛他。怀王与义军诸将约定:先攻破秦人进入咸阳的可以封王。如今沛公率先破秦进入咸阳,对秦国遗留的财物丝毫不敢动,封闭了宫殿,撤军驻扎在霸上,只等大王您来。之所以派兵把守函谷关,是防备别的野心家进出以及不测之事。沛公如此劳苦功高,没得到封侯赏赐,您反倒听信谗言,要杀掉有功之人。这做法简直就是秦朝暴政的继续,我私下认为大王是不会出此下策的。"项羽无言以对,说:"请坐。"樊哙挨着张良坐下。坐了不大工夫,刘邦起身去厕所,趁便招呼樊哙一同出帐。

刘邦离去,从小路跑回军营。张良(留下来)进帐替刘邦向项羽道歉说:"沛公喝得受不了,不能当面向您告辞。让我把白璧一对,恭敬地献给大王;玉斗一对,恭敬地献给大将军。"项王问:"沛公眼下在哪儿?"张良说:"听说大王有意责备他,他独自脱身,眼下已经回到军营了。"项羽接受了玉璧，把它放在座位上。范增接过玉斗，放到地上，拔剑把它们击碎，说："咳！项庄这小子不足以谋大事！夺取项王天下的，一定就是刘邦了！我们今后都会成为他的俘虏！"——这边刘邦回到军中，立刻把曹无伤杀掉了。

（五）鸿门宴（《汉书》）

沛公旦日从百余骑见羽鸿门，谢曰："臣与将军戮力攻秦，将军战河北，臣战河南，不自意先入关，能破秦，与将军复相见。今者有小人言，令将军与臣有隙。"羽曰："此沛公左司马曹毋伤①言之，不然，籍何以至此？"羽因留沛公饮。范增数目羽击沛公，羽不应。范增起，出谓项庄曰："君王为人不忍，汝入以剑舞，因击沛公，杀之。不者，汝属且为所虏。"庄入为寿，寿毕，曰："军中无以为乐，请以剑舞。"因拔剑舞。项伯亦起舞，常以身翼蔽沛公。樊哙闻事急，直入，怒甚。羽壮之②，赐以酒。哙因谯③让羽。有顷，沛公起如厕，招樊哙出，置车官属，独骑，樊哙、靳强、滕公、纪成步，从间道走军④，使张良留谢羽。羽问："沛公安在？"曰："闻将军有意督过之，脱身去，间至军，故使臣献璧。"羽受之。又献玉斗范增。增怒，撞其斗，起曰："吾属今为沛公虏矣！"

【译文】刘邦第二天带着百余骑兵去鸿门拜见项羽，说："我与

---

① 曹毋伤：曹无伤。
② 壮之：视他为壮士，欣赏他的豪壮。
③ 谯（qiáo）让：又作"诮让"，这里有责怪、责备意。
④ 置车官属：留下车马和属从（以防惊动楚人）。靳强、滕公（夏侯婴）、纪成（纪信），都是刘邦部下将军。步：步行。间道：抄小道。

将军并力攻秦,将军战河北,我战河南,没想到我会先一步入关,能打败秦朝,跟将军再相见。今天有小人进谗言,让将军和我产生了隔阂。"项羽说:"这是你手下的左司马曹毋伤说的,不然,我怎么会到这儿来呢?"项羽于是留刘邦饮酒。范增几次使眼色暗示项羽杀刘邦,项羽没有反应。范增起身,出外对项庄说:"君王为人心软,你入帐舞剑,乘机攻击刘邦,杀死他。不然的话,你们早晚都要当俘虏的。"项庄于是进帐祝酒,祝罢说:"军中没啥可以取乐的,请让我舞剑为乐吧。"于是拔剑起舞。项伯也起身舞剑,一个劲儿用身体掩护刘邦。樊哙听说事急,直入帐中,愤怒异常。项羽见他是个壮士,赐酒给他。樊哙乘机责问项羽。不一会儿,沛公起身上厕所,招樊哙出帐,留下车马从属不管,自己骑了马,让樊哙、靳强、夏侯婴、纪成等人步行跟随,抄小道回到汉军营地,让张良留下向项羽致歉。项羽问:"沛公现在哪里?"张良说:"听说将军有意责备他,他脱身而去,现在已经抄小道回到军中了,为此让我给您献上玉璧(致歉)。"项羽接受了。张良又把玉斗献给范增。范增发怒,击碎了玉斗,起身说:"我们就要成为刘邦的俘虏了!"

十 诸子第十附录

(一)《墨子》篇目

一、亲士，二、修身，三、所染，四、法仪，五、七患，六、辞过，七、三辩，八、尚贤上，九、尚贤中，一〇、尚贤下，一一、尚同上，一二、尚同中，一三、尚同下，一四、兼爱上，一五、兼爱中，一六、兼爱下，一七、非攻上，一八、非攻中，一九、非攻下，二〇、节用上，二一、节用中，二二、节葬下，二三、天志上，二四、天志中，二五、天志下，二六、明鬼下，二七、非乐上，二八、非命上，二九、非命中，三〇、非命下，三一、非儒下，三二、经上，三三、经下，三四、经说上，三五、经说下，三六、大取，三七、小取，三八、耕柱，三九、贵义，四〇、公孟，四一、鲁问，四二、公输，四三、备城门，四四、备高临，四五、备梯，四六、备水，四七、备突，四八、备穴，四九、备蚁附，五〇、迎敌祠，五一、旗帜，五二、号令，五三、杂守。

(二)《庄子》篇目

内篇：逍遥游第一，齐物论第二，养生主第三，人间世第四，德充符第五，宗师第六，应帝王第七；

外篇：骈拇第八，马蹄第九，胠箧第十，在宥第十一，天地第十二，天道第十三，天运第十四，刻意第十五，缮性第十六，秋水第十七，至乐第十八，达生第十九，山木第二十，田子方第二十一，知北游第二十二；

杂篇：庚桑楚第二十三，徐无鬼第二十四，则阳第二十五，外物第二十六，寓言第二十七，让王第二十八，盗跖（zhí）第二十九，说剑第三十，渔父第三十一，列御寇第三十二，天下第三十三。

（三）《荀子》篇目

劝学篇第一，修身篇第二，不苟篇第三，荣辱篇第四，非相篇第五，非十二子篇第六，仲尼篇第七，儒效篇第八，王制篇第九，富国篇第一〇，王霸篇第一一，君道篇第一二，臣道篇第一三，致士篇第一四，议兵篇第一五，强国篇第一六，天论篇第一七，正论篇第一八，礼论篇第一九，乐论篇第二〇，解蔽篇第二一，正名篇第二二，性恶篇第二三，君子篇第二四，成相篇第二五，赋篇第二六，大略篇第二七，宥坐篇第二八，子道篇第二九，法行篇第三〇，哀公篇第三一，尧问篇第三二。

（四）《韩非子》篇目

初见秦第一，存韩第二，难言第三，爱臣第四，主道第五，有度第六，二柄第七，扬权第八，八奸第九，十过第十，孤愤第十一，说难第十二，和氏第十三，奸劫弑臣第十四，亡征第十五，三守第十六，备内第十七，南面第十八，饰邪第十九，解老第二十，喻老第二十一，说林上第二十二，说林下第二十三，观行第二十四，安危第二十五，守道第二十六，用人第二十七，功名第二十八，大体第二十九，内储说上七术第三十，内储说下六微第三十一，外储说左上第三十二，外储说左下第三十三，外储说右上第三十四，外储说右下第三十五，难一第三十六，难二第三十七，难三第三十八，难四第三十九，难势第四十，问辩第四十一，问田第四十二，定法第四十三，说疑第四十四，诡使第四十五，六反第四十六，八说第四十七，八经第四十八，五蠹第四十九，显学第五十，忠孝第五十一，人主第五十二，饬令第五十三，心度第五十四，制分第五十五。

(五)《老子》二则　老聃

【题解】这里选择了《老子》的两章。前一章"天下皆知美之为美"，体现了老子的"相对论"思想，即对世上任何事物的评价，都没有绝对的标准，所谓美丑善恶长短大小，都要在比较中才能得出结论。后一章"天之道"，讲天道与人道的区别，对损不足以奉有余的"人道"有所批判。

天下皆知美之为美，斯恶已①。皆知善之为善，斯不善已。故有无相生，难易相成，长短相形，高下相倾，音声相和，前后相随，恒也②。(《老子》二)

【译文】普天下都知道美是怎么一回事，于是也便有了丑的概念；都知道善是怎么一回事，于是便有了恶的概念。正因如此，"有"和"无"是相互依存的，"难"和"易"是相互成就的，"长"和"短"也是相互比较而显现的，"高"和"低"也是相互依赖的，

---

① 斯：此。恶：这里是丑的意思。
② 相生：相互依存。成：成就。形：比较。倾：依靠。音声：音乐和人声。和：和谐。恒：恒常，永远。

乐器和人声也因差异的调和才显出美,"前"和"后"也相异相随。因此,众多概念需要依靠其反面而存在,这成为永恒的真理!

  天之道,损有余而补不足①。人之道则不然,损不足以奉有余②。孰能有余以奉天下。唯有道者③。(《老子》七十七)

  【译文】自然之道,是削减有余裕的,填补不足的。人间的规则却不是这样,常常是减损不足的,去奉养有余的。谁能收取有余的财物来奉养天下,只有把握自然之道的人才能这样做。

(六)《庄子》二则　庄周

  【题解】这里选择了《庄子》中的两则寓言。一则"浑沌之死",借以说明人的一切所作所为,皆应顺应自然本性。没有"视听食息"的功能,混混沌沌,本是浑沌的自然本性,你把它破坏掉了,浑沌也就失去了存在的根据。另一则"河伯与海若",则论证了道家一贯坚持的"相对论"命题,同时借神话讽刺了不知天高地厚、盲目自大的人性弱点。

  南海之帝为儵,北海之帝为忽,中央之帝为浑沌④。儵与忽时相

---

① 天之道:指自然的规律。损:使亏损。
② 人之道:人间现实的"规律"。奉:供给。
③ 有道者:把握天道的人。
④ 儵(shū)、忽、浑沌:都是虚拟的名字,各有寓意。"儵""忽"有匆忙、急迫意;"浑沌"为浑然一体、模糊隐约之意。或以"儵""忽"喻有为,"浑沌"喻无为。

与遇于浑沌之地,浑沌待之甚善。倏与忽谋报浑沌之德,曰:"人皆有七窍以视听食息①,此独无有,尝试凿之。"日凿一窍,七日而浑沌死。(《庄子·应帝王》)

【译文】南海的帝王叫倏,北海的帝王叫忽,中央的帝王叫浑沌。倏与忽常到浑沌这儿来聚会,浑沌待他们很热情。为了报答浑沌,倏和忽商量着为浑沌做点事,说是:"人都有七窍,用来看、听、饮食、呼吸;唯独浑沌没有。让我们替他'开开窍'吧。"两人每天都为浑沌开通一窍,到第七天大功告成,浑沌却死掉了。

秋水时至,百川灌河②;泾流之大,两涘渚崖之间不辩牛马③。于是焉河伯欣然自喜,以天下之美为尽在己。顺流而东行,至于北海,东面而视,不见水端。于是焉河伯始旋其面目,望洋向若而叹曰④:"野语有之曰,'闻道百,以为莫己若'者⑤,我之谓也。且夫我尝闻少仲尼之闻而轻伯夷之义者⑥,始吾弗信;今我睹子之难穷也,吾非至于子之门则殆矣,吾长见笑于大方之家⑦。"(《庄子·秋水》)

---

① 七窍:人头部的七个孔穴,两眼,两耳,两鼻孔及嘴。视听食息:看、听、吃、呼吸。
② 时:按时。河:这里专指黄河。下文中的"河伯"指传说中的黄河之神。
③ 泾流:水流。涘(sì):河岸。渚(zhǔ):水中小洲。辩:同"辨"。
④ 旋:转。望洋:仰视(或远视)貌。若:传说中的北海之神,名若,即"北海若""海若"。
⑤ 野语:俗语,俗话。莫己若:即莫若己,没人比得上自己。
⑥ 且夫:表示意思递进的虚词。少仲尼之闻:认为孔子见闻少。少,认为少。轻伯夷之义:轻视伯夷的道义。
⑦ 难穷:难以穷尽。殆(dài):坏事,完了。大方之家:得道之人。方,道。

【译文】秋天的雨水随节令而至，百川涨满，灌入黄河，黄河水面变得宽阔无比，两岸及河中小洲之间，连牛马都分辨不清了。河伯不禁沾沾自喜，认为天下最壮美的风景全在我这儿了！他顺流往东来到北海，朝东边一望，哪儿看得到边儿啊！此刻他转脸仰望着海若感叹说："俗话说得好：'懂得道理一百样，以为人人赶不上！'这话讽刺的就是我吧？而且我听说有人小看孔子的见闻、轻视伯夷的道义，开始我还不信呢（哪有这么狂妄的人啊），今天我亲眼见识了大海的浩瀚无穷，（才知道我就是那种狂人啊。）幸亏我来到您这儿，否则可就完了，我会长久被高人笑话的！"

（七）《荀子》一则　荀卿

【题解】本篇选自《荀子·赋》篇。"赋"最早是一种诗歌修辞手法，以后发展为一种介乎诗、文之间的文体，句多骈偶，时带韵脚，风格铺排，讲究辞采。最早拿"赋"作文体名称的就是荀子。《荀子·赋》篇共收六篇文字，其中五篇结构相似：先对某事物作铺陈描述，又以排比的形式提出问题，最终给出答案，相当于一则谜语。这里选取其中的一则《箴》。

有物于此，生于山阜①，处于室堂。无知无巧，善治衣裳。不盗不窃，穿窬②而行。日夜合离，以成文章③。以能合从，又善连

---

① 山阜（fù）：山冈，铁矿石出自山中。
② 穿窬（yú）：打洞，一般作为偷窃的代称，这里指穿针引线。
③ 文章：这里指衣服的花纹图案。

衡①。下覆百姓，上饰帝王。功业甚博，不见贤良。时用则存，不用则亡。臣愚不识，敢请之王。王曰：此夫始生钜，其成功小者邪②？长其尾，而锐其剽者邪③？头铦达而尾赵缭者邪④？一往一来，结尾以为事。无羽无翼，反复甚极⑤。尾生而事起，尾遭而事已⑥。簪以为父，管以为母⑦。既以缝表，又以连里：夫是之谓箴⑧理。(《荀子·赋》)

【译文】有一物在此：它生在山岗上，来到厅堂里。没智慧也没技巧，只是善于制作衣裳。它不偷不盗，却总要穿洞而行，夜以继日地撮合分离者，并生成各种图案花纹。它（如同奔走于诸侯间的谋士）既能"合纵"，又能"连横"。在下可让百姓蔽体，在上则能美饰帝王。它功业广博，却从不显示自己的贤良。用它时它就出现，不用时它就潜藏。恕我愚昧，不得要领，还请大王指点教诲。

君王说：这是那个开始制作时很大、制成后很小的物件吗？是尾巴挺长而头部很尖锐吗？是头部锐利无阻而尾巴长线缭绕吗？

① 合从（zòng）、连衡：本为战国时纵横家四处结盟的外交活动，这里喻指缝合衣物。
② 始生钜（jù）、成功小：开始是大铁块，制成后的物件很小。钜，坚硬的铁，又同"巨"，有大的意思。
③ 尾：指线。剽（piāo）：末梢，针尖。
④ 铦（xiān）达：形容针尖很锐利。赵（diào）缭：形容线很长的样子。
⑤ 极：同"亟"，急。
⑥ "尾生……事已"二句：尾巴长出就开始（指穿上线），尾巴打结就结束。遭（zhān），回旋，打结。已，结束。
⑦ 簪：一种大型铁针，可以制成缝衣针。管：盛针的管状容器。
⑧ 箴：同"针"。

一来一去，尾巴打结就完事；没羽没翅，反复如穿梭。生出尾巴，工作就开始，尾巴盘绕打结，工作就结束。簪子是它的父亲，管子是它的母亲。既可以缝面子，又可以连里子：这里讲的是关于针的道理。

（八）《韩非子》一则　韩非

【题解】本篇选自《韩非子·说林上》，借历史寓言讲述防微杜渐的道理。借助寓言讲道理，是先秦诸子的重要论辩手法，庄子、列子、韩非子都是讲寓言的高手。《韩非子》中有《说林》上下、《内储说》上下、《外储说左》上下和《外储说右》上下诸篇，相当于寓言素材的"卡片箱"，里面储存了大量寓言，值得读者关注。

纣为象箸而箕子怖①，以为象箸不盛羹于土簋，则必犀玉之杯；玉杯象箸必不盛菽藿，则必旄象豹胎；旄象豹胎必不衣短褐而舍茅茨之下②，则必锦衣九重，高台广室也。称③此以求，则天下不足矣。圣人见微以知萌，见端以知末④，故见象箸而怖，知天下不足也。（《韩非子·说林上》）

【译文】商纣王制作象牙筷子，箕子见了心生忧惧，他认为，使用象牙筷子，就一定不会再把羹汤盛在陶罐里，就一定要换成犀

---

① 象箸：象牙筷子。箕子（？—前1082）：殷商贵族，商纣王的叔叔。
② 土簋（guǐ）：陶制食器。菽藿（huò）：菽，豆类总称；藿，豆类的叶。旄：牦牛。豹胎：母豹所怀胎仔。衣：穿。茅茨（cí）：茅草屋顶，也指茅屋。
③ 称（chèn）：相称。
④ 萌：萌芽。端：开端。末：结局。

角碗、美玉杯。而玉杯牙筷，也一定不会用来盛豆子、豆叶等粗食，就一定要吃牦牛肉、象肉及豹胎之类。吃这样的美味，一定不甘心穿粗布短衣、坐在茅草屋下，肯定会穿上九层锦绣的华服，住进高台广厦。以此为准求取财货，天下的财货就不够用了。圣人总是能从微小的征兆看到萌芽，从不起眼的端倪预测到结局。所以箕子见到象牙筷子就忧惧，知道天下的财货已不够用了。

（九）坚白论（《公孙龙子》）（节录）

【题解】本篇节自《公孙龙子》。公孙龙是战国时名家的代表人物，撰有《公孙龙子》。其著名观点有"白马非马""离坚白"等。这里节选了"坚白论"的部分文字，供读者一窥名家的论辩风格。

（客曰：）"坚白石三①，可乎？"（主）曰："不可。"

（客）曰："二，可乎？"（主）曰："可。"

（客）曰："何哉？"（主）曰："无坚得白，其举也二；无白得坚，其举也二②。"

（客）曰："得其所白，不可谓无白；得其所坚，不可谓无坚。而之石也之于然也③，非三也？"（主）曰："视不得其所坚而得其所

---

① 坚白石：这里指石头和它的两个属性：坚硬，白色。三：指三个概念同时存在的情况。

② 无坚得白：在知道它是白色时，不能同时知道它是坚硬的。其举也二：所知道的只有两点（即石头，白色）。举，得悉，知道。无白得坚：在知道它是坚硬时，不可能知道它是白色的。

③ 而之石也之于然也：而这块石头就是这样（既坚又白）。之，这。

白者,无坚也;拊不得其所白而得其所坚者①,无白也。"……

【译文】客问:"坚硬、白色、石头,这三种属性,人能同时感受到吗?"主人回答:"不能。"

客问:"其中两者可以同时感受到吗?"主人回答:"可以。"

客问:"为什么?"主人回答:"一块石头,不知是坚硬的只知是白色的,你只了解它的两个属性(白色、石头);不知是白色的只知是坚硬的,你了解的仍是两个属性(坚硬、石头)。"

客说:"(不对!)知道是白色的,就不能说没有白色;知道它是坚硬的,就不能说它没有坚硬。这块石头既是白色,又很坚硬,这不就是三者同齐备了吗?"主人说:"你只凭眼睛看的时候,不知它是坚硬的,只知它是白色的石头;你只凭手摸的时候,又不知它是白色的,只知它是坚硬的石头。(所以我说坚、白、石三性是不能同时得知的。)"……(《公孙龙子·坚白记》)

---

① 视不得其所坚而得其所白:(单纯)用眼睛看,不能看出它是坚硬的,只能看到它是白色的。者:原因。拊不得其所白而得其所坚:(单纯)用手摸不能感受到它是白的,只能感到它是坚硬的。

十一　辞赋第十一附录

（一）离骚　屈原（节录）

【题解】本篇节自屈原的楚辞代表作《离骚》。篇中申述了作者对美好政治理想的不懈追求，以及遭受迫害、不肯妥协的坚韧品格。本段描写诗人赴昆仑、达帝阍，上下求索、追寻真理的历程，极具浪漫色彩。

朝发轫于苍梧兮，夕余至乎县圃①；欲少留此灵琐兮，日忽忽其将暮②。吾令羲和弭节兮，望崦嵫而勿迫③。路曼曼其修远兮，吾将上下而求索④。饮余马于咸池兮，总余辔乎扶桑⑤。折若木以拂日兮，聊逍遥以相羊⑥。前望舒使先驱兮，后飞廉使奔属⑦。鸾皇为余先戒兮，雷师告余以未具⑧。吾令凤鸟飞腾兮，继之以日夜。飘风屯其相离

---

① 发轫：启程。苍梧：九嶷山，在湖南宁远县东南。县圃：山名，县，同"悬"。传说中神仙所居之处，在昆仑山。
② 灵琐：指神人所居的宫门。忽忽：光阴迅速貌。
③ 羲和：给太阳驾车的神人，一说日神。弭（mǐ）节：放慢速度。崦嵫（Yānzī）：山名，在甘肃，相传为日落之处。
④ 曼曼：同"漫漫"，长貌。修远：长远，辽远。求索：寻求。
⑤ 咸池：传说中太阳洗浴的地方。总：系，结。辔：马缰绳。扶桑：神木名，相传太阳由此升起。
⑥ 若木：神木名，相传太阳由此落下。拂：这里是遮蔽的意思。聊：姑且。相羊：同"徜徉"，徘徊。
⑦ 望舒：神话中为月神赶车的人。飞廉：神话中的风神。奔属：跟着奔跑。
⑧ 鸾皇：凤凰。戒：警备。雷师：雷神。未具：没有准备好。

兮，帅云霓而来御①。纷总总其离合兮，斑陆离其上下②。吾令帝阍开关兮，倚阊阖而望予③。时暧暧其将罢兮，结幽兰而延伫④。世溷浊而不分兮，好蔽美而嫉妒⑤。……

【译文】早上从苍梧山出发，傍晚就到了昆仑悬圃，我本想在灵琐之宫稍事逗留，夕阳西下暮色已临。我命羲和停鞭，别叫太阳迫近崦嵫山。前面的道路悠远漫长，我将不惧辛劳，上下寻求。且让我的马在咸池里饮够水，把马缰绳拴在扶桑树上。折下若木枝来挡住太阳，让我姑且从容徘徊。（当我再度上路时，）为月神驾车的望舒前驱开道，风神飞廉在后面紧紧跟随。鸾凤为我在前方戒备，雷师却告诉我还没准备停当。我命凤凰展翅飞腾，日夜不停。旋风聚拢，相互缠绕，忽合忽散；五光十色的云霓也随着上下飘飞。我命天国的看门人把门打开，他却倚门而望，无动于衷。日光转暗，天色已晚，我手编幽兰香草，仍旧停留于此。哀叹世道混浊、善恶不分，美善受遮蔽，只能招致嫉妒。……

（二）七发 枚乘（节录）

【题解】本篇节自《七发》，是汉代辞赋家枚乘的汉赋代表作。该赋写楚太子卧病，有吴客前往探视。吴客以问答的方式，多方启

---

① 飘风：旋风。屯：结聚。离，附着。帅：率领。霓：虹。御：迎接。
② 纷总总：丛簇聚集貌。离合：忽离忽合。斑陆离：五光十色，参差错综貌。
③ 帝阍（hūn）：为天帝守门的人。阊阖（chānghé）：天门。予：我。此句意谓：我命天官守门人开门，他却靠着天门望着我，无动于衷。
④ 暧暧：昏暗貌。罢：疲惫，一说消散。延伫：久立，逗留。
⑤ 溷（hùn）浊：浑浊。蔽美：遮蔽美善。

发太子，先请太子在想象中欣赏音乐，再去品尝美食，到川泽打猎，去长江观涛，听哲人玄谈……最终治好了太子的心病。此段是吴客让太子想象在八月中秋与"诸侯远方交游兄弟"到"广陵之曲江"（扬州的长江）观涛，并对奔腾的江水作了一番描摹，借以激发太子的生命活力。该赋已摆脱了骚体形式，体现出铺排的特色，标志着汉代散体大赋的形成。

……太子曰："善，然则涛何气哉①？"答曰："不记也，然闻于师曰，似神而非者三②：疾雷闻百里；江水逆流，海水上潮；山出内云③，日夜不止。衍溢漂疾④，波涌而涛起。其始起也，洪淋淋焉⑤，若白鹭之下翔。其少进也，浩浩澄澄，如素车白马帷盖之张⑥。其波涌而云乱，扰扰焉如三军之腾装⑦。其旁作而奔起者，飘飘焉如轻车之勒兵⑧。六驾蛟龙，附从太白，纯驰浩蜺，前后骆驿⑨。颙

---

① 涛何气哉：涛是一种怎样的气势呢？
② 不记：不曾有记载。似神而非者三：有三个似神非神的特征。
③ 山出内云：吞吐山云。内，同"纳"。
④ 衍溢：平满貌。漂疾：急流貌。
⑤ 洪淋淋：洪浪如山，飞洒而下的样子。淋淋，山洪下泄貌。
⑥ 少进：再进一步。浩浩：深广貌。澄（ái）澄：高白貌。帷盖：车帷、车盖。
⑦ 腾装：全副武装，奔腾向前。
⑧ 旁作：横出。奔起：上扬。轻车：主帅的指挥车。勒兵：指挥军队。
⑨ 六驾蛟龙：六条蛟龙驾车。附从太白：跟从太白帅旗。纯驰：或顿或奔。纯，同"屯"，停顿。浩蜺（ní）：高大貌。蜺，高。一说"浩蜺"为白色的虹霓。骆驿：同"络绎"，接连不断。

颙卬卬,椐椐强强,莘莘将将①。壁垒重坚,沓杂似军行②。訇隐匈磕,轧盘涌裔,原不可当③。观其两旁,则滂渤怫郁,暗漠感突,上击下律④,有似勇壮之卒,突怒而无畏。蹈壁冲津,穷曲随隈,逾岸出追⑤。遇者死,当者坏。……此天下怪异诡观也,太子能强起观之乎⑥?"太子曰:"仆⑦病,未能也。"

【译文】楚太子说:"好啊,那么江涛气势又是如何呢?"吴客回答说:"这个没有记载,不过我听老师说过,有似神非神的三个特征:(一是)响如迅雷,声传百里;(二是)令江水逆流、海潮倒灌;(三是)吞吐山云,日夜不止。先是水势满溢,水流迅疾,接着波涛涌起。开始时,如同山洪下泄,又如成群白鹭从空中飞下;待潮头稍稍前推,浩荡高耸、一派洁白,又像白马驾着素车,张挂起白色的车帷车盖。浪涛涌起如乱云纷扰,亚赛三军全副武装,奔腾向前。潮头忽而向两旁涌开,转而上扬,如同统帅驾着轻捷的战

---

① 颙(yóng)颙卬(áng)卬:江涛高大貌。椐(jū)椐强(jiàng)强:形容江涛一浪接一浪。莘(shēn)莘将(qiāng)将:形容江涛相互撞击。莘莘,众多貌。将将,同"锵锵",象声词。
② 重坚:重迭而坚固。沓(tà)杂:众多貌。军行(háng):军队行列。
③ 訇(hōng)隐匈磕(gài):四字都是象声词,形容涛声轰鸣。轧盘涌裔(yì):形容波涛奔腾、气势浩大。原:本。
④ 滂(pāng)渤怫(fú)郁:怒激貌。暗漠感突:冲起貌。律(lǜ):原指推石下山,这里形容波涛下坠。
⑤ 蹈壁:拍打堤岸。冲津:冲击渡口。穷曲随隈(wēi):指浪涛涌至河床的每一曲折拐弯之处。曲、隈,都指江河的转弯处。逾岸出追(duī):(浪涛)超越堤岸和沙堆。追,堆。
⑥ 诡观:奇观。强(qiǎng)起:勉力起身。
⑦ 仆:我。这是太子谦称。

车,指挥着他的百万大军。那车由六条蛟龙驾着,紧随太白军旗,高大的潮头或奔或止,后面波涛奔涌,络绎不绝。高耸的潮头气势宏大,众涛拥挤碰撞,铿锵有声。又如战垒坚固重叠,好似大军列队,无边无际。巨浪轰鸣,洪波奔涌,本来就是势不可当的。再看两旁,波涛受阻后冲腾激荡,汹涌翻滚,上冲下坠,犹如勇猛的士卒奔突向前、无所畏惧。巨浪荡涤堤岸,冲击渡头,刷遍每一处江湾河曲,乃至逾越堤坝沙堆,遭遇者死伤,阻挡者崩坏。……这是天下少有的奇伟景观,太子您能勉力起身观看吗?"太子说:"我有病在身,不行啊。"

十二　诗第十二附录

（一）论诗学门径　朱自清

【题解】本篇作于1931年，发表在《中学生》杂志第15号上，是一篇指导中学生读诗的文章。文中指出"与其囫囵吞枣或走马看花地读十部诗集，不如仔仔细细地背诵三百首诗"，并强调诵读是学习诗歌的重要手段。文中还提供了诸多适合学子参看的诗选书目，对今天的读者仍有参考价值。

本文所谓诗，专指中国旧体诗而言；所谓诗学，专指关于旧诗的理解与鉴赏而言。

据我数年来对于大学一年生的观察，推测高中学生学习国文的情形，觉得他们理解与鉴赏旧诗比一般文言困难，但对于诗的兴味却比文大。这似乎是一个矛盾，其实不然。他们的困难在意义，他们的兴味在声调；声调是诗的原始的也是主要的效用，所以他们虽觉难懂，还是乐意。他们更乐意读近体诗；近体诗比古体诗大体上更难理解，可是声调也更谐和，便于吟诵，他们的兴味显然在此。

这儿可以看出吟诵的重要来。这是诗的兴味的发端，也是诗学的第一步。但偶然的随意的吟诵是无用的；足以消遣，不足以受用或成学。那得下一番切实的苦功夫，便是记诵。学习文学而懒于记诵是不成的，特别是诗。一个高中文科的学生，与其囫囵吞枣或走马看花地读十部诗集，不如仔仔细细地背诵三百首诗。这三百首诗虽少，是你自己的；那十部诗集虽多，看过就还了别人。我不是说他们不应该读十部诗集，我是说他们若不能仔仔细细读这些诗集，读了还不和没读一样！

中国人学诗向来注重背诵。俗话说得好："熟读唐诗三百首，不会吟诗也会吟。"我现在并不劝高中的学生作旧诗，但这句话却有道理。"熟读"不独能领略声调的好处，并且能熟悉诗的用字，句法，章法。诗是精粹的语言，有它独具的表现法式。初学觉得诗难懂，大半便因为这些法式太生疏之故。学习这些法式最有效的方法是综合，多少应该像小儿学语一般；背诵便是这种综合的方法。也许有人想，声调的好处不须背诵就可领略，仔细说也不尽然。因为声调不但是平仄的分配，还有四声的讲究；不但是韵母的关系，还有声母的关系。这些条目有人说是枷锁，可是要说明旧诗的技巧，便不能不承认它们的存在。这些我们现在其实也还未能完全清楚，一个中学生当然无须详细知道；但他会从背诵里觉出一些细微的分别，虽然不能指明。他会觉出这首诗调子比另一首好，即使是平仄一样的律诗或绝句。这在随便吟诵的人是不成的。

现在的中学生大都不能辨别四声，他们也没有"韵"的观念。这样便不能充分领略诗的意味。四声是平、上、去、入四种字调，最好幼时学习，长大了要难得多。这件事非理论所能帮助，只能用诵读《四声等韵图》（如东、董、冻、笃之类，《康熙字典》卷首有此图）或背诵近体诗两法学习。诵读四声图最好用自己方音，全读或反复读一行（如东、董、冻、笃）都可。但须常读，到任举一字能辨其声为止。这方法在成人也是有效的，有人用过；不过似乎太机械些。背诵近体诗要有趣得多，而且是一举两得的办法。近体诗的平仄有一定的谱，从那调匀的声调里，你可渐渐地辨别。这方法也有人用过见效；但我想怕只能辨别平仄，要辨别四声，还是得读四声图的。所以若能两法并用最好。至于"韵"的观念，比较容易获得，方法仍然是背诵近体诗，可是得有人给指出韵的位置和韵书的用法。这是容易说明的，与平仄之全凭天籁不同。不过单是说明，没有应用，不能获得确实的观念，所以还要靠背诵。固然旧诗的韵有时与我们的口音不合：我们以为不同韵的字，也许竟是同韵，我们以为同韵的字，也许竟会不同韵；但这可以预先说明。好在大部分不致差得很远；我们只要明白韵的观念，并非要辨别各字的韵部，这样也就行了。我只举近体诗，因为古体诗用韵较不整齐，又往往换韵，而所用韵字的音与现在相差也更远。至于韵即今日所谓母音或元音，同韵字即同母音或元音的字，押韵即将此类字用在相"当"的地位，这些想是中学生诸君所已知道的。

记诵只是诗学的第一步。单记诵到底不够的；须能明白诗的表现方式，记诵的效才易见。诗是特种的语言，它因音数（四五七言是基本音数）的限制，便有了特种的表现法。它须将一个意思或一层意思或几层意思用一定的字数表现出来；它与自然的散文的语言有时相近，有时相远，但决不是相同的。它需要艺术的功夫。近体诗除长律外，句数有定，篇幅较短，有时还要对偶，所以更其是如此。固然，这种表现法，记诵的诗多了，也可比较同异，渐渐悟出；但为时既久，且未必能鞭辟入里，因此便需要说诗的人。说诗有三种：注明典实，申述文义，评论作法。这三件就是说，用什么材料，表什么意思，使什么技巧。上两件似乎与表现方式无涉；但不知道这些，又怎能看出表现方式？也有诗是没什么典实的，可是文义与技巧总有待说明处；初学者单靠自己捉摸，究竟不成。我常想，最好有"诗例"这种书，略仿俞曲园《古书疑义举例》的体裁，将诗中各种句法或辞例，一一举证说明。坊间诗学入门一类书，也偶然注意及此，但太略、太陋，无甚用处。比较可看而又易得的，只有李锳《诗法易简录》（有铅印本）、朱宝莹《诗式》（中华书局铅印）。《诗法易简录》于古体诗，应用王士禛、赵执信诸家之说，侧重声调一面，所论颇多精到处。于近体诗专重章法，简明易晓，不作惝恍迷离语，也不作牵强附会语。《诗式》专取五七言近体，皆唐人清新浅显之作，逐首加以评语注释。注释太简陋，且不免错误；评语详论句法章法，很明切，便于初学。书中每一体（指绝句、律句）前有一段说明，论近体声调宜忌，能得要领。初学读此书及前书后半部，可增进对于近体诗的理解力与赏鉴力。至于前书古体一部分，却宜等明白四声后再读；早读一定莫名其妙。

此外宜多读注本、评本。注本易芜杂，评本易肤泛笼统，选择甚难。我是主张中学生应多读选本的，姑就选本说吧。唐以前的五言诗与乐府，自然用《文选》李善注（仿宋胡刻《文选》有影印本）；刘履的《选诗补注》（有石印本）和于光华的《文选集评》（石印本名《评注昭明文选》）也可参看。《玉台新咏》（吴兆宜笺注，有石印本）的重要仅次于《文选》；有些著名的乐府只见于此书；又编者徐陵在昭明太子之后，所以收的作家多些。沈德潜《古诗源》也可用，有王纯父笺注本（崇古书社铅印），但笺注颇有误处。唐诗可用沈氏《唐诗别裁集》（有石印本），此书有俞汝昌引典备注（刻本），是正统派选本。另有五代韦縠《才调集》，以晚唐为宗，有冯舒、冯班评语，简当可看（有石印本）；殷元勋、宋邦绥作笺注，石印本无之。以上二书，兼备众体。元好问的《唐诗鼓吹》专选中晚唐七律；元是金人，当然受宋诗的影响，他是别出手眼去取的。书有郝天挺注，廖文炳解，钱谦益、何焯评（文明书局石印）。（有人说这是伪书，钱谦益曾作序辨之；我得见姚华先生所藏元刊本诸序，觉得钱氏所说不误。）另有徐增《而庵说唐诗》（刻本），颇能咬嚼文字，启人心思，也是各体都有。宋诗选本有注者似甚少。七古可看闻人倓《古诗笺》（王士祯原选）；七律可看赵彦博《宋今体诗钞注略》（姚鼐有《今体诗钞》，此书只注宋代诸作）。但前书价贵些，后书又少见。张景星《宋诗百一钞》（石印本，在《五朝诗别裁集》中）备各体，可惜没有注。选集的评本，除前已提及的外，最多最著的要算纪昀《瀛奎律髓刊误》。纪氏论诗虽不免过苛，但剖析入微，耐人寻味，值得细看。又文明书局有《历代诗评注读本》（分古诗、唐诗、宋元明诗、清诗），也还简明可看。至于汉以前的诗，自然该读《诗经》《楚辞》。《诗经》可全读，用朱熹集传就行；《楚辞》只须读屈、宋诸篇，也可用朱熹集注。

诗话可以补注本、评本之不及，大抵片段的多，系统的少。章学诚分诗话为论诗及事与及辞两种，最为明白。成书最早的诗话，要推梁钟嵘的《诗品》（许文玉《诗品释》最佳，北京大学出版部代售），将汉以来五言诗作者分为上中下三品，所论以辞为主。到宋代才有"诗话"之名，诗话也是这时才盛。我只举魏庆之《诗人玉屑》及严羽《沧浪诗话》两种。前者采撷南宋诸家诗话，分类编成，能引人入胜；后者始创"诗有别材别趣"之说，影响后世甚大（均有石印本，后者并有注）。袁枚的《诗法丛话》（有石印本）也与《诗人玉屑》同类，但采撷的范围直至清代。至于专论诗话的，有郭绍虞先生的《诗话丛话》，见《小说月报》二十卷一、二、四诸号中，可看。诗话之外，若还愿意知道一些诗的历史，我愿意介绍叶燮《原诗》（见《清诗话》，文明书局发行）；《原诗》中论诗学及历代诗大势，都有特见。黄节先生《诗学》要言不烦，只是已绝版。陆侃如先生《中国诗史》听说已由大江书铺付印，那将是很好的一部诗史，我念过其中一部分。此外邵祖平《唐诗通论》（《学衡》十二期）各论各节都有新意；许文玉《唐诗综论》（北京大学出版部代售）虽琐碎而切实，均可供参考。宋诗有庄蔚心《宋诗研究》（大东书局），材料不多，但多是有用的原料；较《小说月报·中国文学研究》中陈延杰《宋诗之派别》一文要好些。再有，胡适先生《白话文学史》和《国语文学史》中论诗诸章，以白话的立场说旧诗趋势，也很值得一读的。

  附注 文中忘记说及顾实的《诗法捷要》一书（上海医学书局印）。这本书杂录前人之说（如方回《瀛奎律髓》、周弼《三体唐诗》等），没有什么特见，但因所从出的书有相当价值，所以可看。书分三编：前编论绝句，中编论律诗，均先述声律，次列作法，终举作例；后编专论古诗声韵。初学可先看前两编。

           《中学生》第十五号，一九三一年五月

（二）《唐诗三百首》指导大概 朱自清

  【题解】1941年，朱自清与叶圣陶两位先生合作撰写了《精读指导举隅》和《略读指导举隅》两书，为中学语文阅读教学提供指导。本篇收于《略读》中，由朱先生独立撰写，为指导学生"略读"《唐诗三百首》提供切实有用的帮助。全文两万多字，讨论了唐诗的题材、体裁、格律、修辞，以及风格的变化、诗家的特点，还上溯汉魏，揭示了诗歌从内容到形式的演化之迹，其学术内涵远远超出对某一具体选本的研究探讨，对今天的学生和教师认识读诗的意义、掌握读诗的方法，都有极大帮助。

　　有些人生病的时候或烦恼的时候，拿过一本诗来翻读，偶尔也朗吟几首，便会觉得心上平静些，轻松些。这是一种消遣，但跟玩骨牌或纸牌等等不同，那些大概只是碰碰运气。跟读笔记一类书也不同，那些书可以给人新的知识和趣味，但不直接调平情感。读小说在这些时候大概只注意在故事上，直接调平情感的效用也不如诗。诗是抒情的，直接诉诸情感，又是节奏的，同时直接诉诸感觉，又是最经济的，语短而意长。具备这些条件，读了心上容易平静轻松，也是当然。自来说，诗可以陶冶性情，这句话不错。
　　但是诗决不只是一种消遣，正如笔记一类书和小说等不是的一样。诗调平情感，也就是节制情感。诗里的喜怒哀乐跟实生活里的喜怒哀乐不同，这是经过"再团再炼再调和"的。诗人正在喜怒哀乐的时候，决想不到作诗。必得等到他的情感平静了，他才会吟味那平静了的情感想到作诗；于是乎运思造句，作成他的诗，这才可以供欣赏。要不然，大笑狂号只教人心紧，有什么可欣赏的呢？读诗所欣赏的便是诗里所表现的那些平静了的情感。假如是好诗，说的即使怎样可气可哀，我们还是不厌百回读的。在实生活里便不然，可气可哀的事我们大概不愿重提。这似乎是有私无私或有我无我的分别，诗里无我，实生活里有我。别的文学类型也都有这种情形，不过诗里更容易见出。读诗的人直接吟味那无我的情感，欣赏它的发而中节，自己也得到平静，而且也会渐渐知道节制自己的情感。一方面因为诗里的情感是无我的，欣赏起来得设身处地，替人着想。这也可以影响到性情上去。节制自己和替人着想这两种影响都可以说是人在模仿诗。诗可以陶冶性情，便是这个意思。所谓温柔敦厚的诗教，也只该是这个意思。

部定初中国文课程标准"目标"里有"养成欣赏文艺之兴趣"一项，略读教材里有"有注释之诗歌选本"一项。高中国文课程标准"目标"里又有"培养学生欣赏中国文学名著之能力"一项，关于略读教材也有"选读整部或选本之名著"的话。欣赏文艺，欣赏中国文学名著，都不能忽略读诗。读诗家专集不如读诗歌选本，读选本虽只能"尝鼎一脔"，却能将各家各派鸟瞰一番；这在中学生是最适宜的，也最需要的。有特殊的选本，有一般的选本。按着特殊的作派选的是前者，按着一般的品味选的是后者。中学生不用说该读后者。《唐诗三百首》正是一般的选本。这部诗选很著名，流行最广，从前是家弦户诵的书，现在也还是相当普遍的书。但这部选本并不成为古典；它跟《古文观止》一样，只是当年的童蒙书，等于现在的小学用书。不过在现在的教育制度下，这部书给高中学生读才合适。无论它从前的地位如何，现在它却是高中学生最合适的一部诗歌选本。唐代是诗的时代，许多大诗家都在这时代出现，各种诗体也都在这时代发展。这部书选在清代中叶，入选的差不多都是经过一千多年淘汰的名作，差不多都是历代公认的好诗。虽然以明白易解为主，并限定诗篇的数目，规模不免狭窄些，却因此成为道地的一般的选本，高中学生读这部书，靠着注释的帮忙，可以吟味欣赏，收到陶冶性情的益处。

本书是清乾隆间一位别号"蘅塘退士"的人编选的。卷头有

《题辞》，末尾记着"时乾隆癸未年春日，蘅塘退士题"。乾隆癸未是公元一七六三年，到现在快一百八十年了。有一种刻本"题"字下押了一方印章，是"孙洙"两字，也许是选者的姓名。孙洙的事迹，因为眼前书少，还不能考出、印证。这件事只好暂时存疑。《题辞》说明编选的旨趣，很简短，抄在这里：

> 世俗儿童就学，即授《千家诗》，取其易于成诵，故流传不废。但其诗随手掇拾，工拙莫辨。且止五七言律绝二体，而唐宋人又杂出其间。殊乖体制。因专就唐诗中脍炙人口之作择其尤要者，每体得数十首，共三百余首，录成一编，为家塾课本。俾童而习之，白首亦莫能废。较《千家诗》不远胜耶？谚云，"熟读唐诗三百首，不会吟诗也会吟"，请以是编验之。

这里可见本书是断代的选本，所选的只是"唐诗中脍炙人口之作"，就是唐诗中的名作。而又只"择其尤要者"，所以只有三百余首，实数是三百一十首。所谓"尤要者"大概着眼在陶冶性情上。至于以明白易解的为主，是"家塾课本"的当然，无须特别提及。本书是分体编的，所以说"每体得数十首"。引谚语一方面说明为什么只选三百余首。但编者显然同时在模仿"三百篇"。《诗经》三百零五篇，连那有目无诗的六篇算上，共三百一十一篇；本书三百一十首，决不是偶然巧合。编者是怕人笑他僭妄，所以不将这番意思说出。引谚语另一方面叫人熟读，学会吟诗。我们现在也劝高中学生熟读，熟读才真是吟味，才能欣赏到精微处。但现在却无须再学作旧体诗了。

本书流传既广，版本极多。原书有注释和评点，该是出于编者之手。注释只注事，颇简当，但不释义。读诗首先得了解诗句的文义；不能了解文义，欣赏根本说不上。书中各诗虽然比较明白易懂，又有一些注，但在初学还不免困难。书中的评，在诗的行旁，多半指点作法，说明作意，偶然也品评工拙。点只有句圈和连圈，没有读点和密点——密点和连圈都表示好句和关键句，并用的时候，圈的比点的更重要或更好。评点大约起于南宋，向来认为有伤雅道，因为妨碍读者欣赏的自由，而且免不了成见或偏见。但是谨慎的评点对于初学也未尝没有用处。这种评点可以帮助初学了解诗中各句的意旨，并培养他们欣赏的能力。本书的评点似乎就有这样效用。

　　但是最需要的还是详细的注释。道光间，浙江省建德县（？）人章燮鉴于这个需要，便给本书作注，成《唐诗三百首注疏》一书。他的自跋作于道光甲午，就是公元一八三四年，离蘅塘退士题辞的那年是七十一年。这注本也是"为家塾子弟起见"，很详细。有诗人小传，有事注，有义疏，并明作法，引评语；其中李白诗用王琦《李太白集注》，杜甫诗用仇兆鳌《杜诗详注》。原书的旁评也留着，但连圈没有——原刻本并句圈也没有。书中还增补了一些诗，却没有增选诗家。以注书的体例而论，这部书可以说是驳杂不纯，而且不免繁琐、疏漏、附会等毛病。书中有"子墨客卿"（名翰，姓不详）的校正语十来条，都确切可信。但在初学，这却是一部有益的书。这部书我只见过两种刻本。一种是原刻本。另一种是坊刻本，四川常见。这种刻本有句圈，书眉增录各家评语，并附道光丁酉（公元一八三七）印行的江苏金坛于庆元的《续选唐诗三百首》。读《唐诗三百首》用这个本子最好。此外还有商务印书馆铅印本《唐诗三百首》，根据蘅塘退士的原本而未印评语。又，世界书局石印《新体广注唐诗三百首读本》，每诗后有"注释"和"作法"两项。"注释"注事比原书详细些；兼释字义，却间有误处。"作法"兼说明作意，还得要领。卷首有"学诗浅说"，大致简明可看。书中只绝句有连圈，别体只有句圈；绝句连圈处也跟原书不同，似乎是抄印时随手加上，不足凭信。

本书编配各体诗，计五言古诗三十三首，乐府七首，七言古诗二十八首，乐府十四首，五言律诗八十首，七言律诗五十首，乐府一首，五言绝句二十九首，乐府八首，七言绝句五十一首，乐府九首，共三百一十首。五言古诗和乐府，七言古诗和乐府，两项总数差不多。五言律诗的数目超出七言律诗和乐府很多，七言绝句和乐府却又超出五言绝句和乐府很多。这不是编者的偏好，是反映着唐代各体诗发展的情形。五言律诗和七言绝句作的多，可选的也就多。这一层下文还要讨论。五、七、古、律、绝的分别都在形式，乐府是题材和作风不同。乐府也等下文再论，先说五七古律绝的形式。这些又大别为两类：古体诗和近体诗。五七言古诗属于前者，五七言律绝属于后者。所谓形式，包括字数和声调（即节奏），律诗再加对偶一项。五言古诗全篇五言句，七言古诗或全篇七言句，或在七言句当中夹着一些长短句。如李白《庐山谣》开端道：

我本楚狂人，凤歌笑孔丘。
手持绿玉杖，朝别黄鹤楼。

五岳寻仙不辞远，一生好入名山游。

又如他的《宣州谢朓楼饯别校书叔云》开端道：

弃我去者昨日之日不可留，乱我心者今日之日多烦忧。
长风万里送秋雁，对此可以酣高楼。

这些都是七言古诗。五七古全篇没有一定的句数。古近体诗都得用韵，通常两句一韵，押在双句末字；有时也可以一句一韵，开端时便多如此。上面引的第一例里"丘""楼""游"是韵，两句间见；第二例里"留"和"忧"是逐句韵，"忧"和"楼"是隔句韵。古体诗的声调比较近乎语言之自然，七言更其如此，只以读来顺口听来顺耳为标准。但顺口顺耳跟着训练的不同而有等差，并不是一致的。

近体诗的声调却有一定的规律；五七言绝句还可以用古体诗的声调，律诗老得跟着规律走。规律的基础在字调的平仄，字调就是平上去入四声，上去入都是仄声。五七言律诗基本的平仄式之一如次：

五律

仄仄平平仄　平平仄仄平
平平平仄仄　仄仄仄平平
仄仄平平仄　平平仄仄平
平平平仄仄　仄仄仄平平

七律

平平仄仄仄平平　仄仄平平仄仄平

仄仄平平平仄仄　平平仄仄仄平平

平平仄仄平平仄　仄仄平平仄仄平

仄仄平平平仄仄　平平仄仄仄平平

即使不懂平仄的人也能看出律诗是两组重复、均齐的节奏所构成，每组里又自有对称、重复、变化的地方。节奏本是异中有同，同中有异，律诗的平仄式也不外这个理。即使不懂平仄的人只默诵或朗吟这两个平仄式，也会觉得顺口顺耳；但这种顺口顺耳是音乐性的，跟古体诗不同，正和语言跟音乐不同一样。律诗既有平仄式，就只能有八句，五律是四十字，七律是五十六字——排律不限句数，但本书里没有。绝句的平仄式照律诗减半——七绝照七律的前四句——就是只有一组的节奏。这里所举的平仄式只是最基本的，其中有种种繁复的变化。懂得平仄的自然渐渐便会明白。不懂平仄的，只要多读，熟读，多朗吟，也能欣赏那些声调变化的好处，恰像听戏多的人不懂板眼也能分别唱的好坏，不过不大精确就是了。四声中国人人语言中有，但要辨别某字是某声，却得受过训练才成。从前的训练是对对子跟读四声表，都在幼小的时候。现在高中学生不能辨别四声也就是不懂平仄的，大概有十之八九。他们若愿意懂，不妨试读四声表。这只消从《康熙字典》卷首附载的《等韵切音指南》里选些容易读的四声如"巴把霸捌""庚梗更格"之类，得闲就练习，也许不难一旦豁然贯通。（中华书局出版的《学诗入门》里有一个四声表，似乎还容易读出，也可用。）律诗还有一项规律，就是中四句得两两对偶，这层也在下文论。

　　初学人读诗，往往给典故难住。他们一回两回不懂，便望而生畏，因畏生懒，这会断了他们到诗去的路。所以需要注释。但典故多半只是历史的比喻和神仙的比喻；用典故跟用比喻往往是一个理，并无深奥可畏之处。不过比喻多取材于眼前的事物，容易了解些罢了。广义的比喻连典故在内，是诗的主要的生命素；诗的含蓄、诗的多义、诗的暗示力，主要的建筑在广义的比喻上。那些取材于经验和常识的比喻——一般所谓比喻只指这些——可以称为事物的比喻，跟历史的比喻、神仙的比喻鼎足而三。这些比喻（广义，后同）都有三个成分：一、喻依，二、喻体，三、意旨。喻依是做比喻的材料，喻体是被比喻的材料，意旨是比喻的用意所在。先从事物的比喻说起。如"天边树若荠"（五古，孟浩然，《秋登兰山寄张五》），荠是喻依，天边树是喻体，登山望远树，只如荠菜一般，只见树的小和山的高，是意旨。意旨却没有说出。又，"今朝此为别，何处还相遇？世事波上舟，沿洄安得住！"（五古，韦应物，《初发扬子寄元大校书》）。世事是喻体，沿洄不得住的波上舟是喻依，惜别难留是意旨——也没有明白说出。又，"吴姬压酒劝客尝"（七古，李白，《金陵酒肆留别》），当垆是喻体，压酒是喻依，压酒的"压"和所谓"压装"的"压"用法一样，压酒是使酒的分量加重，更值得"尽觞"（原诗，"欲行不行各尽觞"）。吴姬当垆，助客酒兴是意旨。这里只说出喻依。又，"辞严义密读难晓，字体不类隶与蝌。年深岂免有缺画？快剑斫断生蛟鼍。鸾翔凤翥众仙下，珊瑚碧树交枝柯，金绳铁索锁纽壮，古鼎跃水龙腾梭。"（七古，韩愈，《石鼓歌》）"快剑"以下五句都是描写石鼓的字体的。

这又分两层。第一，专描写残缺的字。缺画是喻体，"快剑"句是喻依，缺画依然劲挺有生气是意旨。第二，描写字体的一般。字体便是喻体，"鸾翔"以下四句是五个喻依——"古鼎跃水"跟"龙腾梭"各是一个喻依。意旨依次是隽逸，典丽，坚壮，挺拔——末两个喻依只一个意旨——都指字体而言，却都未说出。又，"大弦嘈嘈如急雨，小弦切切如私语；嘈嘈切切错杂弹，大珠小珠落玉盘。间关莺语花底滑，幽咽泉流冰下难"（原作"水下滩"，依段玉裁说改——七古，白居易，《琵琶行》）。这几句都描写琵琶的声音。大弦嘈嘈跟小弦切切各是喻体，急雨跟私语各是喻依，意旨一个是高而急，一个是低而急。"嘈嘈"句又是喻体，"大珠"句是喻依，圆润是意旨。"间关"二句各是一个喻依，喻体是琵琶的声音；前者的意旨是明滑，后者是幽涩。头两层的意旨未说出，这一层喻体跟意旨都未说出。事物的比喻虽然取材于经验和常识，却得新鲜，才能增强情感的力量；这需要创造的功夫。新鲜还得入情入理，才能让读者消化；这需要雅正的品味。

有时全诗是一套事物的比喻，或者一套事物的比喻渗透在全诗里。前者如朱庆余《近试上张水部》：

> 洞房昨夜停红烛，待晓堂前拜舅姑。
> 妆罢低声问夫婿，"画眉深浅入时无？"（七绝）

唐代士子应试，先将所作的诗文呈给在朝的知名人看。若得他赞许宣扬，登科便不难。宋人诗话里说，"庆余遇水部郎中张籍，因索庆余新旧篇什，寄之怀袖而推赞之，遂登科"。这首诗大概就是呈献诗文时作的。全诗是新嫁娘的话,她在拜舅姑以前问夫婿,画眉深浅合适否?这是喻依。喻体是近试献诗文给人,朱庆余是在应试以前问张籍,所作诗文合适否?新嫁娘问画眉深浅,为的请夫婿指点,好让舅姑看得入眼。朱庆余问诗文合适与否,为的请张籍指点,好让考官看得入眼。这是全诗的主旨。又,骆宾王《在狱咏蝉》:

> 西陆蝉声唱,南冠客思深。
> 不堪玄鬓影,来对白头吟。
> 露重飞难进,风多响易沉。
> 无人信高洁,谁为表予心!(五律)

这是闻蝉声而感身世。蝉的头是黑的,是喻体,玄鬓影是喻依,意旨是少年时不堪回首。"露重"一联是蝉,是喻依,喻体是自己,身微言轻是意旨。诗有长序,序尾道:"庶情沿物应,哀弱羽之飘零,道寄人知,悯余声之寂寞。"正指出这层意旨。"高洁"是蝉,也是人,是自己;这个词是双关的,多义。又,杜甫《古柏行》(七古)咏夔州武侯庙和成都武侯祠的古柏,作意从"君臣已与时际会,树木犹为人爱惜"二语见出。篇末道:

> 大厦如倾要梁栋,万牛回首丘山重。
> 不露文章世已惊,未辞翦伐谁能送?
> 苦心岂免容蝼蚁?香叶终经宿鸾凤。
> 志士幽人莫怨嗟,古来材大难为用。

大厦倾和梁栋虽已成为典故，但原是事物的比喻。两者都是喻依。前者的喻体是国家乱；大厦倾会压死人，国家乱人民受难，这是意旨。后者的喻体是大臣，梁栋支柱大厦，大臣支持国家，这是意旨。古柏是栋梁材，虽然"不露文章世已惊"，也乐意供世用，但是太重了，太大了，谁能送去供用呢？无从供用，渐渐心空了，蚂蚁爬进去了；但是"香叶终经宿鸾凤"，它的身份还是高的。这是喻依。喻体是怀才不遇的志士幽人。志士幽人本有用世之心，但是才太大了，无人真知灼见，推荐入朝。于是贫贱衰老，为世人所揶揄，但是他们的身份还是高的。这是才大难为用，是意旨。

典故只是故事的意思。这所谓故事包罗的却很广大。经史子集等等可以说都是的；不过诗文里引用，总以常见的和易知的为主。典故有一部分原是事物的比喻，有一部分是事迹，另一部分是成辞。上文说典故是历史的和神仙的比喻，是专从诗文的一般读者着眼，他们觉得诗文里引用史事和神话或神仙故事的地方最困难。这两类比喻都应该包括着那三部分。如前节所引《古柏行》里的"大厦如倾要梁栋"，"大厦之倾，非一木所支"，见《文中子》；"枯柏豫章虽小，已有栋梁之器"，是袁粲叹美王俭的话，见《晋书》。大厦倾和梁栋都是历史的比喻，同时可还是事物的比喻。又，"乾坤日夜浮"（五律，杜甫，《登岳阳楼》）是用《水经注》。《水经注》道："洞庭湖广五百里，日月若出没其中。"乾坤是喻体，日夜浮是喻依。天地中间好像只有此湖；湖盖地，天盖湖，天地好像只是日夜飘浮在湖里。洞庭湖的广大是意旨。又，"古调虽自爱，今人多不弹"（五绝，刘长卿，《弹琴》），用魏文侯听古乐就要睡觉的话，见《礼记》。两句是喻依，世人不好古是喻体，自己不合时宜是意旨。这三例不必知道出处便能明白；但知道出处，句便多义，诗味更厚些。

引用事迹和成辞不然，得知道出处，才能了解正确。如"圣代无隐者，英灵尽来归。遂令东山客，不得顾采薇"（五古，王维，《送綦毋潜落第还乡》）。谢安曾隐居会稽东山。东山客是喻依，喻体是綦毋潜，意旨是大才隐处。采薇是伯夷、叔齐的故事，他们义不食周粟，隐于首阳山，采薇而食。采薇是喻依，隐居是喻体，自甘淡泊是意旨。又，"客心洗流水"（五律，李白，《听蜀僧濬弹琴》），"流水"用俞伯牙、钟子期的故事。俞伯牙弹琴，志在流水。钟子期就听出了，道："洋洋乎，若江河！"诗句是倒装，原是说流水洗客心。流水是喻依，喻体是蜀僧濬的琴曲，意旨是曲调高妙。洗流水又是双关的，多义的。洗是喻依，净是喻体，高妙的琴曲涤净客心的俗虑的意旨。洗流水又是喻依，喻体是客心；听琴而客心清净，像流水洗过一般，是意旨。又，钱起《送僧归日本》（五律）道："……浮天沧海远，去世法舟轻。……惟怜一灯影，万里眼中明。"一灯影用《维摩经》。经里道："有法门，名无尽灯。譬如一灯燃百千灯，冥者皆明，明终不尽。夫一菩萨开导千百众生，令发阿耨多罗三藐三菩提心（译言'无上正等正觉心'），其于道意亦不灭尽。是名无尽灯。"这儿一灯是喻依，喻体是觉者；一灯燃千百灯，一觉者造成千百觉者，道意不灭是意旨。但在诗句里，一灯影却指舟中禅灯的光影，是喻依，喻体是那日本僧，意旨是他回国传法，辗转无尽。——"惟怜"是"最爱"的意思。又，"后来鞍马何逡巡，当轩下马入锦茵。杨花雪落覆白蘋，青鸟飞去衔红巾。炙手可热势绝伦，慎莫近前丞相嗔！"（七古，乐府，杜甫，《丽人行》）全诗咏三月三日长安水边游乐的情形，以杨国忠兄妹为主。诗中上文说到虢国夫人和秦国夫人，这几句说到杨国忠——他那时是丞相。"杨花"二语正是暮春水边的景物。但是全诗里只在这儿插入两句景语，奇特的安排暗示别有用意。

北魏胡太后私通杨华作《杨白花歌辞》，有"杨花飘荡落南家"，"愿衔杨花入窠里"等语。白蘋，旧说是杨花入水所化。杨国忠也和虢国夫人私通。"杨花"句一方面是个喻依，喻体便是这件事实。杨国忠兄妹相通，都是杨家人，所以用杨花覆白蘋为喻，暗示讥刺的意旨。三青鸟是西王母传书带信的侍者。当时总该有些侍婢是给那兄妹二人居间。"青鸟"句一方面也是喻依，喻体便是这些居间的侍婢，意旨还是讥刺杨国忠不知耻。青鸟是神仙的比喻。这两句隐约其辞，虽志在讥刺，而言之者无罪。又杜甫《登楼》（七律）：

> 花近高楼伤客心，万方多难此登临。
> 锦江春色来天地，玉垒浮云变古今。
> 北极朝廷终不改，西山寇盗莫相侵。
> 可怜后主还祠庙，日暮聊为《梁父吟》。

旧注说本诗是代宗广德二年在成都作。元年冬，吐蕃陷京师，郭子仪收复京师，请代宗反正。所以有"北极"二句。本篇组织用赋体，以四方为骨干。锦江在东，玉垒山在西，"北极"二句是北眺所思。当时后主附祀先主庙中，先主庙在成都城南。"可怜"二句正是南瞻所感（罗庸先生说，见《国文月刊》九期）。可怜后主还有祠庙，受祭享；他信任宦官，终于亡国，辜负了诸葛亮出山一番。《三国志》里说"亮躬耕陇亩，好为《梁父吟》"，《梁父吟》的原辞不传（流传的《梁父吟》决不是诸葛亮的《梁父吟》），大概慨叹小人当道。这二语一方面又是喻依，喻体是代宗和郭子仪；代宗也信任宦官，杜甫希望他"亲贤臣，远小人"（诸葛亮《出师表》中语），这是意旨。"日暮"句又是一喻依，喻体是杜甫自己；想用世是意旨。又，"今朝郡斋冷，忽念山中客。涧底束荆薪，归来煮白石"（五古，韦应物，《寄全椒山中道士》），煮白石用鲍靓事。《晋书》："靓学兼内外，明天文河洛书。尝入海，遇风，饥甚，取白石煮食之。"煮白石是喻依，喻体是那山中道士，他的清苦生涯是意旨。这也是神仙的比喻。又，"总为浮云能蔽日，长安不见使人愁"（七律，李白，《登金陵凤凰台》），两句一贯，思君的意思似甚明白。但乐府《古杨柳行》道，"谗邪害公正，浮云冷白日"，古句也道，"浮云蔽白日，游子不顾反"，本诗显然在引用成辞。陆贾《新语》说："邪官之蔽贤，犹浮云之障日月。"本诗的"浮云能蔽日"一方面也是喻依，喻体大概是杨国忠等遮塞贤路。意旨是邪臣蔽君误国，所以有"长安"句。历史的比喻和神仙的比喻引用故事，得增减变化，才能新鲜入目。宋人所谓"以旧为新"，便是这意思。所引各例可见。

典故渗透全诗的，如孟浩然《临洞庭上张丞相》（五律）：

　　八月湖水平，涵虚混太清。
　　气蒸云梦泽，波撼岳阳城。
　　欲济无舟楫，端居耻圣明。

> 坐观垂钓者，徒有羡鱼情。

张丞相是张九龄，那时在荆州。前四语描写洞庭湖，三四是名句。后四语蝉联而下，还是就湖说，只"端居"句露出本意，这一语便是《论语》"邦有道，贫且贱焉，耻也"的意思。"欲济"句一方面说想渡湖上荆州去，却没有船，一方面是一喻依。伪《古文尚书·说命》殷高宗命傅说道，若济巨川，"用汝作舟楫"。本诗用这喻依，喻体却是欲用世而无引进的人，意旨是希望张丞相援手。"坐观"二语是一喻依。《汉书》用古人言，"临渊羡鱼，不如退而结网"。本诗里网变为钓。这一联的喻体是羡人出仕而得行道。自己无钓具，只好羡人家钓得的鱼，自己不得仕，只好羡人家行道。意旨同上。

全诗用典故最多的，本书中推杜甫《寄韩谏议》一首（七古）：

> 今我不乐思岳阳，身欲奋飞病在床。
> 美人娟娟隔秋水，濯足洞庭望八荒。
> 鸿飞冥冥日月白，青枫叶赤天雨霜。
> 玉京群帝集北斗，或骑麒麟翳凤凰。
> 芙蓉旌旗烟雾落，影动倒景摇潇湘。
> 星宫之君醉琼浆，羽人稀少不在旁。
> 似闻昨者赤松子，恐是汉代韩张良。
> 昔随刘氏定长安，帷幄未改神惨伤。
> 国家成败吾岂敢，色难腥腐餐枫香。
> 周南留滞古所惜，南极老人应寿昌。

美人胡为隔秋水！焉得置之贡玉堂！

韩谏议的名字事迹无考。从诗里看，他是楚人，住在岳阳。肃宗平定安史之乱，收复东西京，他大约也是参与机密的一人。后来去官归隐，修道学仙。这首诗是爱惜他，思念他。第一节说思念他，是秋日，自己是在病中。美人这喻依见《楚辞》，但在这儿喻体是韩谏议，意旨是他的才能出众。"鸿飞冥冥，弋人何篡焉！"见扬雄《法言》。这儿一方面描写秋天的实景，一方面是喻依；喻体还是韩谏议，意旨是他已逃出世网。第二节说京师贵官声势煊赫，而韩谏议不在朝。本节差不多全是神仙的比喻，各有来历。"玉京"句一喻依，喻体是集于君侧的朝廷贵官，意旨是他们承君命掌大权。"或骑"二语一套喻依——"烟雾落"就是落在烟雾中，喻体同上句，意旨是他们的骑从仪卫之盛。影是芙蓉旌旗的影。"影动"句一喻依，喻体是声势煊赫，从京师传遍天下；意旨是在潇湘的韩谏议也必闻知这种声势。星宫之君就是玉京群帝，醉琼浆的喻体是宴饮，意旨是征逐酒食。羽人是飞仙，羽人稀少就是稀少的羽人；全句一喻依，喻体是一些远隐的臣僚不在这繁华场中，意旨是韩谏议没有分享到这种声势。第三节说韩谏议曾参与定乱收京大计，如今却不问国事，修道学仙。全节是神仙的比喻夹着历史的比喻。昨者是从前的意思。如今的赤松子，昨者"恐是汉代韩张良"。韩张良的跟赤松子的喻体都是韩谏议，前者的意旨是他有谋略，后者的意旨是他修道学仙。别的喻依可以准此类推下去。第四节说他闲居不出很可惜，祝他老寿，希望朝廷再起用他来匡君济世。太史公司马谈因病留滞周南，不得参与汉武帝的封禅大典，引为平生恨事。诗中"周南留滞"是喻依,喻体是韩谏议,意旨是他闲居乡里。南极老人就是寿星,是喻依,喻体同,意旨便是"应寿昌"。以上只阐明大端,细节从略。

诗和文的分别,一部分是在词句篇段的组织上,诗的组织比文的组织要经济些。引用比喻或典故,一个原因便是求得经济的组织。在旧体诗里,有字数声调对偶等制限,有时更不得不铸造一些特别经济的组织来适应。这种特殊的组织在文里往往没有,至少不常见。初学遇到这种地方也感困难,或误解,或竟不懂。这得去看详细的注释。但读诗多了,常常比较着看,也可明白。这种特殊的组织也常利用比喻或典故组成,那便更复杂些。如刘长卿《送李中丞归汉阳别业》(五律):

流落征南将,曾驱十万师。
罢归无旧业,老去恋明时。
独立三边静,轻生一剑知。
茫茫江汉上,日暮欲何之!

"轻生一剑知"就是一剑知轻生的意思;轻生是说李中丞做征南将时不顾性命杀敌人。一剑知就是自己知;剑是杀敌所用,是自己的一部分,部分代全体是修辞格之一。自己知又有两层用意:一是问心无愧,忠可报君,二是只有自己知,别人不知。上下文都可印证。又,"即经羡闲逸,怅然吟式微"(五古,王维,《渭川田家》),式微用《诗经》。《式微》篇道:"式微,式微,胡不归!"本诗的《式微》是篇名,指的是这篇诗。吟《式微》,只是取"胡不归"那一语,用意是"何不归田呢"。又,"惟将迟暮供多病,未有涓埃答圣朝"(七律,杜甫,《野望》),"恐美人之迟暮"见《楚辞》,迟暮是老大无成的意思。"惟将"句是说自己已老大,不曾有所建树报答圣朝,加上迟暮的年光又都消磨在多病里,虽然"海内风尘"(见本诗第三句),却丝毫的力量也不能尽。"供"是喻依,杜甫自己是喻体,消磨在里面是意旨。这三例都是用辞格(也是一种比喻)或典故组成的。又如李颀《送陈章甫》(七古)末尾道:"闻道故林相识多,罢官昨日今如何?"昨日罢官,想到就要别了许多朋友归里,自然不免一番寂寞;但是"闻道故林相识多",今日临行,想到就要会见着那些故林相识的朋友,又觉如何呢?——该不会寂寞了吧?昨今对照,用意是安慰。——昨日是日前的意思。又刘长卿《寻南溪常道士》:

    一路经行处,莓苔见屐痕。
    白云依静渚,芳草闭闲门。
    过雨看松色,随山到水源。
    溪花与禅意,相对亦忘言。

去寻常道士,他不在寓处;"随山到水源"才寻着。对着南溪边的花和常道士的禅意,却不觉忘言。相对是和"溪花与禅意"相对着。禅意给人妙悟,溪花也给人妙悟——禅家有拈花微笑的故事,那正是妙悟的故事——所以说"与"。妙悟是忘言的。寻着了常道士,却被溪花与禅意吸引住!只顾欣赏那无言之美,不想多交谈,所以说"亦"忘言。又,韦应物《送杨氏女》(五古),是送女儿出嫁杨家，前面道："女子今有行，大江溯轻舟。尔辈苦无恃，抚念益慈柔。幼为长所育，两别泣不休。"篇尾道："归来视幼女，零泪缘缨流。"全诗不曾说出杨氏女是长女，但读了这几句关系自然明白。

倒装这特殊的组织，诗里也常见。如"竹喧归浣女，莲动下渔舟"（五律，王维，《山居秋暝》），"归浣女""下渔舟"就是浣女归，渔舟下。又，"家书到隔年"（五律，杜牧，《旅宿》）就是家书隔年到。又，"东门酤酒饮我曹"（七古，李颀，《送陈章甫》），"饮我曹"就是我曹饮，从上下文可知。又，"名岂文章著，官应老病休"（五律，杜甫，《旅夜书怀》），就是文章岂著名，老病应休官。又，"幽映每白日"（五律，刘昚虚，《阙题》），就是白日每幽映。又，"徒劳恨费声"（五律，李商隐，《蝉》），就是费声恨徒劳。又，"竹怜新雨后，山爱夕阳时"（五律，钱起，《谷口书斋寄杨补阙》），就是怜新雨后之竹，爱夕阳时之山——怜、爱同意。又，"独夜忆秦关，听钟未眠客"（五古，韦应物，《夕次盱眙县》），就是听钟未眠客，独夜忆秦关。这些倒装句里纯然为了适应字数声调对偶等制限的却没有，它们主要的作用还在增强语气。此外如"何因不归去，淮上对秋山？"（五律，韦应物，《淮上喜会梁州故人》），这是诘问自己，"何因"直贯下句，二语合为一句。这也是为了经济的缘故。——至如"少陵无人谪仙死"（七古，韩愈，《石鼓歌》），"无人"也就是"死"。这是求新，求惊人。又，"百年多是几多时"（七律，元稹，《遣悲怀》之三），是说百年虽多，究竟又有多少时候呢。这也许是当时口语的调子。又如"云中君不见"（五律，马戴，《楚江怀古》），云中君是一个词，这句诗上三字下二字，跟一般五言句上二下三的不同，但似乎只是个无意为之的例外，跟古诗里"出郭门直视"一般。可是如"永夜角声悲自语，中天月色好谁看"（七律，杜甫，《宿府》），"五更鼓角声悲壮，三峡星河影动摇"（七律，杜甫，《阁夜》），都是上五下二，跟一般七言句上四下三或上二下五的不同；又，"近寒食雨草萋萋，著麦苗风柳映堤"（七绝，无名氏，《杂诗》），每句上四字作一二一，而一般作二二或三一。这些却是有意变调求新了。

　　本书选诗，各方面的题材大致都有，分配又匀称，没有单调或琐屑的弊病。这也是唐代生活小小的一个缩影。可是题材的内容虽反映着时代，题材的项目却多是汉魏六朝诗里所已有。只有音乐图画似乎是新的。赋里有以音乐为题材的，但晋以来就少。唐代音乐图画特别发达，反映到诗里，便增加了题材的项目。这也是时势使然。在各种题材里，"出处"是一重大的项目。从前读书人唯一的出路是出仕，出仕为了行道，自然也为了衣食。出仕以前的隐居、干谒、应试（落第）等，出仕以后的恩遇、迁谪，乃至忧民、忧国、思林栖、思归田等，乃至真个辞官归田，都是常见的诗的题目，本书便可作例。仕君行道是儒家的思想，隐居和归田都是道家的思想。儒道两家的思想合成了从前的读书人。但是现在时势变了，读书人不一定出仕，林栖、归田等思想也绝无仅有。有些人读这些诗，也许会觉得不真切，青年学生读书，往往只凭自己的狭隘的兴趣，更容易有此感。但是会读诗的人，多读诗的人，能够设身处地，替古人着想，依然觉得这些诗真切。这是情感的真切，不是知识的真切。这些人不但对于现在有情感，对于过去也有情感。他们知道唐人的需要、唐人的得失，和现代人不一样，可是在读唐诗的时候，只让那对于过去的情感领着走；这种无私、无我、无关心的同情教他们觉到这些诗的真切。这种无关心的情感需要慢慢调整自己，扩大自己，才能养成。多读史，多读诗，是一条修养的途径。就是那些比较有普遍性的题材，如相思、离别、慈幼、慕亲、友爱等也还是需要无关心的情感。这些题材的节目多少也跟着时代改变一些，固执"知识的真切"的人读古代的这些诗，有时也不能感到兴趣。

至于咏古之作，如唐玄宗《经邹鲁祭孔子而叹之》（五律），是古人敬慕古人，纪时之作；如李商隐《韩碑》（七古），是古人论当时事。虽然我们也敬慕孔子，替韩愈抱屈，但知识地看，古人总隔一层。这些题材的普遍性比前一类低减些，不过还在"出处"那项目之上。还有，朝会诗，如岑参，王维《和贾至舍人早朝大明宫之作》（七律），见出一番堂皇富丽的气象；又，宫词，往往见出一番怨情，宛转可怜。可是这些现代生活里简直没有。最别扭的是边塞和从军之作，唐人很喜欢作这类诗，而悯苦寒饥黩武的居多数，跟现代人冒险尚武的精神恰恰相反。但荒寒的边塞自是一种新境界，从军苦在当时也是一种真情的流露；若能节取，未尝没有是处。要能欣赏这几类诗，都得靠无关心的情感。此外，唐人酬应的诗很多，本书里也可见。有些人觉得作诗该等候感兴，酬应的诗不会真切。但伫兴而作的人向来大概不多；据现在所知，只有孟浩然是如此。作诗都在情感平静了的时候，运思造句都得用到理智；伫兴而作是无所为，酬应而作是有所为，在功力深厚的人其实无多差别。酬应的诗若能恰如分际，也就见得真切。况是这种诗里也不短至情至性之作。总之，读诗得除去偏见和成见，放大眼光，设身处地看去。

明代高棅编选《唐诗品汇》，将唐诗分为四期。后来虽有种种批评，这分期法却渐被一般沿用。初唐是高祖武德元年（公元六一八）至玄宗开元初（公元七一三），约一百年。盛唐是玄宗开元元年至代宗大历初（公元七六六），五十多年。中唐是代宗大历元年至文宗太和九年（公元八三五），七十年。晚唐是文宗开成元年（公元八三六）至昭宗天祐三年（公元九〇六），八十年[①]。初唐诗还是齐梁的影响，题材多半是艳情和风云月露，讲究声调和对偶。到了沈佺期、宋之问手里，便成立了律诗的体制。这是唐代诗坛一件大事，影响后世最大。当时有个陈子昂，独主张复古，扩大诗的境界。但他死得早，成就不多。盛唐诗李白努力复古，杜甫努力开新。所谓复古，只是体会汉魏的作风和借用乐府诗的题目，并非模拟词句。所以陈子昂、李白都能够创一家，而李白的成就更大。他的成就主要地在七言乐府，绝句也独步一时。杜甫却各体诗都是创作，全然不落古人窠臼。他以时事入诗，议论入诗，使诗散文化，使诗扩大境界；一方面研究律诗的变化，用来表达各种新题材。他的影响的久远，几乎没有一个诗人比得上。这时期作七古体的最多，为的这一体比较自由，又刚在开始发展。而王维、孟浩然专用五律写山水，也能变古成家。中唐诗韦应物、柳宗元的五古以复古的作风创作，各自成家。古文家韩愈继承杜甫，更使诗向散文化的路上走。宋诗受他的影响极大。他的门下作诗，有词句冷涩的，有题材诡僻的，本书里只选了贾岛一首。另一面有些人描写一

[①] 八十年：按，此处应为七十年。

般的社会生活；这原是乐府精神，却也是杜甫开的风气。元稹、白居易主张诗该写社会生活而有规讽的作意，才是正宗。但他们的成就却不在此而在情景深切，明白如话。他们不避俗，跟韩愈一派恰相对照；可也出于杜甫。晚唐诗刻画景物，雕琢词句，题材又回到风云月露和艳情上，只加了一些雅事。诗境重趋狭窄，但精致过于前人。这时期的精力集中在近体诗。精致的只是词句，全篇组织往往配合不上。就中李商隐、温庭筠虽咏艳情，却有大处奇处，不局蹐在绮靡的圈子里；而李商隐学杜学韩境界更广阔些。学杜韩而兼受温李熏染的是杜牧，豪放之余，不失深秀。本书选诗七十七家，初唐不到十家，盛中晚三期各二十多家。入选的诗较多的八家。盛唐四家：杜甫的三十六首，王维三十首，李白二十九首，孟浩然十五首。中唐二家：韦应物十二首，刘长卿十一首。晚唐二家：李商隐二十四首，杜牧十首。

　　李白诗，书中选五古三首，乐府三首，七古四首，乐府五首，五律五首，七律一首，五绝二首，乐府一首，七绝二首，乐府三首。各体具备，七古和乐府共九首，最多，五七绝和乐府共八首，居次。李白，字太白，蜀人，玄宗时做供奉翰林，触犯了杨贵妃，不能得志。他是个放浪不羁的人，便辞了职，游山水，喝酒，作诗。他的态度是出世的，作诗全任自然。当时称他为"天上谪仙人"，这说明了他的人和他的诗。他的乐府很多，取材很广；他其实是在抒写自己的生活，只借用乐府的旧题目而已。他的七古和乐府篇幅恢张，气势充沛，增进了七古体的价值。他的绝句也奠定了一种新体制。绝句最需要经济地写出。李白所作，自然含蓄，情韵不尽。书中所收《下江陵》一首，有人推为唐代七绝第一。杜甫诗，计五古五首，七古五首，乐府四首，五七律各十首①，五七绝各一首。只少五言乐府，别体都有。律诗共二十首，最多；七古和乐府共九首，居次。杜甫，字子美，河南巩县人。安禄山陷长安，肃宗在灵武即位。他从长安逃到灵武，做了左拾遗的官。后因事被放，辗转流落到成都，依故人严武，做到"检校工部员外郎"，世称杜工部。他在蜀住得很久。他是儒家的信徒，一辈子惦着仕君行道；又身经乱离，亲见民间疾苦。他的诗努力描写当时的情形，发抒自己的感想。唐代用诗取士，诗原是应试的玩意儿；诗又是供给乐工歌妓唱来伺候宫廷和贵人的玩意儿。李白用来抒写自己的生活，杜甫用来抒写那个大时代，诗的境界扩大了，地位也增高了。而杜甫抓住了广大的实在的人生，更给诗开辟了新世界。他的诗可以说是写实的，这写实的态度是从乐府来的。他使诗历史化，散文化，正是乐府的影响。七古体到他手里正式成立，律诗到他手里应用自如——他的五律极多，差不多穷尽了这一体的变化。

王维诗，计五古五首，七言乐府三首，五律九首，七律四首，五绝五首，七绝和乐府三首，五律最多。王维，字摩诘，太原人，试进士，第一，官至尚书右丞。世称王右丞。他会草书隶书，会画画。有别墅在辋川，常和裴迪去游览作诗。沈宋的五律还多写艳情，王维改写山水，选词造句都得自出心裁。从前虽也有山水诗，但体制不同，无从因袭。苏轼说他"诗中有画"。他是苦吟的，宋人笔记里说他曾因苦吟走入醋缸里；他的《渭城曲》（乐府），有人

---

① 《唐诗三百首》的通行本，所收杜甫七律为十三首，即《咏怀古迹》五首，蘅塘退士只选二首，通行本增补三首。

也推为唐代七绝压卷之作。他的诗是精致的。

孟浩然诗，计五古三首，七古一首，五律九首，五绝二首，也是五律最多。孟浩然，名浩，以字行，襄州襄阳人，隐居鹿门山，四十岁才游京师。张九龄在荆州，召为僚属。他用五律写江湖，却不苦吟，伫兴而作。他专工五言，五言各体都擅长。山水诗不但描写自然，还欣赏自然；王维的描写比孟浩然多些。

韦应物诗，五古七首，五律二首，七律一首，五七绝各一首，五古多。韦应物，京兆长安人，做滁州刺史，改江州，入京做左司郎中，又出做苏州刺史。世称韦左司或韦苏州。他为人少食寡欲，常焚香扫地而坐。诗淡远如其人。五古学古诗，学陶诗，指事述情，明白易见——有理语也有理趣，正是陶渊明所长。这些是淡处。篇幅多短，句子浑含不刻画，是远处。朱子说他的诗无一字造作，气象近道。他在苏州所作《郡斋雨中与诸文士燕集》诗开端道："兵卫森画戟，宴寝凝清香；海上风雨至，逍遥池阁凉。"诗话推为一代绝唱，也只是为那肃穆清华的气象。篇中又道，"自惭居处崇，未睹斯民康"，《寄李儋元锡》（七律）也道，"邑有流亡愧俸钱"，这是忧民；识得为政之体，才能有些忠君爱民之言。

刘长卿诗，计五律五首，七律三首，五绝三首，五律最多。刘长卿，字文房，河间人，登进士第，官终随州刺史。世称刘随州。他也是苦吟的人，律诗组织最为精密整炼；五律更胜，当时推为"五言长城"。上文曾举过两首作例，可见出他的用心处。

李商隐诗，计七古一首，五律五首，七律十首，五绝一首，七绝七首。七律最多，七绝居次。李商隐，字义山，河内人，登进士第。王茂元镇河阳，召他掌书记，并使他做女婿。王茂元是李德裕同党，李德裕和令狐楚是政敌。李商隐和令狐楚本有交谊，这一来却得罪了他家。后来令狐楚的儿子令狐绹做了宰相，李商隐屡次写信表明心迹，他只是不理。这是李商隐一生的失意事，诗中常常涉及，不过多半隐约其辞。后来柳仲郢镇东蜀，他去做过节度判官。他博学强记，又有隐衷，诗里的典故特别多。他的七律里有好些《无题》诗，一方面像是相思不相见的艳情诗，另一方面又像是比喻，咏叹他和令狐绹的事，寄托那"不遇"的意旨。还有那篇《锦瑟》，虽有题，解者也纷纷不一。那或许是悼亡诗，或许也是比喻。又有些咏史诗，如《隋宫》，或许不只是咏古，还有刺时的意旨。他的诗语既然是一贯的隐约，读起来便只能凭文义、典故、他的事迹作一些可能的概括的解释。他的七律里也有这种咏史或游仙诗，如《隋宫》《瑶池》等。这些都是奇情壮采之作——一方面七律的组织也有了进步——所以入选的多。他的七绝最著名的可是《寄令狐郎中》一首。

杜牧诗，五律一首，七绝九首，几乎是专选一体。杜牧，字牧之，登进士第。牛僧孺镇扬州，他在节度府掌书记，又做过司勋员外郎。世称杜司勋，又称小杜——杜甫称老杜。他很有政治的眼光，但朝中无人，终于是个失意者。他的七绝感慨深切，情辞新秀。《泊秦淮》一首也曾被推为压卷之作。

唐以前的诗，可以说大多数是五古，极少数是七古；但那些时候并没有体制的分类。那些时候诗的分类，大概只从内容方面看；最显著的一组类别是五言诗和乐府诗。五言诗虽也从乐府转变而出，但从阮籍开始，已经高度地文人化，成为独立的抒情写景的体制。乐府原是民歌，叙述民间故事，描写各社会的生活，有时也说教，东汉以来文人仿作乐府的很多，大都沿用旧题旧调，也是五言的体制。汉末旧调渐亡，文人仿作，便只沿用旧题目；但到后来诗中的话也不尽合于旧题目。这些时候有了七言乐府，不过少极；汉魏六朝间著名的只有曹丕的《燕歌行》、鲍照的《行路难》十八首等。乐府多朴素的铺排，跟五言诗的浑含不露有别。五言诗经过汉魏六朝的演变，作风也分化。阮籍是一期，陶渊明、谢灵运是一期，"宫体"又是一期。阮籍抒情，"志在刺讥而文多隐避"（颜延年、沈约等注《咏怀诗》语），最是浑含不露。陶谢抒情、写景、说理，渐趋详切，题材是田园、山水。宫体起于梁简文帝时，以艳情为主，渐讲声调对偶。

初唐五古还是宫体余风，陈子昂、张九龄、李白主张复古，虽标榜"建安"（汉献帝年号，建安体的代表是曹植），实是学阮籍。本书张九龄《感遇》二首便是例子。但盛唐五古，张九龄以外，连李白所作（《古风》除外）在内，可以说都是陶谢的流派。中唐韦应物、柳宗元也如此。陶谢的详切本受乐府的影响。乐府的影响到唐代最为显著。杜甫的五古便多从乐府变化。他第一个变了五古的调子，也是创了五古的新调子。新调子的特色是散文化。但本书所选他的五古还不是新调子，读他的长篇才易见出。这种新调子后来渐渐代替了旧调子。本书里似乎只有元结《贼退示官吏》一首是新调子；可是散文化太过，不是成功之作。至于唐人七古，却全然从乐府变出。这又有两派。一派学鲍照，以慷慨为主；另一派学晋《白纻（舞名）歌辞》（四首，见《乐府诗集》）等，以绮艳为主。李白便是著名学鲍照的，盛唐人似乎已经多是这一派。七言句长，本不像五言句的易加整炼，散文化更方便些。《行路难》里已有散文句，李白诗里又多些，如，"我欲因之梦吴越"（《梦游天姥吟留别》），又如上文举过的"弃我去者"二语。七古体夹长短句原也是散文化的一个方向。

初唐陈子昂《登幽州台歌》全首道："前不见古人，后不见来者。念天地之悠悠，独怆然而涕下。"简直没有七言句，却也可以算入七古里。到了杜甫，更有意地以文为诗，但多七言到底，少用长短句。后来人作七古，多半跟着他走。他不作旧题目的乐府而作了许多叙述时事、描写社会生活的诗。这正是乐府的本来面目。本书据《乐府诗集》将他的《哀江头》《哀王孙》等都放在七言乐府里，便是这个理。从他以后，用乐府旧题作诗的就渐渐地稀少了。另一方面，元稹、白居易创出一种七古新调，全篇都用平仄调协的律句，但押韵随时转换，平仄相间，各句安排也不像七律有一定的规矩。这叫作长庆体。长庆是穆宗的年号，也是元白的集名。本书白居易的《长恨歌》《琵琶行》都是的。古体诗的声调本来比较近乎语言之自然，长庆体全用律句，反失自然，只是一种变调，但却便于歌唱。《长恨歌》可以唱，见于记载，可不知道是否全唱。五七古里律句多的本可歌唱，不过似乎只唱四句，跟唱五七绝一样。古体诗虽不像近体诗的整炼，但组织的经济也最着重。这也是它跟散文的一个主要的分别。前举韦应物《送杨氏女》便是一例。又如李白《宣州谢朓楼饯别校书叔云》里道，"蓬莱文章建安骨，中间小谢又清发"，一方面说谢朓（小谢），一方面是比喻。且不说喻旨，只就文义看，"蓬莱"句又有两层比喻，全句的意旨是后汉文章首推建安诗。"中间"句说建安以后"大雅久不作"（见李白《古风》第一首），小谢清发，才重振遗绪；"中间""又"三个字包括多少朝代，多少诗家，多少诗，多少议论！组织有时也变换些新方式，但得出于自然。如李白《梦游天姥吟留别》（七古）用**梦游**和**梦醒**作纲领，韩愈《八月十五夜赠张功曹》用**唱歌**跟**和歌**作纲领，将两篇歌辞穿插在里头。

律诗出于齐梁以来的五言诗和乐府。何逊、阴铿、徐陵、庾信等的五言都已讲究声调和对偶。庾信的《乌夜啼》乐府简直像七律一般，不过到了沈宋才成定体罢了。律诗声调，前已论及。对偶在中间四句，就是第一组节奏的后两句，第二组节奏的前两句，也是异中有同、同中有异。这样，前四句由散趋整，后四句由整复归于散，增前两组节奏的往复回环的效用。这两组对偶又得自有变化，如一联写景，一联写情，一联写见，一联写闻之类，才不至板滞，才能和上下打成一片。所谓情景或见闻，只是从浅处举例，其实这中间变化很多，很复杂。五律如"地犹鄹氏邑，宅即鲁王宫。叹凤嗟身否，伤麟怨道穷"（唐玄宗，《经邹鲁祭孔子而叹之》）。四句虽两两平列，可是前一联上句范围大，下句范围小，后一联上句说平时，下句说将死，便见流走。又，"为我一挥手，如听万壑松。客心洗流水，余响入霜钟"（李白，《听蜀僧濬弹琴》）。前联一弹一听，后联一在弹，一已止，各是一串儿。又，"遥怜小儿女，未解忆长安；香雾云鬟湿，清辉玉臂寒"（杜甫，《月夜》）。"遥怜"直贯四句。小儿女"未解忆长安"固然可怜，"香雾"云云的人（杜甫妻）解得忆长安，也许更可怜些。前联只是一句话，后联平列；两相调剂着。律诗多在四句分段，但也不尽然，从这一首可见。又，前面引过的刘长卿《寻南溪常道士》次联"白云依静渚，芳草闭闲门"，似乎平列，用意却侧重寻常道士不遇，侧重在下句。三联"过雨看松色，随山到水源"，上句景物，下句动作，虽然平列而不是一类。再说"过雨"，暗示忽然遇雨，雨住后松色才更苍翠好看；这就兼着叙事，跟单纯写景又不同。

七律如"云边雁断胡天月，陇上羊归塞草烟。回日楼台非甲帐，去时冠剑是丁年"（温庭筠，《苏武庙》）。前联平列，但不是单纯的写景句；这中间引用着《汉书·苏武传》，上句意旨是和汉朝音信断绝（雁足传书事），下句意旨是无归期（匈奴使苏武放牡羊，说牡羊有乳才许归汉）。后联说去汉时还是冠剑的壮年，回汉时武帝已死；"丁年奉使"见李陵《答苏武书》，甲帐是头等帐，是武帝做来敬神的，见《汉武故事》。这一联是倒装，为的更见出那"不堪回首"的用意。又，"玉玺不缘归日角，锦帆应是到天涯。于今腐草无萤火，终古垂杨有暮鸦"（李商隐，《隋宫》）。日角是额骨隆起如日，是帝王之相，这儿是根据《旧唐书》，用来指唐太宗。锦帆指隋炀帝的游船，见《开河记》。这一联说若不因为太宗得了天下，炀帝还该游得远呢。上句是因，下句是果。放萤火，种垂杨，都是炀帝的事。后联平列，上句说不放萤火，下句说垂杨栖鸦，一有一无，却见出"而今安在"一个用意。又，李商隐《筹笔驿》中二联道："徒令上将挥神笔，终见降王走传车。管乐有才真不忝，关张无命欲何如！"筹笔驿在绵州绵谷县，诸葛武侯曾在那里驻军筹划。上将指武侯，降王指后主；管乐是管仲、乐毅，武侯早年曾自比这二人。前联也是倒装，因为"终见"，才觉"徒令"。但因"筹笔"想到"降王"，即景生情，虽倒装还是自然。后联也将"有""无"对照，见出本诗末句"恨有余"的用意。七律对偶用倒装句、因果句，到晚唐才有。七言句长，整炼较难，整炼而能变化如意更难。唐代律诗刚创始,五言比较容易些,发展得自然快些。作五律的大概多些,好诗也多些,本书五律多,便是这个缘故。律诗也有不对偶或对偶不全的,如李白《夜泊牛渚怀古》(五律),又如崔颢《黄鹤楼》(七律)的次联,这些只算例外。又有不调平仄的,如《黄鹤楼》和王维《终南别业》(五律),也是例外。——也有故意这样作的,后来称为拗体,但究竟是变调。本书不选排律。七言排律本来少,五言的却多,也推杜甫为大家。排律将律诗的节奏重复多次,便觉单调,教人不乐意读下去。但本书不选,恐怕是为了典故多。晚唐律诗着重一句一联,忽略全篇的组织,因此后人评论律诗,多爱摘句,好像律诗篇幅完整的很少似的。其实不然,这只是偏好罢了。

绝句不是截取律诗的四句而成。五绝的源头在六朝乐府里。六朝五言四句的乐府很多,《子夜歌》最著名。这些大都是艳情之作,诗中用谐声辞格很多。谐声辞格如"蟢子"谐"喜"声,"藁砧"就是"铁"(铡刀)谐"夫"声。本书选了权德舆《玉台体》一首,就是这种诗。也许因为诗体太短,用这种辞格来增加它的内容,这也是多义的一式。但唐代五绝已经不用谐声辞格,因为不大方,范围也窄。唐代五绝有调平仄的,有不调平仄而押仄声韵的;后者声调上也可以说是古体诗,但题材和作风不同。所以容许这种声调不谐的五绝,大约也是因为诗体太短,变化少;多一些自由,可以让作者多一些回旋的地步。但就是这样,作的还是不多。七言四句的诗,唐以前没有,似乎是唐人的创作。这大概是为了当时流行的西域乐调而作;先有调,后有诗。五七绝都能歌唱,七绝歌唱的更多——该是因为声调曼长,好听些。作七绝的比作五绝的多得多,本书选得也多。唐人绝句有两种作风：一是铺排，一是含蓄。前者如柳宗元《江雪》：

千山鸟飞绝，万径人踪灭；
孤舟蓑笠翁，独钓寒江雪。

又，韦应物《滁州西涧》：

独怜幽草涧边生，上有黄鹂深树鸣；
春潮带雨晚来急，野渡无人舟自横。

柳诗铺排了三个印象，见出"江雪"的幽静，韦诗铺排了四个印象，见出西涧的幽静；但柳诗有"千山""万径""绝""灭"等词，显得那幽静更大些。所谓铺排，是平排（或略参差，如所举例）几个同性质的印象，让它们集合起来，暗示一个境界。这是让印象自己说明，也是经济的组织，但得选择那些精印象。后者是说要从浅中见深，小中见大；这两者有时是一回事。含蓄的绝句，似乎是正宗，如杜牧《秋夕》：

银烛秋光冷画屏，轻罗小扇扑流萤。
天阶夜色凉如水，卧看牵牛织女星。

是说宫人秋夕的幽怨，可作浅中见深的一例。又刘禹锡《乌衣巷》：

> 朱雀桥边野草花，乌衣巷口夕阳斜。
> 旧时王谢堂前燕，飞入寻常百姓家。

乌衣巷是晋代王导、谢安住过的地方，唐代早为民居。诗中只用野花、夕阳、燕子，对照今昔，便见出盛衰不常一番道理。这是小中见大，也是浅中见深。又，王之涣《登鹳雀楼》：

> 白日依山尽，黄河入海流。
> 欲穷千里目，更上一层楼。

鹳雀楼在平阳府蒲州城上。白日依山，黄河入海，一层楼的境界已穷，若要看得更远，更清楚，得上高处去。三四句上一层楼，穷千里目，是小中见大；但另一方面，这两句可能是个比喻，喻体是人生，意旨是若求远大得向高处去。这又是浅中见深了。但这一首比较前二首明快些。

论七绝的称含蓄为"风调"。风飘摇而有远情，调悠扬而有远韵，总之是余味深长。这也配合着七绝的曼长的声调而言，五绝字少节促，便无所谓风调。风调也有变化，最显著的是强弱的差别，就是口气否定、肯定的差别。明清两代论诗家推举唐人七绝压卷之作共十一首，见于本书的八首。就是：王维《渭城曲》（乐府），王昌龄《长信怨》和《出塞》（皆乐府），王翰《凉州词》，李白《下江陵》，王之涣《出塞》（乐府，一作《凉州词》），李益《夜上受降城闻笛》，杜牧《泊秦淮》。这中间四首是乐府，乐府的措辞总要比较明快些。其余四首虽非乐府，也是明快一类。只看八首诗的末二

语便可知道。现在依次抄出:

劝君更尽一杯酒,西出阳关无故人。
玉颜不及寒鸦色,犹带昭阳日影来。
但使龙城飞将在,不教胡马度阴山。
醉卧沙场君莫笑,古来征战几人回?
两岸猿声啼不住,轻舟已过万重山。
羌笛何须怨杨柳?春风不度玉门关。
不知何处吹芦管,一夜征人尽望乡。
商女不知亡国恨,隔江犹唱后庭花。

这些都用否定语作骨子,所以都比较明快些。这些诗也有所含蓄,可是强调。七绝原来专为歌唱而作,含蓄中略求明快,听者才容易懂,适应需要,本当如此。弱调的发展该是晚点儿。——不见于本书的三首,一首也是强调,二首是弱调。十一首中共有九首强调,可算是大多数。

当时为人传唱的绝句见于本书的,五言有王维的《相思》,七言有他的《渭城曲》,王昌龄的《芙蓉楼送辛渐》和《长信怨》,王之涣的《出塞》。《相思》道:

红豆生南国,春来发几枝?
愿君多采撷!此物最相思。

《芙蓉楼送辛渐》道:

寒雨连江夜入吴，平明送客楚山孤。
　　洛阳亲友如相问，一片冰心在玉壶。

除《长信怨》外，四首都是对称的口气。——王之涣的"羌笛"句是说"你何须吹羌笛的《折柳词》来怨久别？"——那不见于本书的高适的"开箧泪沾臆，见君前日书"一首也是的（这一首本是一首五古的开端四语，歌者截取，作为绝句）。歌词用对称的口气，唱时好像在对听者说话，显得亲切。绝句用对称口气的特别多；有时用问句，作用也一般。这些原都是乐府的老调儿，绝句只是推广应用罢了。——风调转而为才调，奇情壮采依托在艳辞和故事上，是李商隐的七绝。这些诗虽增加了些新类型，却非七绝的本色。他又有《夜雨寄北》一绝：

　　君问归期未有期，巴山夜雨涨秋池。
　　何当共剪西窗烛，却话巴山夜雨时！

这也是对称的口气。设想归后向那人谈此时此地的情形，见出此时此地思归和相念的心境，回环含蓄，却又亲切明快。这种重复的组织极精练可喜。但绝句以自然为主。像本诗的组织，精练不失自然，是可遇而不可求的。

　　朱宝莹先生有《诗式》（中华版），专释唐人近体诗的作法作意，颇切实，邵祖平先生有《唐诗通论》(《学衡》十二期)，颇详明，都可参看。

(三) 陶渊明《饮酒》一首 朱自清

【题解】本篇摘自作者《诗多义举例》(1935) 一文。作者在谈诗时,常提到诗的"多义"性,《举例》一文选取了四首诗,就多义性做逐句分析。按作者的说法:"多义也并非有义必收,搜寻不妨广,取舍却须严;……我们广求多义,却全以'切合'为准;必须亲切,必须贯通上下文或全篇的才算数。"

文中所举的另外三首是"古诗一首"(行行重行行)、"杜甫《秋兴》一首"(昆明池水汉时功) 和"黄鲁直《登快阁》"(痴儿了却公家事)。

> 结庐在人境,而无车马喧。
> 问君何能尔,心远地自偏。
> 采菊东篱下,悠然见南山。
> 山气日夕佳,飞鸟相与还。
> 此中有真意,欲辨已忘言。

结庐在人境,而无车马喧。问君何能尔,心远地自偏。

王康琚《反招隐诗》云:"小隐隐陵薮,大隐隐朝市;伯夷窜首阳,老聃伏柱史。"渊明之隐,在此二者之外另成一新境界。但《庄子·让王》:"中山公子牟谓瞻子曰:'身在江海之上,心居乎魏阙之下,奈何!'"渊明或许反用其意,也未可知。后来谢灵运《斋中读书》诗云:"昔余游京华,未尝废丘壑。矧(shěn) 乃归山川,心迹双寂寞。"迹寄京华,心存丘壑,反用《庄子》语意,可为旁证。但陶咏的是境因心远而不喧,与谢的迹喧心寂还相差一问。

采菊东篱下。

吴淇《选诗定论》说："采菊二句，俱偶尔之兴味。东篱有菊，偶尔采之，非必供下文佐饮之需。"这大概是古今之通解。渊明为什么爱菊呢？让他自己说："芳菊开林耀，青松冠岩列；怀此贞秀姿，卓为霜下杰。"（《和郭主簿》之二）我们看钟会的《菊赋》："故夫菊有五美焉：……冒霜吐颖，象劲直也。……"可见渊明是有所本的。但钟会还有"流中轻体，神仙食也"一句，菊花是可以吃的。渊明自己便吃，《饮酒》之七云："秋菊有佳，裛（yì）露掇其英，泛此忘忧物，远我遗世情。"可见是一面赏玩，一面也便放在酒里喝下去。这也有来历，"泛流英于青（？）醴，似浮萍之随波。"见于潘尼《秋菊赋》。喝菊花酒也许还有一定的日子。渊明《九日闲居》诗序："秋菊盈园而持醪靡由，空服九华。"诗里也说："酒能祛百虑，菊解制颓龄。……尘爵耻虚罍（léi），寒花徒自荣。"似乎只吃花而没喝酒，很是一桩缺憾。这个风俗也早有了。魏文帝《九日与钟繇书》里说："至于芳菊，纷然独荣。非夫含乾坤之纯和，体芬芳之淑气，孰能如此。故屈平悲冉冉之将老，思'餐秋菊之落英'。辅体延年，莫斯之贵。谨奉一束，以助彭祖之术。"再早的崔寔（shí）《四民月令》也记着"九月九日可采菊花"的话。照这些情形看，本诗的"采菊"，也许就在九日，也许是"供佐饮之需"；这种看法，在今人眼里虽然有些杀风景，但是很可能的。九日喝菊花酒，在古人或许也是件雅事呢。

此中有真意，欲辨已忘言。

1. 《文选》李善《注》："《楚辞》曰：'狐死必首丘，夫人孰能反其真情?'王逸《注》曰:'真,本心也。'"

2. 又:"《庄子》曰:'言者,所以在意也,得意而忘言。'"

3. 古直先生《陶靖节诗笺》:"《庄子·齐物论》:'辩也者,有不辩也。'"大辩不言。"

渊明《始作镇军参军经曲阿作》云:"目倦川涂异,心念山泽居。望云惭高鸟,临水愧游鱼。真想初在襟,谁谓形迹拘。聊且凭化迁,终返班生庐。""真意"就是"真想";而"真"固是"本心",也是"自然"。《庄子·渔父》:"礼者,世俗之所为也。真者,所以受于天也,自然不可易也。故圣人法天贵真,不拘于俗。愚者反此,不能法天而恤于人,不知贵真,禄禄而受变于俗,故不足。"渊明所谓"真",当不外乎此。

(四)有关朱自清先生几部诗歌课程教材的介绍

朱自清先生在清华大学、西南联大任教,开设古代诗歌课程,先后编写了多部教材,包括《中国歌谣》、《古诗歌笺释三种》(内含《古逸歌谣集说》《诗名著笺》和《古诗十九首释》)、《十四家诗钞》、《宋五家诗钞》,以及《诗文评钞》《古今诗选小传》《歌谣》,有的正式刊印出版,也有的是根据遗稿整理的。

《中国歌谣》是朱先生开设"歌谣"课的讲义,此课程具有开山性质,此前从来没人开设过。讲义共存六章,为"歌谣释名""歌谣的起源与发展""歌谣的分类""歌谣的结构""歌谣的历史""歌谣的修辞",另外还有存目四章,为"歌谣的评价""歌谣研究的面面""歌谣搜集的历史"和"歌谣叙录"。

《古逸歌谣集说》是"古今诗选"课所用的教材,收集了十三篇古诗歌的历代评说。这些诗歌，包括《击壤歌》《卿云歌》《南风歌》《五子之歌》《麦秀歌》《采薇歌》《饭牛歌》《越人歌》《接舆歌》《孺子歌》《曳杖歌》《弹铗歌》《易水歌》，都是《诗经》以外的先秦诗歌。

《诗名著笺》选了二十七首《诗经》的名篇，如《关雎》《卷耳》《野有死麇》《柏舟》《谷风》《硕女》《氓》《黍离》《蒹葭》《七月》《东山》《采薇》《生民》，等等；对所选诗歌都作了注释、讲解，有译文、集说等。书后附有若干资料，如《毛诗序》《左传》关于赋诗的记载、《文心雕龙》对"比兴"的讲解，以及当代学者关于《诗》的研究见解。

《古诗十九首释》是对"古诗十九首"的详解，发表在1941年的《国文月刊》上。但只发表了九首，依次是"行行重行行""青青河畔草""青青陵上柏""今日良宵会""西北有高楼""涉江采芙蓉""明月皎夜光""冉冉孤竹生"和"庭中有奇树"。

《十四家诗钞》是朱先生在清华大学及西南联大先后讲授"历代诗选"课所选的诗篇和抄纂的注释材料。原名《十六家诗钞》，其中苏轼、黄庭坚两位，后编入《宋五家诗钞》，因改为"十四家"，是曹植、阮籍、陶潜、谢灵运、鲍照、谢朓、李白、杜甫、王维、孟浩然、韩愈、白居易、李商隐和杜牧。每家都选有代表诗作若干首，并附有作家传记、诗歌的简单注释及相关资料。

即以李白、杜甫为例，所选李白诗十六首，为《蜀道难》、《梁父吟》、《襄阳歌》、《宣城谢朓楼饯别校书叔云》、《金陵歌送别范宣》、《金陵城西楼月下吟》、《梦游天姥吟留别》、《把酒问月》、《静夜思》、《独坐敬亭山》、《横江词六首》（选一）、《赠汪伦》、《山中问答》、《客中作》、《早发白帝城》和《越中览古》。

所选杜甫诗二十首，为《同诸公登慈恩寺塔》、《自京赴奉先县咏怀五百字》、《梦李白二首》（选一）、《遭田父泥饮美严中丞》、《醉时歌》、《哀江头》、《茅屋为秋风所破歌》、《短歌行赠王郎司直》、《房兵曹胡马诗》、《春望》、《漫成二首》、《舍弟占归草堂检校聊示此诗》、《登岳阳楼》、《送郑十八虔贬台州司户伤其临老陷贼之故阙为面别情见于诗》、《蜀相》、《宾至》、《闻官军收河南河北》、《黄河二首》（选一）、《绝句四首》（选一）。

《宋五家诗钞》选收北宋诗人梅尧臣、欧阳修、王安石、苏轼、黄庭坚五人的诗歌若干篇。

此外，还有三个选本，是朱先生为了帮助学生了解和研究中国古典文学所编，当年曾作为清华大学中文系的教材或教学参考材料。

《诗文评钞》是关于我国传统文学理论的名篇选辑，有综论诗的，也有综论文的，共五十四篇。

《古今诗选小传》选取了从汉到宋代我国著名的诗篇或诗人，把古人与近人对他们的介绍、诠释、评论或研究心得摘编在一起，分别列出。

《歌谣》除了收入《古谣谚》一书的"凡例"和近人的研究成果，朱先生还编选了《歌谣举例》，收入一百四十多首歌谣及有关资料，都是关于我国民间文学很有价值的资料。

十三　文第十三附录

（一）什么是文学？　朱自清

【题解】本篇写于1946年，发表于《新生报》，后收入《标准与尺度》一书（文光书店1948年出版）。作者在极短的篇幅内，讨论了"什么是文学"的大问题，言简意赅，富于启发性。其中涉及文学演变的历史，可与《经典常谈·文第十三》对照阅读。

什么是文学？大家愿意知道，大家愿意回答，答案很多，却都不能成为定论。也许根本就不会有定论，因为文学的定义得根据文学作品，而作品是随时代演变，随时代堆积的。因演变而质有不同，因堆积而量有不同，这种种不同都影响到什么是文学这一问题上。比方我们说文学是抒情的，但是像宋代说理的诗，十八世纪英国说理的诗，似乎也不得不算是文学。又如我们说文学是文学，跟别的文章不一样，然而就像在中国的传统里，经史子集都可以算是文学。经史子集堆积得那么多，文士们都钻在里面生活，我们不得不认这些为文学。当然，集部的文学性也许更大些。现在除经史子集外，我们又认为元明以来的小说、戏剧是文学。这固然受了西方的文学意念的影响，但是作品的堆积也多少在逼迫着我们给它们地位。明白了这种种情形，就知道什么是文学这问题大概不会有什么定论，得看作品看时代说话。

新文学运动初期，运动的领导人胡适之先生曾答复别人的问，写了短短的一篇《什么是文学？》。这不是他用力的文章，说得也很简单，一向不曾引起多少注意。他说文字的作用不外达意表情，达意达得好，表情表得妙就是文学。他说文学有三种性：一是懂得性，就是要明白。二是逼人性，要动人。三是美，上面两种性联合起来就是美。这里并不特别强调文学的表情作用；却将达意和表情并列，将文学看作和一般文章一样，文学只是"好"的文章、"妙"的文章、"美"的文章罢了。而所谓"美"就是明白与动人，所谓三种性，其实只是两种性。"明白"大概是条理清楚，不故意卖关子；"动人"大概就是胡先生在《谈新诗》里说的"具体的写法"。当时大家写作固然用了白话，可是都求其曲，求其含蓄。他们注重求暗示，觉得太明白了没有余味。至于"具体的写法"，大家倒是同意的。只是在《什么是文学？》这一篇里，"逼人""动人"等语究竟太泛了，不像《谈新诗》里说的"具体的写法"那么"具体"，所以还是不能引人注意。

再说当时注重文学的型类，强调白话诗和小说的地位。白话新诗在传统里没有地位，小说在传统里也只占到很低的地位。这儿需要斗争，需要和只重古近体诗与骈散文的传统斗争。这是工商业发展之下新兴的知识分子跟农业的封建社会的士人的斗争，也可以说是民主的斗争。胡先生的不分型类的文学观，在当时看来不免历史癖太重，不免笼统，而不能鲜明自己的旗帜，因此注意他这一篇短文的也就少。文学型类的发展从新诗和小说到了散文——就是所谓美的散文，又叫作小品文的。虽然这种小品文以抒情为主，是外来的影响，但是跟传统的骈散文的一部分却有接近之处。而文学包括这种小说以外的散文在内，也就跟传统的文的意念包括骈散文的有了接近之处。小品文之后有杂文。杂文可以说是继承"随感录"的，但从它的短小的篇幅看，也可以说是小品文的演变。小品散文因应时代的需要从抒情转到批评和说明上，但一般还认为是文学，和长篇议论文、说明文不一样。这种文学观就更跟那传统的文的意念接近了。而胡先生说的什么是文学也就值得我们注意了。

　　传统的文的意念也经过几番演变。南朝所谓"文笔"的文，以有韵的诗赋为主，加上些典故用得好、比喻用得妙的文章；《昭明文选》里就选的是这些。这种文多少带着诗的成分，到这时可以说是诗的时代。宋以来所谓"诗文"的文，却以散文就是所谓古文为主，而将骈文和辞赋附在其中。这可以说是到了散文时代。现代中国文学的发展，虽只短短的三十年，却似乎也是从诗的时代走到了散文时代。初期的文学意念近于南朝的文的意念，而与当时还在流行的传统的文的意念，就是古文的文的意念，大不相同。但是到了现在，小说和杂文似乎占了文坛的首位，这些都是散文，这正是散文时代。特别是杂文的发展，使我们的文学意念近于宋以来的古文家而远于南朝。胡先生的文学意念，我们现在大概可以同意了。

　　英国德来登早就有知的文学和力的文学的分别，似乎是日本人根据了他的说法而仿造了"纯文学"和"杂文学"的名目。好像胡先生在什么文章里不赞成这种不必要的分目。但这种分类虽然好像将表情和达意分而为二，却也有方便处。比方我们说现在杂文学是在和纯文学争着发展。这就可以见出这时代文学的又一面。杂文固然是杂文学，其他如报纸上的通讯、特写，现在也多数用语体而带有文学意味了，书信有些也如此。甚至宣言，有些也注重文学意味了。这种情形一方面见出一般人要求着文学意味，一方面又意味着文学在报章化。清末古文报章化而有了"新文体"，达成了开通民智的使命。现代文学的报章化，该是德先生和赛先生的吹鼓手吧。

这里的文学意味就是"好",就是"妙",也就是"美";却决不是卖关子,而正是胡先生说的"明白""动人"。报章化要的是来去分明,不躲躲闪闪的。杂文和小品文的不同处就在它的明快,不大绕弯儿,甚至简直不绕弯儿。具体倒不一定。叙事写景要具体,不错。说理呢,举例子固然要得,但是要言不烦,或简截了当也就是干脆,也能够动人。使人威固然是动人,使人信也未尝不是动人。不过这样解释着胡先生的用语,他也许未必同意吧?

北平《新生报》,一九四六年

(二)论雅俗共赏　朱自清

【题解】本篇收入作者《论雅俗共赏》一书(观察社1948年5月出版)。序言说:"所谓现代的立场,按我的了解,可以说就是'雅俗共赏'的立场,也可以说是偏重俗人或常人的立场,也可以说是近于人民的立场。……《论雅俗共赏》放在第一篇,并且用作书名,用意也在此。"文章从历史的角度讲说文体雅俗交错发展的趋势,为大众化、通俗化的新文学造势。其中涉及文学演变的历史,可与《经典常谈·文第十三》对照阅读。

陶渊明有"奇文共欣赏,疑义相与析"的诗句,那是一些"素心人"的乐事,"素心人"当然是雅人,也就是士大夫。这两句诗后来凝结成"赏奇析疑"一个成语,"赏奇析疑"是一种雅事,俗人的小市民和农家子弟是没有份儿的。然而又出现了"雅俗共赏"这一个成语,"共赏"显然是"共欣赏"的简化,可是这是雅人和俗人或俗人跟雅人一同在欣赏,那欣赏的大概不会还是"奇文"

吧。这句成语不知道起于什么时代,从语气看来,似乎雅人多少得理会到甚至迁就着俗人的样子,这大概是在宋朝或者更后吧。

原来唐朝的安史之乱可以说是我们社会变迁的一条分水岭。在这之后,门第迅速地垮了台,社会的等级不像先前那样固定了,"士"和"民"这两个等级的分界不像先前的严格和清楚了,彼此的分子在流通着,上下着。而上去的比下来的多,士人流落民间的究竟少,老百姓加入士流的却渐渐多起来。王侯将相早就没有种了,读书人到了这时候也没有种了;只要家里能够勉强供给一些,自己有些天分,又肯用功,就是个"读书种子";去参加那些公开的考试,考中了就有官做,至少也落个绅士。这种进展经过唐末跟五代的长期的变乱加了速度,到宋朝又加上印刷术的发达,学校多起来了,士人也多起来了,士人的地位加强,责任也加重了。这些士人多数是来自民间的新的分子,他们多少保留着民间的生活方式和生活态度。他们一面学习和享受那些雅的,一面却还不能摆脱或蜕变那些俗的。人既然很多,大家是这样,也就不觉其寒尘;不但不觉其寒尘,还要重新估定价值,至少也得调整那旧来的标准与尺度。"雅俗共赏"似乎就是新提出的尺度或标准,这里并非打倒旧标准,只是要求那些雅士理会到或迁就些俗士的趣味,好让大家打成一片。当然,所谓"提出"和"要求",都只是不自觉地看来是自然而然的趋势。

中唐时期,比安史之乱还早些,禅宗的和尚就开始用口语记录大师的说教。用口语为的是求真与化俗,化俗就是争取群众。安史乱后,和尚的口语记录更其流行,于是乎有了"语录"这个名称,"语录"就成为一种著述体了。到了宋朝,道学家讲学,更广泛地留下了许多语录；他们用语录，也还是为了求真与化俗，还是为了争取群众。所谓求真的"真"，一面是如实和直接的意思。禅家认为第一义是不可说的，语言文字都不能表达那无限的可能，所以是虚妄的。然而实际上语言文字究竟是不免要用的一种"方便"，记录文字自然越近实际的、直接的说话越好。在另一面这"真"又是自然的意思，自然才亲切，才让人容易懂，也就是更能收到化俗的功效，更能获得广大的群众。道学主要的是中国的正统的思想，道学家用了语录做工具，大大地增强了这种新的文体的地位，语录就成为一种传统了。比语录体稍稍晚些，还出现了一种宋朝叫作"笔记"的东西。这种作品记述有趣味的杂事，范围很宽，一方面发表作者自己的意见，所谓议论，也就是批评，这些批评往往也很有趣味。作者写这种书，只当作对客闲谈，并非一本正经，虽然以文言为主，可是很接近说话。这也是给大家看的，看了可以当作"谈助"，增加趣味。宋朝的笔记最发达，当时盛行，流传下来的也很多。目录家将这种笔记归在"小说"项下，近代书店汇印这些笔记，更直题为"笔记小说"；中国古代所谓"小说"，原是指记述杂事的趣味作品而言的。

那里我们得特别提到唐朝的"传奇"。"传奇"据说可以见出作者的"史才、诗、笔、议论"，是唐朝士子在投考进士以前用来送给一些大人先生看，介绍自己，求他们给自己宣传的。其中不外乎灵怪、艳情、剑侠三类故事，显然是以供给"谈助"，引起趣味为主。无论照传统的意念，或现代的意念，这些"传奇"无疑的是小说，一方面也和笔记的写作态度有相类之处。照陈寅恪先生的意见，这种"传奇"大概起于民间，文士是仿作，文字里多口语化的地方。陈先生并且说唐朝的古文运动就是从这儿开始。他指出古文运动的领导者韩愈的《毛颖传》，正是仿"传奇"而作。我们看韩愈的"气盛言宜"的理论和他的参差错落的文句，也正是多多少少在口语化。他的门下的"好难""好易"两派，似乎原来也都是在试验如何口语化。可是"好难"的一派过分强调了自己，过分想出奇制胜，不管一般人能够了解欣赏与否，终于被人看作"诡"和"怪"而失败，于是宋朝的欧阳修继承了"好易"的一派的努力而奠定了古文的基础。——以上说的种种，都是安史乱后几百年间自然的趋势，就是那雅俗共赏的趋势。

宋朝不但古文走上了"雅俗共赏"的路，诗也走向这条路。胡适之先生说宋诗的好处就在"作诗如说话"，一语破的指出了这条路。自然，这条路上还有许多曲折，但是就像不好懂的黄山谷，他也提出了"以俗为雅"的主张，并且点化了许多俗语成为诗句。实践上"以俗为雅"，并不从他开始，梅圣俞、苏东坡都是好手，而苏东坡更胜。据记载梅和苏都说过"以俗为雅"这句话，可是不大靠得住；黄山谷却在《再次杨明叔韵》一诗的"引"里郑重地提出"以俗为雅，以故为新"，说是"举一纲而张万目"。他将"以俗为雅"放在第一，因为这实在可以说是宋诗的一般作风，也正是"雅俗共赏"的路。但是加上"以故为新"，路就曲折起来，那是雅人自赏，黄山谷所以终于不好懂了。不过黄山谷虽然不好懂，宋诗却终于回到了"作诗如说话"的路，这"如说话"，的确是条大路。

雅化的诗还不得不回向俗化，刚刚来自民间的词，在当时不用说自然是"雅俗共赏"的。别瞧黄山谷的有些诗不好懂，他的一些小词可够俗的。柳耆卿更是个通俗的词人。词后来虽然渐渐雅化或文人化，可是始终不能雅到诗的地位，它怎么着也只是"诗余"。词变为曲，不是在文人手里变，是在民间变的；曲又变得比词俗，虽然也经过雅化或文人化，可是还雅不到词的地位，它只是"词余"。一方面从晚唐和尚的俗讲演变出来的宋朝的"说话"就是说书，乃至后来的平话以及章回小说，还有宋朝的杂剧和诸宫调等等转变成功的元朝的杂剧和戏文，乃至后来的传奇，以及皮簧戏，更多半是些"不登大雅"的"俗文学"。这些除元杂剧和后来的传奇也算是"词余"以外，在过去的文学传统里简直没有地位；也就是说这些小说和戏剧在过去的文学传统里多半没有地位，有些有点地位，也不是正经地位。可是虽然俗，大体上却"俗不伤雅"，虽然没有什么地位，却总是"雅俗共赏"的玩意儿。

"雅俗共赏"是以雅为主的，从宋人的"以俗为雅"以及常语的"俗不伤雅"，更可见出这种宾主之分。起初成群俗士蜂拥而上，固然逼得原来的雅士不得不理会到甚至迁就着他们的趣味，可是这些俗士需要摆脱的更多。他们在学习，在享受，也在蜕变，这样渐渐适应那雅化的传统，于是乎新旧打成一片，传统多多少少变了质继续下去。前面说过的文体和诗风的种种改变，就是新旧双方调整的过程，结果迁就的渐渐不觉其为迁就，学习的也渐渐习惯成了自然，传统的确稍稍变了质，但是还是文言或雅言为主，就算跟民众近了一些，近得也不太多。

至于词曲，算是新起于俗间，实在以音乐为重，文辞原是无关轻重的："雅俗共赏"，正是那音乐的作用。后来雅士们也曾分别将那些文辞雅化，但是因为音乐性太重，使他们不能完成那种雅化，所以词曲终于不能达到诗的地位。而曲一直配合着音乐，雅化更难，地位也就更低，还低于词一等。可是词曲到了雅化的时期，那"共赏"的人却就雅多而俗少了。真正"雅俗共赏"的是唐、五代、北宋的词，元朝的散曲和杂剧，还有平话和章回小说以及皮簧戏等。皮簧戏也是音乐为主，大家直到现在都还在哼着那些粗俗的戏词，所以雅化难以下手，虽然一二十年来这雅化也已经试着在开始。平话和章回小说，传统里本来没有，雅化没有合式的榜样，进行就不易。《三国演义》虽然用了文言，却是俗化的文言，接近口语的文言，后来的《水浒传》《西游记》《红楼梦》等就都用白话了。不能完全雅化的作品在雅化的传统里不能有地位，至少不能有正经的地位。雅化程度的深浅，决定这种地位的高低或有没有，一方面也决定"雅俗共赏"的范围的小和大——雅化越深，"共赏"的人越少，越浅也就越多。所谓多少，主要的是俗人，是小市民和受教育的农家子弟。在传统里没有地位或只有低地位的作品，只算是玩意儿；然而这些才接近民众，接近民众却还能教"雅俗共赏"，雅和俗究竟有共通的地方，不是不相理会的两橛了。

单就玩意儿而论，"雅俗共赏"虽然是以雅化的标准为主，"共赏"者却以俗人为主。固然，这在雅方得降低一些，在俗方也得提高一些，要"俗不伤雅"才成；雅方看来太俗，以至于"俗不可耐"的，是不能"共赏"的。但是在什么条件之下才会让俗人所"赏"的，雅人也能来"共赏"呢？我们想起了"有目共赏"这句话。孟子说过"不知子都之姣者，无目者也"，"有目"是反过来说，"共赏"还是陶诗"共欣赏"的意思。子都的美貌，有眼睛的都容易辨别，自然也就能"共赏"了。孟子接着说："口之于味也,有同嗜焉;耳之于声也,有同听焉;目之于色也,有同美焉。"这说的是人之常情,也就是所谓人情不相远。但是这不相远似乎只限于一些具体的、常识的、现实的事物和趣味。譬如北平吧,故宫和颐和园,包括建筑、风景和陈列的工艺品,似乎是"雅俗共赏"的,天桥在雅人的眼中似乎就有些太俗了。说到文章,俗人所能"赏"的也只是常识的、现实的。后汉的王充出身是俗人,他多多少少代表俗人说话,反对难懂而不切实用的辞赋,却赞美公文能手。公文这东西关系雅俗的现实利益,始终是不曾完全雅化了的。再说后来的小说和戏剧,有的雅人说《西厢记》诲淫,《水浒传》诲盗,这是"高论"。实际上这一部戏剧和这一部小说都是"雅俗共赏"的作品。《西厢记》无视了传统的礼教,《水浒传》无视了传统的忠德,然而"男女"是"人之大欲"之一,"官逼民反"也是人之常情,梁山泊的英雄正是被压迫的人民所想望的。俗人固然同情这些,一部分的雅人,跟俗人相距还不太远的,也未尝不高兴这两部书说出了他们想说而不敢说的。这可以说是一种快感、一种趣味,可并不是低级趣味;这是有关系的,也未尝不是有节制的。"诲淫""诲盗"只是代表统治者的利益的说话。

十九世纪二十世纪之交是个新时代,新时代给我们带来了新文化,产生了我们的知识阶级。这知识阶级跟从前的读书人不大一样,包括了更多的从民间来的分子,他们渐渐跟统治者拆伙而走向民间。于是乎有了白话正宗的新文学,词曲和小说戏剧都有了正经的地位。还有种种欧化的新艺术。这种文学和艺术却并不能让小市民来"共赏",不用说农工大众。于是乎有人指出这是新绅士也就是新雅人的欧化，不管一般人能够了解欣赏与否。他们提倡"大众语"运动。但是时机还没有成熟，结果不显著。抗战以来又有"通俗化"运动，这个运动并已经在开始转向大众化。"通俗化"还分别雅俗，还是"雅俗共赏"的路，大众化却更进一步要达到那没有雅俗之分，只有"共赏"的局面。这大概也会是所谓由量变到质变吧。

一九四七年十月二十六日作

（三）代李敬业传檄天下文（节录） 骆宾王

【题解】朱自清先生在《经典常谈·文第十三》中概述"文"的发展演变，介绍了多种文体，其中多数是我们习见的。这里拣选三种读者不很熟悉的文体——骈体、义疏和语录，各举一例，供读者参考。

本篇所选唐骆宾王《代李敬业传檄天下文》是骈文名作。骆宾王（约626—684）是"初唐四杰"之一，有《骆临海集》传世。此檄篇名中的李敬业，即徐敬业，是唐代勋臣之后。武曌（武则天）废掉唐中宗，准备自立，徐敬业在扬州起兵反抗，骆宾王是他的幕宾，为他起草了这篇檄文。檄（xí）是一种文告，起晓谕、征召、声讨的作用，用于战前的舆论宣传。

伪临朝武氏者，性非和顺，地实寒微①。昔充太宗下陈，曾以更

---

① 伪：指非法的，不被正统所承认的。临朝：君临朝廷，掌握君权。地实寒微：真实的地位很低微。

衣入侍①。洎乎晚节，秽乱春宫②。潜隐先帝之私，阴图后房之嬖③。入门见嫉，蛾眉不肯让人④；掩袖工谗，狐媚偏能惑主⑤。……

敬业皇唐旧臣，公侯冢子⑥。奉先帝之成业，荷本朝之厚恩⑦。……因天下之失望，顺宇内之推心⑧；爰举义旗，以清妖孽⑨。南连百越，北尽三河，铁骑成群，玉轴相接⑩。海陵红粟，仓储之积靡穷⑪；江浦黄旗，匡复之功何远⑫？班声动而北风起，剑气冲而南

---

① 下陈：犹言后列，这里指才人身份。更（gēng）衣：宴会休息时更换衣裳。这里指武氏利用伺候更衣的机会，接近皇上，获得宠爱，手段不光彩。
② 洎（jì）：及，到。晚节：后来，其后。春宫：东宫，是太子所居，也指太子。这里指武氏先为太宗才人，又为太子妃嫔。
③ "潜隐"二句：是说武氏隐瞒太宗对她的宠幸，希图得到高宗的专宠。私，宠幸。嬖（bì），宠爱。
④ "入门"二句：是说她初来时曾遭嫉妒，但以美貌争得皇上宠幸。见嫉，被嫉妒。蛾眉，原指好看的眉毛，也代指美貌。
⑤ "掩袖"二句：是说武氏擅长以谗言害人，以狐媚的手段迷惑人主。掩袖，这里用战国楚怀王妃郑袖进谗杀人的典故。工谗，擅长进谗言。狐媚，传说狐狸能迷惑人，这里是说使用狐狸迷惑人的手段。
⑥ 皇唐：大唐。冢（zhǒng）子：嫡长子。徐敬业是开国功臣徐勣（后赐姓李）的长孙。
⑦ 先帝：指唐高宗。荷（hè）：负，承受。
⑧ 因、顺：都有顺应之意。推心：这里指与大众诚心交流。
⑨ 爰：于是。妖孽：指武氏之党。
⑩ 百越：同"百粤"。古代越族部落极多，因称"百越"。三河：汉代河东、河内、河南三郡，是古代的中原之地。"三河"，一作"山河"。玉轴（zhú）：战船。轴，同"舳"。
⑪ "海陵"二句：是说海陵粮仓储存着无穷粮食。海陵，今江苏泰州，在扬州附近，汉代在此置粮仓。红粟，米因久藏而变为红色。靡穷，无穷。
⑫ 江浦：长江沿岸。黄旗：指王者之旗。匡复：这里指挽救危亡。

斗平①。喑呜则山岳崩颓,叱咤则风云变色②。以此制敌,何敌不摧;以此图功,何功不克③!

公等或家传汉爵,或地协周亲,或膺重寄于爪牙,或受顾命于宣室④。言犹在耳,忠岂忘心?一抔之土未干,六尺之孤何托⑤?倘能转祸为福,送往事居,共立勤王之勋,无废旧君之命⑥;凡诸爵赏,同指山河⑦。若其眷恋穷城,徘徊歧路,坐昧先几之兆,必贻后至之诛⑧。请看今日之域中,竟是谁家之天下!移檄州郡,咸使知闻⑨。

【译文】非法把持朝政的武氏,不是和善温顺之人,出身也十

---

① 班声:马嘶鸣声。"剑气"句:据《晋书·张华传》载,晋初时牛、斗(二星名)间有紫气映射,有人说是剑气所映,结果真的在丰城(古属豫章郡)牢狱地下掘出龙泉、太阿二剑,入水化为龙。南斗,斗宿,为二十八宿之一。

② 喑(yīn)呜、叱咤(chì zhà):怒吼声。吒,同"咤"。

③ 克:完成。

④ "公等"四句:公等,这里指文臣武将。家传汉爵,拥有世袭爵位。地协周亲,指身份是宗室亲族。协,相配,相合。周亲,至亲。膺,承受。爪牙,喻武将。顾命,帝王临死时的遗命。宣室,汉宫中有宣室殿,这里借指皇帝召问大臣之处。

⑤ 一抔(póu)之土:这里借指皇帝的坟墓。六尺之孤:指继承皇位的新君。何托:托付给谁。

⑥ 送往事居:送走亡故的,侍奉在位的。往,死者,指高宗。居,在位的,指中宗。勤王:指臣下起兵救援王室。旧君:指已死的皇帝。

⑦ "凡诸"二句:这是宣誓的话,是说面对山河发誓,凡是有功的,君王都不吝爵位赏赐。

⑧ 穷城:指孤立无援的城邑。坐昧:坐失。先几(jī)之兆:先兆。贻(yí):留下。后至之诛:因迟到而遭受诛戮。

⑨ 移:传。咸:都。

分低贱。早先曾充任太宗的宫女，以不光彩手段得以侍奉先帝。到了后期，又与太子发生乱伦关系，极力遮掩受先帝宠幸的事实，图谋获取高宗的专宠。入宫之初虽遭嫉妒，却凭着美貌，丝毫不肯退让；又擅长谗言伤人，凭着狐媚伎俩，迷惑皇上。……

我徐敬业是大唐旧臣，开国元勋的嫡长孙，继承先帝的功业，蒙受朝廷的厚恩。……我因应普天下的失望情绪，顺遂举国人的心愿，就此高举正义之旗，发誓要清扫害人的妖孽。往南连接百越之地，向北直至中原三河，铁骑成群，战船相连。海陵粮仓有着无尽的存粮，长江沿岸王旗飘飘，光复大唐的伟业就要实现了！战马嘶鸣，北风呼啸，宝剑之光直冲牛斗；战士的怒吼令山岳崩塌、风云变色！凭着这样的队伍来对付敌人，又有什么人不能打垮；凭着这样的队伍来建功立业，又有什么功勋不能建立呢！

如今替武氏效劳的各级官员们，你们或者承受世袭的爵位，或者是皇室宗亲，或是身负守卫之责的武将，或是在内殿接受先帝遗命的大臣。先帝的话音还在耳边，你们的忠诚又怎能忘怀？先帝坟上的土还没干透，幼小的储君还能托付给谁？如果各位能及时改变立场，转祸为福，送走先帝，侍奉当今的皇帝，大家共同建立匡救皇室之功，不废弃先帝的遗命，那么我对着泰山黄河发誓，成功后的封爵赏赐，（绝不会亏待各位。）不过谁若眷恋你的危城，目光短浅、坐失良机，一定会因你的后知后觉而受到严惩！请看今天的疆域之中，究竟是谁家的天下？此檄文移送各州郡，让所有人一体周知。

(四)"吾日三省吾身"义疏(《论语集注义疏》节录)

【题解】本篇节自《论语集注义疏》,该书署名"何晏集解,皇侃义疏"。何晏(?—249)是三国时曹魏重臣、著名学者。《论语集解》是他(同郑冲等学者)将汉魏学者孔安国、马融、郑玄、王肃等对《论语》的训释讲解汇为一书,并融入自己的见解,编纂而成。梁代学者皇侃(488—545)以该书为底本,保留旧注,并进行补充、疏解,撰成《论语集注义疏》,简称《论语义疏》,风行一时。这里选取书中"吾日三省吾身"一则,目的是让读者见识一下"义疏"这种文体形式。

文中马融的原注,只有简单两句,即"马融曰:弟子曾参也。""言凡所传之事得无素不讲习而传之乎。"而"疏"字标志之后,全部是皇侃对原注的补充和疏证。

节录的经文与今天的流行本小有差异("与朋友交,言而不信乎",多一"而"字),读时应注意。

《论语集注义疏》书影

(五)《大学》纲领(《朱子语类》节录)

【题解】本篇节录自《朱子语类》,该书内容,为朱熹讲学、谈话的内容，被弟子分别记录下来。这种文体称"语录体"，是受佛教禅宗语录影响的结果。因是口语实录，其间并无之乎者也等文言虚字，体现了"言文一致"的特点，是早期的白话文。提供语录的朱门弟子有几十位，是陆续搜集编订的。后经南宋学者黎靖德整理，以类编排，于咸淳六年（1270）刊为《朱子语类大全》，又称《朱子语类》。这里节录书中谈论《大学》的三段语录。

    学问须以《大学》为先，次《论语》，次《孟子》，次《中庸》。《中庸》工夫密、规模大。

    读书且从易晓易解处去读。如《大学》《中庸》《语》《孟》四书，道理粲然，人只是不去看。若理会得此四书，何书不可读？何理不可究？何事不可处？

    某要人先读《大学》，以定其规模；次读《论语》，以立其根本；次读《孟子》，以观其发越；次读《中庸》，以求古人之微妙处。《大学》一篇有等级次第，总作一处，易晓，宜先看。《论语》却实，但言语散见，初看亦难。《孟子》有感激兴发人心处。《中庸》亦难读，看三书后方宜读之。

（六）女二二圹志　归有光

    【题解】二二是归有光小女儿的小名，不足周岁即夭折。这是作者为她所写的墓志。圹志即墓志，上面书刻死者的生平，埋于墓中。文章虽简短，却饱含亲情，并流露出作者的负疚感。有些时候，文言比白话更能传达隐含的情感，读者可试着将此篇译为语体文，相互比较，自己得出结论。

女二二，生之年月戊戌戊午，其日时又戊戌戊午①，予以为奇。今年予在光福山中，二二不见予，辄常常呼予②。一日，予自山中还，见长女能抱其妹，心甚喜。及予出门，二二尚跃入予怀中也。既到山数日，日将晡③，予方读《尚书》，举首忽见家奴在前。惊问曰："有事乎？"奴不即言，第④言他事。徐却立⑤曰："二二今日四鼓⑥时已死矣。"盖生三百日而死，时为嘉靖己亥三月丁酉⑦。予既归为棺敛，以某月日，瘗于城武公之墓阴⑧。

呜呼！予自乙未以来，多在外。吾女生既不知，而死又不及见，可哀也已！

（七）游灵岩记　姚鼐

【题解】本篇是桐城派大师姚鼐的一篇游记散文，记录作者于乾隆三十九年（1774）末至四十年初游历泰山的见闻。灵岩是泰山北面的一处岩崖，建有灵岩寺。作者此篇记述灵岩寺游踪。姚鼐为文，强调兼顾义理、考据、辞章。此篇写灵岩景观，文字雅洁，又

---

① "生之年"二句：这里是用干支法记述年、月、日、时。
② 光福：地名，在今江苏苏州。辄：总是。
③ 晡（bū）：申时，即下午三至五点。
④ 第：但，只。
⑤ 却立：退后一步，表郑重。
⑥ 四鼓：四更，凌晨一至三点。
⑦ 嘉靖己亥三月丁酉：嘉靖十八年（1539）三月十九日。下文中的"乙未"，指嘉靖十四年（1535）。
⑧ 棺殓（liàn）：死者入棺。瘗（yì）：埋葬。城武公：归有光的曾祖父归凤，曾为城武县令。墓阴：墓北。

不乏生动的比喻，同时还注意到地理的考察及史迹的考证，显示出桐城散文的特点。作者还有一篇为人熟悉的《登泰山记》，也是此次出游撰写的。

　　泰山北多巨岩，而灵岩最著。余以乾隆四十年正月四日自泰安来观之，其状如垒石为城壖，高千余雉，周若环而缺其南面①。南则重嶂蔽之，重溪络之②。自岩至溪，地有尺寸平者，皆种柏，翳高塞深③。灵岩寺④在柏中，积雪林下，初日澄彻，寒光动寺壁。

　　寺后凿岩为龛，以居佛像，度其高，当岩之十九，峭不可上，横出斜援乃登⑤。登则周望万山，殊骛而诡趣，帷张而军行⑥。岩尻有泉，皇帝来巡⑦，名之曰"甘露之泉"。僧出器，酌以饮余。回视寺左右立石，多宋以来人刻字，有墁⑧入壁内者。又有取石为砌者，

---

① 泰安：今山东泰安。城壖（yōng）：城墙。雉（zhì）：古代计算城墙面积的单位，长三丈、高一丈为一雉。
② 嶂：如屏障一样的山峰。络：缠绕。
③ 翳（yì）高塞深：遮蔽高山，填塞深谷。翳，遮掩。
④ 灵岩寺：建于北魏年间的佛寺，据姚鼐记述，他所见的寺院是北宋以后再建的。
⑤ 龛（kān）：供佛像的石室。度：估计，揣度。当岩之十九：这里是说佛龛位于接近岩壁顶部（高度相当于岩壁十分之九）的地方。斜援：这里指走之字路线（以减缓坡度）攀援。援，牵引，攀附。
⑥ "殊骛（wù）"二句：形容四周山势走向各异，有的像拉起步障，行军其中。殊骛，群趋交驰。诡趣，趋向各异。趣，同"趋"。帷，这里指步障，是古代贵族出行时遮在路边的帷帐，长的有几十里。张，张挂。
⑦ 岩尻（kāo）：山岩的末端。尻，尾椎骨。皇帝：这里指乾隆皇帝。
⑧ 墁（màn）：镶嵌。

砌上有字曰"政和"云①。

余初与朱子颖约来灵岩,值子颖有公事,乃俾泰安人聂剑光偕余②。聂君指岩之北谷,溯以东,越一岭,则入于琨瑞之山③。盖灵岩谷水西流,合中川水入济;琨瑞山水西北流入济,皆泰山之北谷也。世言佛图澄之弟子曰竺僧朗④,居于琨瑞山,而时为人说其法于灵岩。故琨瑞之谷曰朗公谷,而灵岩有朗公石焉。当苻坚⑤之世,竺僧朗在琨瑞大起殿舍,楼阁甚壮,其后颓废至尽;而灵岩自宋以来,观宇⑥益兴。

灵岩在长清县⑦东七十里,西近大路,来游者日众。然至琨瑞山,其岩谷幽邃⑧,乃益奇也,余不及往。书以告子颖:子颖他日之来也,循泰山西麓,观乎灵岩,北至历城⑨。复溯朗公谷东南,以抵东长城岭下,缘泰山东麓,以反乎泰安,则山之四面尽矣。张峡⑩夜宿,姚鼐记。

【译文】泰山以北巨大的岩崖很多,而灵岩名气最大,我于乾

---

① 砌:台阶。政和:北宋徽宗年号。
② 朱子颖(yǐng):名孝纯,时任泰安知府,是姚鼐的好友。俾:使。聂剑光:泰安人,学者,著有《泰山道里记》。偕(xié):偕同,陪伴。
③ 溯(sù):逆流而上。琨瑞:山名。
④ 佛图澄:西晋及后赵的高僧,西域人。竺僧朗:佛图澄的弟子,俗姓李。
⑤ 苻坚:氐族,十六国时期前秦皇帝。
⑥ 观宇:这里指佛寺。
⑦ 长清县:今为山东济南市长清区。
⑧ 幽邃:清幽深邃。
⑨ 麓:山脚。历城:今属山东省济南市,清为济南府治。
⑩ 张峡:村镇名,属长清。

隆四十年正月初四由泰安出发前来灵岩游览。灵岩的形状如同用石头垒砌的城墙，高千余丈，周围群山拥抱如环，只有南边有个缺口。南面有重重如屏风的山遮挡着，有条条的溪水环绕着。从山岩到溪流之间，只要有尺来宽的平地，就都栽种着柏树。柏树遮挡着高山，填塞了深谷，灵岩寺就隐藏在柏树林中。林中的积雪被天上澄澈明朗的阳光一照，把斑驳的寒光反射到寺院的外墙上，风吹影动。寺后峭壁上凿有石龛，里面供着佛像。估量石龛的高度，约在岩壁十分之九的高处，岩壁陡峭，不能直上，斜向横着攀援，才登上岩顶。登上后眺望四周群山，其势如奔，走向不同。像是拉起步障，军队在其中行进。岩下有泉，乾隆皇帝来巡游时，命名为"甘露之泉"。寺里的和尚拿出杯盏，盛了水让我们品尝。回看寺左右的石碑，大多是宋代以来题刻的，有的镶嵌在岩壁，也有拿旧的碑碣当作台阶的，上面还能看到"政和"字样。

我原本与朱子颖相约来游灵岩，刚好赶上子颖有公务，他就请泰安人聂剑光来陪我。聂先生指引着从灵岩的北谷逆水流往东，翻过一道山岭，就进入了琨瑞山。灵岩谷的水往西流，与中川水合流，一同流入济水。琨瑞山的水向西北流，也流入济水，这些都属于泰山北谷的溪流。世人传说，晋代圣僧佛图澄的徒弟竺僧朗曾在琨瑞山居住，不时到灵岩寺为人讲说佛法。因此琨瑞谷又叫朗公谷，而灵岩也有朗公石的遗迹。在前秦符坚时期，竺僧朗在琨瑞山上大建佛寺殿堂，楼阁十分壮丽，后来倒塌废弃，无迹可寻。而灵岩自宋代以来庙宇才重新修建，越发兴盛。

灵岩在长清县东七十里，西边靠近大路，来游玩的人渐渐多起来。据说到了琨瑞山，山岩溪谷幽静深邃，景色更奇绝，可惜我来不及去了。我写信告诉子颖：你以后来游，可沿着泰山的西坡观赏灵岩，然后北到历城。再沿朗公谷往东南走，抵达东长城岭下，沿着泰山东坡返回泰安，这样山的四面都可游遍了。我夜宿张峡，记下这些文字。

附　录

（一）作者介绍

朱自清（1898—1948），原名自华，号实秋；后更名自清，字佩弦。祖籍浙江绍兴，生于江苏东海，四岁时随父母定居扬州。

1916年毕业于江苏省立第八中学，同年考入北京大学预科，翌年考入北京大学哲学系。在校期间开始创作新诗。1920年毕业后，先后任教于浙江省杭州第一师范、扬州江苏省立第八中学、上海吴淞中国公学、台州浙江省立第六师范、温州浙江省立第十中学、省立第十师范学校、宁波浙江省立第四中学、上虞白马湖春晖中学等。其间参加新潮社、文学研究会等文学社团。

1925年受聘清华学校大学部任教授，开始研究中国古典文学。文学创作则以散文为主。曾担任中文系主任、图书馆主任。1931—1932年留学英国，漫游欧洲，回国后写成《欧游杂记》。全面抗日战争爆发后，于1937年南下，在长沙临时大学任中文系教授会主席。1938年抵昆明，在西南联合大学任中文系主任。1946年返京，任国立清华大学（现清华大学）中文系主任。

在大学所讲授的课程，有"国文""中国新文学研究""新文艺思潮""中国文学史""中国文学批评""古今诗选"等。主要开展古代文化研究，涉猎汉字、汉语语法、经史子集、诗文评、小说、歌谣及外国历史文学。

先后发表了大量诗歌、散文、学术论著等。其中结集出版的，有《踪迹》、《背影》、《你我》、《欧游杂记》、《伦敦杂记》、《国文教学》、《读书指导》（包括《精读指导举隅》和《略读指导举隅》）、

《新诗杂话》、《语文零拾》、《标准与尺度》、《论雅俗共赏》、《语文影及其他》、《雪朝》、《敝帚集》、《犹贤斋博弈诗钞》、《经典常谈》、《诗言志辨》、《中国歌谣》、《古诗歌笺释三种》、《十四家诗钞》、《宋五家诗钞》、《中国新文学研究纲要》，另编有教材《诗文评钞》《古今诗选小传》《歌谣》等。

1948年8月12日病逝于北京，享年51岁。

（二）《经典常谈》人名词典

（各条目末尾括号内的数字，是该人物第一次出现的章节）

A

浇［Ào］（生卒年不详），夏朝时人物，有穷氏国君寒浞之子。善战，杀死夏朝君主相，后被相的儿子少康所杀。（11）

B

白居易（772—846），字乐天，晚号香山居士，世称白傅、白文公。唐代诗人，与元稹共同倡导新乐府运动，代表诗作有《赋得古原草送别》《长恨歌》《琵琶行》《卖炭翁》《新丰折臂翁》《杜陵叟》《钱塘湖春行》《忆江南》等，又有论诗散文《与元九书》。（12）

班彪（3—54），字叔皮，东汉史学家，是班固、班超、班昭的父亲。班固著《汉书》，是在班彪所撰《后传》的基础上完成的。（9）

班超（32—102），字仲升，班彪之子，班固之弟，班昭之兄。是东汉著名的军事家、外交家，曾经营西域，卓有成效，官至西域

都护,封定远侯。(9)

班固(32—92),字孟坚,东汉扶风安陵(今陕西咸阳东北)人。史学家,著有《汉书》。另撰有《白虎通义》《两都赋》等。明人辑有《班兰台集》。(9)

班斿(yóu)(生卒年不详),学者,曾与刘向一同校阅皇家图书。他是班彪的叔父,班固的叔祖父。(9)

班昭(生卒年不详),字惠班,东汉女学者,班彪之女,班固、班超之妹,又号"曹大家(gū)"。继班固之后完成《汉书》撰写,有《女诫》《东征赋》等传世。(9)

C

仓颉(jié),传说中人物,又作苍颉,姓侯冈,名颉,又称仓颉先师、史皇氏、苍王、仓圣等。相传他是黄帝时期的左史官,创造了汉字,被后人尊为"文祖"。(1)

曹操(155—220),字孟德,小字阿瞒,汉魏间政治家、文学家。建安文学领袖。乐府诗代表作有《蒿里行》《步出夏门行》《短歌行》等。(12)

曹丕(187—226),字子桓,曹操次子,三国时魏国建立者,220—226年在位。诗文有《燕歌行》《芙蓉池作》等;另有《典论·论文》,是重要的文学理论作品。(12)

曹世叔(生卒年不详),名寿。班昭的丈夫,班昭因有"曹大家"之称。(9)

曹植(192—232),字子建,后世称陈思王,曹操第三子,建安文学重要作家。有"才高八斗"之誉。代表作有乐府诗《泰山梁

甫行》《白马篇》《送白马王彪》《七哀诗》等，撰有《洛神赋》《幽思赋》。(12)

晁错（前200—前154），西汉大臣，文帝、景帝时在朝，曾随伏生学习《尚书》。因主张削夺诸侯王权力，为吴王刘濞所忌，被腰斩于市。撰有《论贵粟疏》《贤良对策》等。(3)

陈子昂（659—700），字伯玉，初唐诗人，撰有《与东方左史虬修竹篇序》，明确提出诗歌革新的主张。诗文代表作有《登幽州台歌》《感遇》等。(12)

程颢（hào）（1032—1085），字伯淳，世称"明道先生"。北宋理学家。他提出"天者理也"和"只心便是天，尽之便知性"的命题，倡导"传心"说。撰有《定性书》《识仁篇》等。与弟弟程颐并称"二程"，同是"程朱理学"的开山者。(7)

程颐（1033—1107），字正叔，世称"伊川先生"。与胞兄程颢共同师从大儒周敦颐，共创"洛学"。其学说以"穷理"为主，主张"去人欲，存天理"。撰有《周易程氏传》《易传》《经说》等。明人将两人著作合编为《二程全书》。他们的学说为南宋朱熹继承发展，世称"程朱学派"。(7)

楚怀王（？—前296），熊槐，战国时楚国国君，前329—前296年在位。(11)

楚顷襄王（？—前263），熊横，战国时楚国国君，怀王之子。前298—前263年在位。(11)

褚少孙（生卒年不详），西汉学者。司马迁死后，《史记》有十篇文章有目无文，褚少孙为之增补，并标有"褚先生曰"字样。(9)

淳于髡（kūn）（约前386—前310），战国时齐国人，滑稽善辩，擅

长以隐语讽谏君王。(11)

崔杼(?—前546),春秋时期齐国大夫,曾杀死齐庄公,立景公为君。齐国史官直书"崔杼弑君",留下著名的典故。

D

戴德(生卒年不详),字延君,西汉今文经学家,汉宣帝时立为博士,曾选辑古代有关礼义的论述,编为《大戴礼记》八十五篇,今存三十九篇。世称"大戴"。(5)

戴圣(生卒年不详),字次君,是戴德的侄儿,西汉今文经学家,与叔父戴德跟随后苍学《礼》,后立为博士。编有《小戴礼记》四十九篇。世称"小戴"。(5)

邓析(前545—前501),春秋末期郑国人,名家代表人物,"名辩之学"的倡始人。他擅长辩论,常替人打官司。他还提倡法制,撰有《邓析子》。(10)

丁晏(1794—1876),字俭卿,号柘堂,清代学者,著有《尚书余论》,判断《古文尚书》及《孔传》为王肃伪作。对《诗经》《礼记》《易经》等多有涉猎。(3)

东方朔(前154—前93),字曼倩,西汉辞赋家。辞赋代表作有《答客难》等。(11)

东晋元帝(276—323),司马睿,字景文,东晋开国皇帝,317—323年在位。(3)

董狐(生卒年不详),晋国太史(史官),晋正卿赵盾受晋灵公迫害出逃,赵盾族弟赵穿杀死晋灵公,董狐认为责任在赵盾,在史册直书:"赵盾弑其君。"顶住压力,始终不改。(6)

董仲舒（前179—前104），西汉学者，汉景帝时任博士，汉武帝时上呈《举贤良对策》，提出"罢黜百家，独尊儒术"的主张，使儒学成为中国社会正统思想。此外，"天人感应""三纲五常"等主张，都是他提出的。学者指出，董仲舒所说的儒学思想，已掺入道家、法家、阴阳五行家的一些思想。（9）

窦宪（？—92），字伯度。东汉名将，妹妹为章帝皇后。曾任车骑将军，率军出塞，大破匈奴，在燕然山（今蒙古国境内杭爱山）刻石记功，铭文是班固所撰。后因恃权骄纵，遭皇帝疑忌，被逼自杀。班固也受到牵连。（9）

独孤及（725—777），字至之，唐代散文家，是唐代古文运动的先驱人物。（13）

杜甫（712—770），字子美，自称少陵野老，世称"杜少陵""杜工部"。盛唐现实主义诗人，巩县（今属河南）人。其诗歌真实记录了安史之乱的历史，被称为"诗史"，他也被称为"诗圣"。诗歌代表作有《望岳》《兵车行》《丽人行》《自京赴奉先县咏怀五百字》《羌村三首》《北征》《茅屋为秋风所破歌》《闻官军收河南河北》《登高》《秋兴八首》和"三吏""三别"等。后人辑有《杜工部集》。（12）

杜林（？—47），字伯山。东汉学者。曾得到漆书《古文尚书》一卷，珍爱不离身。多位经学家为此书作注。（3）

杜牧（803—约852），字牧之，又称"杜樊川"，晚唐诗人。以绝句见长，代表诗作有《泊秦淮》《山行》《赤壁》《过华清宫》等。另有《阿房宫赋》，为唐代辞赋名篇。（12）

杜预（222—285），字元凯，魏晋时期军事家、学者。撰有《春秋

左氏经传集解》，是《左传》注解流传至今最早的一种。唐代诗人杜甫、杜牧都是他的后裔。（6）

F

樊并（生卒年不详），西汉农民起义领袖，自称将军，为部下所杀。相传他是张霸的再传弟子，一说是张霸之父的弟子。（3）

范成大（1126—1193），字致能，晚号石湖居士。南宋"中兴四大诗人"之一。官至副相，曾出使金国，不辱使命。以田园诗见称，有《四时田园杂兴》六十首。（12）

范宁（约339—约401），字武子，东晋学者，《后汉书》作者范晔的祖父。所撰《春秋穀梁传集解》，是较早的《穀梁传》注解，被清人收入《十三经注疏》。（6）

范晔（yè）（398—445），字蔚宗，南朝宋史学家，撰有《后汉书》。（9）

方苞（1668—1749），字凤九，号灵皋，晚号望溪。清代安徽桐城人。是清代最大散文流派桐城派的祖师，提出"义法"主张。代表作有《左忠毅公逸事》《狱中杂记》等。（13）

房琯（guǎn）（697—763），字次律，安史之乱时随唐玄宗入蜀，官至宰相。与杜甫有交往。（12）

伏生（生卒年不详），名胜，字子贱，秦汉时人。秦时焚书时，他在壁中暗藏《尚书》，后存二十八篇，称《今文尚书》，教学于齐鲁间。（3）

伏羲，神话传说中人物，为三皇之一，风姓，又作宓羲、庖牺、包牺、伏戏，学者以为即盘古。其形象多与女娲在一起，为人类

始祖。传说他依据河图创作八卦；教民结绳作网，捕鱼猎兽；又创礼仪，制琴瑟；还是医药学之祖。（2）

傅玄（217—278），字休奕，魏晋时学者，撰有《傅子》。他对《汉书》持批评态度。（9）

G

高诱（生卒年不详），东汉官员、学者。涉猎经史，为多部儒家经典及诸子著作注，今存《淮南子注》《吕氏春秋注》等。（1）

公孙丑（生卒年不详），战国时齐国人，孟子的高足，与同窗共同编纂《孟子》。（7）

公孙龙（前320—前250），字子秉，赵国邯郸（今河北邯郸）人。"名家"代表人物。著名论点是"白马非马""离坚白"。著有《公孙龙子》。（10）

公羊高（生卒年不详），战国时齐国人，相传是孔子门生子夏的弟子，治今文《春秋》，撰《春秋公羊传》，传中首提"大一统"观念。（6）

榖梁赤（生卒年不详），名赤，一说名俶或淑，字子始，战国学者，传为子夏弟子。治今文《春秋》，撰《春秋榖梁传》。（6）

归有光（1507—1571），字熙甫，号震川。明代著名散文家，"唐宋派"领袖人物。散文代表作有《项脊轩志》《寒花葬志》等。（9）

鬼谷子（生卒年不详），名王诩。战国时楚国人，纵横家的鼻祖，又是著名战略家。隐居云梦山鬼谷，自称鬼谷先生。纵横家苏秦、张仪都出于他门下。主要作品有《鬼谷子》《本经阴符七

术》等。(8)

郭茂倩(1041—1099),字德粲。北宋人。编有乐府民歌总集《乐府诗集》,全书一百卷,收集由先秦到唐五代的乐府歌辞及歌谣五千多首,堪称乐府诗总汇。(12)

郭璞(276—324),字景纯。两晋时期文学家、学者,方士。精天文,通历算,长于辞赋,以"游仙诗"最有名。(12)

郭象(约252—312),字子玄,西晋玄学家。撰有《庄子注》。(13)

H

韩非(约前280—前233),战国时韩国人。荀子的弟子,法家学派代表人物。撰有《韩非子》。关于韩非的情况,还可参见本书"诸子第十"的相关内容。(10)

韩愈(768—824),字退之,世称"韩昌黎""韩吏部",唐代文学家,诗歌独具特色,代表作有《山石》《调张籍》《左迁至蓝关示侄孙湘》等。他是古文运动领袖人物,"唐宋八大家"之一。散文代表作有《进学解》《师说》《原道》《送孟东野序》《张中丞传后叙》《柳子厚墓志铭》等。(12)

汉哀帝(前25—前1),刘欣,西汉第十三位皇帝,前7—前1年在位。(3)

汉成帝(前51—前7),刘骜,字太孙。西汉第十二位皇帝,前33—前7年在位。(3)

汉高祖(前256或前247—前195),刘邦,字季,沛县丰邑(今江苏省徐州市丰县)人,西汉开国皇帝。于前202年统一天下,建立西汉,定都长安。前202—前195年在位。(9)

汉和帝（79—106），刘肇，东汉第四位皇帝，88—106年在位。（1）

汉景帝（前188—前141），刘启，西汉第六位皇帝，前157—前141年在位。（3）

汉明帝（28—75），刘庄，东汉第二位皇帝，57—75年在位。（9）

汉武帝（前156—前87），刘彻，西汉第七位皇帝，前141—前87年在位。（3）

汉献帝（181—234），刘协，东汉末代皇帝，189—220年在位。后被迫禅位于曹丕，后者建立魏朝。（12）

汉宣帝（前91—前48），刘询，西汉第十位皇帝，前74—前48年在位。（3）

汉章帝（56—88），刘炟（dá），东汉第三位皇帝，75—88年在位。（9）

何晏（？—249），字平叔。三国时曹魏学者，好老庄之学，对儒学也有研究，曾与郑冲等共撰《论语集解》。与夏侯玄、王弼等倡导玄学，开玄谈风气，为魏晋玄学的创始者之一。（7）

洪兴祖（1090—1155），字庆善，号练塘，宋代学者。有《楚辞补注》《楚辞考异》等传世。（11）

胡母敬（生卒年不详），又作"胡毋敬"，复姓胡母，名敬，秦人。初任狱吏，后被提拔为太史令，通字学，著有《博学篇》。（1）

胡适之（1891—1962），名洪骍（xīng），后改名胡适，字适之。安徽绩溪人，是新文化运动的代表人物之一，力主用白话撰文作诗，有诗集《尝试集》，文集《胡适文存》等。（13）

壶遂（生卒年不详），西汉术士，精通历法。汉武帝时，曾与司马迁等共同议造新历书，名《太初历》。（9）

桓谭（约前23—56），字君山，东汉学者，经学家。著有《新论》二十九篇，多佚，唯有《形神》等少量篇章留存，其中对《尚书》篇幅有所记录。（3）

皇甫湜（shí）（777—835），字持正，唐代文学家，师从韩愈，倡导古文。著有《皇甫持正文集》。（13）

黄帝，传说中人物，上古时中原部落联盟的领袖。本姓有公孙、姬、巳等不同说法，名轩辕，号有熊氏。被后人尊为华夏"人文初祖"。相传在位期间大力发展农业，始制衣冠、舟车、音律等。（1）

黄庭坚（1045—1105），字鲁直，号山谷道人，又号涪翁。北宋洪州分宁（今江西修水）人。江西诗派开创者，代表作有《寄黄几复》《雨中登岳阳楼望君山二首》《清平乐·春归何处》等。（12）

惠栋（1697—1758），字定宇，清代学者，治经学，以汉儒为宗。所著《易汉学》《易例》《周易述》等，对宋学多有驳诘。又撰《古文尚书考》，继阎若璩之后，辩证《古文尚书》是晋人伪作。（3）

惠子（约前370—约前310），惠施，战国时宋国人。名家代表人物，是庄子的好友。他的主张是"合同异"。撰有《惠子》，已失传。（10）

J

贾岛（779—843），字阆仙，世称"贾长江"。中唐诗人，以苦吟著称。代表作有《寻隐者不遇》《剑客》等。（12）

贾逵（30—101），字景伯，东汉学者。一生勤学，所撰经传义诂及

论难文字达百余万言，时称"通儒"。代表作有《春秋左氏传解诂》《国语解诂》等。对《尚书》《毛诗》等都有研究。（3）

贾谊（前200—前168），西汉初年文学家，世称"贾长沙""贾太傅"。少有才名，文帝时任博士，迁太中大夫。后受排挤，三十三岁夭亡。政论文名篇有《过秦论》《论积贮疏》等，辞赋代表作有《吊屈原赋》《鹏（fú）鸟赋》等。（11）

桀（jié）（生卒年不详），夏朝末代君主。有才力，然而暴虐无道，商汤伐夏，桀遭放逐而死，夏亡。（11）

晋怀帝（284—313），司马炽，字丰度，西晋第三位皇帝，307—311年在位。

晋文公（约前697—前628），名重耳，春秋时晋国第二十二代国君，前636—前628年在位。文治武功卓著，是春秋五霸之一，与齐桓公并称"齐桓晋文"。（6）

晋武帝（236—290），司马炎，字安世，西晋开国皇帝，266—290年在位。（3）

靳尚（？—前311），战国时楚国大臣。曾接受秦使张仪的贿赂，诱使怀王与齐国绝交。（11）

景差（cuō）（前290—前223），战国时楚国辞赋家，与屈原、宋玉、唐勒等同以赋见称，有楚辞代表作《大招》。（11）

鸠摩罗什（343—413），十六国时后秦高僧，曾从事佛经翻译，影响甚远。（13）

K

孔安国（前156—前74），字子国，孔子后裔。西汉官吏、学者。

曾学《诗》于申公，学《尚书》于伏生。武帝末年，奉诏作《书》传，将《尚书》定为五十八篇，称《古文尚书》。该书已佚。（3）

孔颖达（574—648），字冲远。孔子后裔，唐初学者。入唐后为秦王府学士，参与修订五礼，编纂《隋书》。后奉命编纂的《五经正义》，融合多家经学见解，是经学集大成之作。（3）

孔子（前551—前479），名丘，字仲尼，春秋时鲁国陬邑（今山东曲阜）人，思想家、教育家，儒家学派创始人；被后世尊为圣人、至圣先师、大成至圣文宣王。他主张恢复周礼，倡导仁义礼智信。首开私人讲学之风，提出有教无类的主张，有弟子三千，贤人七十二。他修订儒家"六经"，用以课徒。他的思想言行被弟子记录整理为《论语》一书。关于孔子，可参看本书"诸子第十"的相关内容。（1）

蒯通（生卒年不详），本名彻。秦末汉初辩士，曾为韩信谋士，献计灭齐；又劝韩信自立。所著《隽永》，被认为是《战国策》的前身。（8）

L

老子（约前571—？），李耳，字伯阳，谥聃，人称老聃。春秋楚国苦县（今河南鹿邑）人，曾为周朝柱下史。道家代表人物，主张无为而治，强调物极必反。撰有《老子》，又称《道德经》。（10）

雷鋐（1696—1760），清代理学家，著有《象山禅学考》《翠庭卜书》等。（13）

李翱（772—841），字习之，唐代文学家，追随韩愈学古文，推进了古文运动。（13）

李白（701—762），字太白，号青莲居士，有"诗仙"之称。四川江油人（一说出生于西域唐安西都护府碎叶，即今天吉尔吉斯共和国的托克马克）。盛唐浪漫主义诗人。诗歌代表作有《蜀道难》《将进酒》《宣州谢朓楼饯别校书叔云》《望天门山》《早发白帝城》《黄鹤楼送孟浩然之广陵》《赠汪伦》《月下独酌》《望庐山瀑布》等。后人辑有《李太白集》。（12）

李谔（生卒年不详），字士恢，是隋文帝杨坚的谋臣，有《上文帝书》，强调教化，批评浮靡文风。（13）

李格非（约1045—约1105），字文叔，北宋文学家，受过苏轼的指点。他对《战国策》评价不高。（8）

李广利（？—前89），汉武帝宠妃李夫人的哥哥，深受汉武帝信任，手握重兵，为贰师将军。李陵作战失败，实与他的指挥不当有关。（9）

李陵（？—前74），字少卿。西汉将军，李广之孙。汉武帝天汉二年（前99）奉命出击匈奴，兵败投降。司马迁受其牵连，遭受刑罚。后世有五言"苏李诗"若干首，相传是他与苏武的酬和之作。（9）

李商隐（约813—约858），字义山，号玉谿（一作溪）生、樊南生，晚唐诗人，以爱情诗、无题诗为佳。代表诗作有《锦瑟》《无题·相见时难别亦难》《无题·昨夜星辰昨夜风》《隋宫》《马嵬》《夜雨寄北》等。（12）

李斯（？—前208），战国末楚国人，曾师从荀子，后入秦为相，辅

佐秦始皇完成统一之业。功绩之一是统一了六国文字，以小篆为标准，作《仓颉篇》以为范本。（1）

李延年（？—前101），西汉音乐家，是汉武帝宠妃李夫人的哥哥，擅长音律，被封为协律都尉。其代表作《佳人曲》是最早的五言诗之一。（12）

梁简文帝（503—551），萧纲，字世赞，南梁第二位皇帝，549—551年在位。（12）

梁启超（1873—1929），字卓如，号任公，又号饮冰室主人。广东新会人。力倡诗界、小说界、文界革命，开白话文风气。一生著述甚丰，散文代表作有《少年中国说》、学术专著《中国近三百年学术史》等。（13）

梁肃（753—793），字敬之，唐代文学家。唐代古文运动的先驱人物，代表作有《过旧园赋》《兵箴》等。（13）

梁元帝（508—555），萧绎，字世诚，号金楼子，南朝梁第四位皇帝，552—555年在位。好读书，能写作，撰有《金楼子》。（13）

刘安（前179—前122），西汉宗室，袭封淮南王。与宾客编纂《淮南子》，今存二十一篇，是以道家思想为主的杂家代表作。（1）

刘大櫆（1698—1779或1780），字才甫，号海峰，清代安徽桐城人。是桐城派散文承上启下的人物。代表作有《答周君书》《游万柳堂记》《游黄山记》等。（13）

刘克庄（1187—1269），字潜夫，号后村居士，南宋诗人。代表作有《戊辰即事》《北来人二首》《沁园春·梦孚若》等。（12）

刘熙载（1813—1881），字伯简，清代文艺理论家。撰有文艺理论专注《艺概》，对文、诗、赋、词曲、书法、八股文等多有论

述。(11)

刘向(约前77—前6),字子政,西汉宗室,中国目录学鼻祖。奉命领校秘书(皇家藏书),撰有《别录》,是我国最早的图书分类目录。编著作品尚有《新序》《说苑》《五经通义》《列女传》,整理校订《战国策》《楚辞》《山海经》等。(3)

刘勰(约465—520),字彦和,南朝梁文学理论及文学批评家,撰有《文心雕龙》,论述古今文体及其作法,是中国文学批评的重要著作。(11)

刘歆(xīn)(约前50—23),字子骏。刘向之子,目录学家,与父亲一同编校皇家图书,汉哀帝时领校《五经》,并与父亲接力编纂图书目录《七略》。(3)

刘珍(?—约126),东汉史学家。撰有《东观汉记》《建武以来名臣传》等。(9)

刘桢(?—217),字公幹,汉末文学家,"建安七子"之一。有五言诗代表作《赠从弟》《赠五官中郎将》等。(12)

刘知几(661—721),字子玄,唐代史学家,提出史学家要兼具才、学、识。撰有《史通》,对史学理论贡献卓越。(9)

柳宗元(773—819),字子厚,唐代河东解县(今山西运城)人,世称"柳河东"。曾为柳州刺史,又称"柳柳州"。是唐代古文运动主要倡导者之一,"唐宋八大家"之一。代表诗文作品有《江雪》《渔翁》《田家三首》及《驳复仇议》《种树郭橐驼传》《捕蛇者说》《送薛存义序》《三戒》《段太尉逸事状》《钴鉧潭西小丘记》《小石潭记》等。(13)

鲁哀公(?—前468),春秋时鲁国第二十六代国君,前494—前

468年在位。(6)

鲁恭王（？—前128），刘余，西汉宗室，封鲁王，谥号"恭"。曾扩建宫室，拆除孔子旧宅，在墙中拆出用古文书写的儒家经典《论语》《尚书》《礼经》《孝经》等，统称"古文经"。(1)

鲁隐公（生卒年不详），春秋时鲁国第十四代国君，前722—前712年在位。(6)

陆贾（约前240—前170），西汉官员，以善辩闻名。《汉书·艺文志》记录他有赋四篇，已佚，是较早以"赋"命名的作品。(11)

陆游（1125—1210），字务观，自号放翁，南宋"中兴四大诗人"之一。毕生主张抗金，诗中充满爱国激情。代表作有《书愤》《关山月》《剑门道中遇微雨》《十一月四日风雨大作》《秋夜将晓出篱门迎凉有感二首》《游山西村》《临安春雨初霁》《示儿》以及《秋波媚·七月十六日晚登高兴亭望长安南山》《诉衷情·当年万里觅封侯》《卜算子·咏梅》等。(12)

陆贽（754—805），字敬舆。唐代政论家。官至宰相，所作奏议多用排偶，条理细密，文笔流畅。(13)

罗贯中（约1320—约1400），名本，号湖海散人，元末明初小说家。撰有小说《三国志通俗演义》《残唐五代史演义传》等，还参与了《水浒传》的创作。(13)

吕不韦（约前292—前235），战国时卫国人，出身商人，后为秦相。他主持编纂了《吕氏春秋》，汇合先秦诸子各派学说，因称"杂家"。关于杂家，可参看本书"诸子第十"的相关内容。(10)

吕璜（1778—1838），字礼北，号月沧，清代学者，师从吴德旋，吴氏《初月楼古文绪论》即吕璜纂述。(13)

M

马融（79—166），字季长，东汉学者，曾于东观校勘儒学典籍。长于古文经学，曾注《易》《诗》《三礼》《孝经》《论语》等，多佚。曾设帐授徒，门人达千人。（3）

马续（生卒年不详），东汉学者，经学家马融的哥哥（一说弟弟）。曾受命与班昭一同补写《汉书·天文志》。（9）

毛苌（cháng）（生卒年不详），西汉赵人，古文诗学"毛诗学"的人，世称"小毛公"。（4）

毛亨（生卒年不详），秦末汉初学者，战国末期赵国人（一说鲁国人）。相传他曾学《诗》于荀子，作《毛诗诂训传》，简称《毛传》，创古文"毛诗学"；并传授给侄子毛苌。世称"大毛公"。（4）

茅坤（1512—1601），字顺甫，号鹿门，明代散文家，"唐宋派"代表人物，编有《唐宋八大家文钞》。（9）

枚乘（约前210—约前138），字叔，西汉辞赋家，诗赋俱佳。其赋体代表作为《七发》，标志着汉代散体大赋的形成。（12）

梅尧臣（1002—1060），字圣俞，世称"梅宛陵"。宋代诗人。代表作有《汝坟贫女》《田家语》《陶者》《鲁山山行》等。（12）

梅赜（zé）（生卒年不详），字仲真。东晋学者。曾任豫章内史，献《古文尚书》和《尚书孔氏传》，立为官学。后世学者指该书为伪书。（3）

梅鷟（zhuó）（约1483—1553），字致斋，明代学者。著有《尚书考异》《尚书谱》等书，力攻《古文尚书》之伪。（3）

孟浩然（689—740），唐代诗人，是山水田园诗派的重要作家，代表诗作有《夏日南亭怀辛大》《过故人庄》《临洞庭》《春晓》等。（12）

孟子（约前372—前289），名轲，邹（今山东邹城东南）人。战国时思想家、教育家，是儒家学派的重要代表人物，与孔子并称"孔孟"。孟子持性善论，宣扬"仁政"，提出"民贵君轻"的思想。并授徒教学，其言论集为《孟子》。后世追尊他为"亚圣"。关于孟子，可参看本书"诸子第十"的相关内容。（2）

墨子（前468—前376），名翟（dí），春秋末期战国初鲁国人（一说宋国人），墨家学派创始人。他提出"兼爱""非攻""尚贤""尚同""节葬""节用"等观点，对几何学、物理学、光学等都有研究。弟子收集其语录，编成《墨子》一书。关于墨子的情况，还可参见本书"诸子第十"的相关内容。（7）

O

欧阳和伯（生卒年不详），名容，师从伏生学习《今文尚书》，自立门派，称"欧阳学"。其后人被朝廷立为博士。（3）

欧阳修（1007—1072），字永叔，晚号六一居士，北宋吉州永丰（今江西吉安）人。北宋文坛盟主，领导新古文运动。"唐宋八大家"之一。散文代表作有《醉翁亭记》《与高司谏书》《五代史伶官传序》《秋声赋》等，撰有《新五代史》。（11）

P

盘庚(生卒年不详),子姓,名旬,商朝第十九位君主。他在位时,将商的都城迁往殷地(今河南安阳),史称"盘庚迁殷"。

裨谌(生卒年不详),春秋时郑国大夫,博学多谋,曾协助子产处理国政。(13)

Q

齐桓公(?—前643),名小白,春秋时姜姓齐国第十六代国君,前685—前643年在位。任内起用管仲为相,推行改革,富国强兵。打出"尊王攘夷"的旗号,"九合诸侯,一匡天下",号称"春秋五霸"之首。(6)

齐武帝(440—493),萧赜,字宣远,南朝齐第二位皇帝,482—493年在位。(12)

乾隆皇帝(1711—1799),弘历,清代第六位(入关后第四位)皇帝。1736—1796年在位。(13)

秦始皇(前259—前210),嬴政。十三岁继秦王位,三十九岁(前221)统一华夏,首创中央集权制的帝国,称始皇帝。行郡县制,修建长城驰道,统一文字度量衡,焚书坑儒。(1)

秦孝公(前381—前338),名渠梁,秦国第二十五代国君,前361—前338年在位。(8)

屈原(约前340—前278),名平,字原;一说名正则,字灵均,战国时楚国诗人、政治家。楚辞的创立者和代表作家,主要作品有《离骚》《九歌》《九章》《天问》等。秦军破郢后,他于农

历五月初五自沉于汨罗江,端午节因而被赋予纪念屈原的意义。(11)

R

任安(生卒年不详),西汉时人,曾为刺史。后受宫廷斗争牵连入狱被杀。他曾写信给司马迁,希望他推举贤人。司马迁写《报任安书》时,他已经入狱。(9)

阮籍(210—263),字嗣宗,世称阮步兵。三国时文学家,是"竹林七贤"之一。其五言诗文代表作有《咏怀》八十二首。(12)

阮元(1764—1849),字伯元,清中期官员、经学家。提倡朴学,组织学者编纂《经籍籑诂》,校刻《十三经注疏》等。(13)

S

商契(xiè)(生卒年不详),子姓,名契,别称阏(è)伯。父亲为帝喾,传说其母亲简狄吞食鸟蛋而生契。被帝尧封于商(今河南商丘),主管火,是商族始祖。(1)

商鞅(约前390—前338),战国时卫国人,又名卫鞅。他辅佐秦孝公积极实行变法,制定严苛的法律,重农抑商,奖励耕战,使秦国迅速富强,史称"商鞅变法"。(8)

上官大夫(生卒年不详),战国时楚国大臣。曾向怀王和顷襄王进谗言,导致屈原被流放。(11)

申叔时(生卒年不详),春秋时楚国大臣,为人多智,能预料战争胜负,曾对太子的教育提出建议。

神农氏,传说中人物,上古时姜姓部落的首领,号神农氏,又号魁隗氏、连山氏，称炎帝。其末期首领与黄帝部落有争斗也有融合，成为华夏民族的先祖，中国人至今称"炎黄子孙"。相传神农教百姓播种百谷，又亲尝草药，发展中医药，还发明了陶器制造。（2）

沈佺期（656—715），字云卿，初唐诗人，对律诗的发展形成有所贡献，代表诗作有《古意呈补阙乔知之》《夜宿七盘岭》等。（12）

沈约（441—513），字休文，南朝梁陈间诗人。创"四声八病"之说，对近体诗的发展贡献很大。有《沈隐侯集》传世。（12）

施耐庵（生卒年不详），元末明初钱塘（今浙江杭州）人。撰有小说《水浒传》。（13）

史游（生卒年不详），汉元帝时任黄门令。精于字学，善书法，对隶书进行改革，作《急就章》。后人称其书体为"章草"。（1）

舜，又称虞舜，传说中人物，上古部落联盟领袖。姚姓，号有虞氏，名重华。是东夷族的代表。唐尧禅位给他，在位期间放逐凶顽，任用贤人，使大禹治水，后稷掌管农业。是中华道德文化的鼻祖。后禅位于禹。（2）

司马光（1019—1086），字君实。北宋政治家、史学家，主持编纂编年体通史《资治通鉴》。其他著作还有《稽古录》《涑水记闻》等。此外尚有《大学中庸广义》一卷，今佚。（7）

司马迁（前145—前90），字子长，西汉夏阳龙门（今陕西韩城）人。史学家。曾师从伏生、孔安国等。先后任太史令、中书令。首创史书纪传体模式，撰有纪传体通史《史记》（初名《太史公书》）。散文作品有《报任安书》。（9）

司马谈（约前169—前110），西汉夏阳龙门（今陕西韩城）人。任

太史令，为司马迁之父，曾收集资料准备撰写通史，未成而卒。司马迁承其遗志，写成《史记》。(9)

司马相如（约前179—前118），字长卿，西汉辞赋家，受到汉武帝的赏识。撰有赋《子虚赋》《上林赋》《长门赋》等，是汉代大赋的代表作。(11)

宋仁宗（1010—1063），赵祯，宋朝第四位皇帝，1022—1063年在位。(13)

宋孝宗（1127—1194），赵昚（shèn），字元永，南宋第二位皇帝，1162—1189年在位。(7)

宋玉（约前298—约前222），战国时楚国辞赋家，传世作品有楚辞《九辩》《招魂》（一说屈原作），与屈原合称"屈宋"。另有《风赋》《高唐赋》《神女赋》《登徒子好色赋》等，有功于赋体的发展形成。(11)

宋之问（约656—约713），字延清，初唐诗人。对律诗的发展形成有所贡献，代表诗作有《题大庾岭北驿》《渡汉江》等。(12)

苏绰（498—546），字令绰，南北朝时曾仕西魏，文学上力倡古文。(13)

苏秦（前337—前284），字季子，战国时纵横家代表人物。早年投入鬼谷子门下，学习纵横之术。后游说列国，为燕文公赏识，提出"合从（zòng）"抗秦的主张，得到六国响应，自任"从约长"，使秦国十五年不敢出兵函谷关。(8)

苏轼（1037—1101），字子瞻，号东坡居士，北宋眉州眉山（今属四川）人。宋代最著名的文学家之一，诗词文赋俱佳。散文"唐宋八大家"之一。代表诗文作品有《和子由渑池怀旧》《六月二十七日望湖楼醉书》《题西林壁》《荔枝叹》《江城子·乙卯正月二十日夜记梦》《江城子·密州出猎》《水调歌头·丙辰中秋》《念奴娇·赤壁怀古》及《前赤壁赋》《后赤壁赋》《教战守策》《石钟山记》《记承天寺夜游》等。后世辑有《东坡先生全集》等。（11）

苏武（前140—前60），西汉时外交家。奉命出使匈奴，被无理扣留十九年，持节不屈，终得归汉。他在匈奴时曾与李陵有交往。《文选》录有苏李诗四首，或疑为伪托之作。（12）

苏洵（1009—1066），字明允，号老泉。北宋文学家，"唐宋八大家"之一。与儿子苏轼、苏辙合称"三苏"。散文代表作有《六国论》等。（13）

苏辙（1039—1112），字子由，苏轼之弟。北宋文学家，"唐宋八大家"之一。散文代表作有《上枢密韩太尉书》《黄州快哉亭记》等。（13）

孙绰（314—371），字兴公，东晋文学家，是玄言诗派代表人物。撰有《遂初赋》《游天台山赋》等。（12）

T

唐高宗（628—683），李治，字为善，唐朝第三位皇帝，649—683年在位。（3）

唐勒（约前290—约前223），战国时楚国辞赋家，善辞赋，与宋玉、景差齐名。作品亡佚。（11）

唐肃宗（711—762），李亨，唐朝第八位皇帝，756—762年在位。（12）

唐太宗（599—649），李世民，唐朝第二位皇帝，626—649年在位。（3）

陶渊明（约365—427），字元亮，一说名潜，字渊明，私谥"靖节"。东晋浔阳柴桑（今江西九江）人。田园诗派开创者。诗文代表作有《归园田居》《饮酒》《读山海经》《咏荆轲》《归去来辞》及《桃花源记》《五柳先生传》等。（12）

W

万章（生卒年不详），战国时人，孟子高足，与同窗共同编纂《孟子》。（7）

王安石（1021—1086），字介甫，号半山，世称王荆公、王文公。北宋政治家，文学家，曾主持变法。"唐宋八大家"之一。诗歌代表作有《元日》《明妃曲二首》《泊船瓜洲》《书湖阴先生壁》；散文代表作有《答司马谏议书》《读孟尝君传》《游褒（bāo）禅山记》等。（12）

王褒（前90—前51），字子渊，西汉辞赋家，辞赋代表作有《洞箫赋》。（11）

王弼（226—249），字辅嗣，魏晋学者，经学及玄学代表人物。著有《老子注》《老子指略》《周易注》《周易略例》等。（13）

王充（27—约97），字仲任，东汉思想家。曾在太学师从班彪，撰有《论衡》一书，是中国思想史上的重要著作。书中以道家自然无为思想立论，提出无神论观点；对文史作品也多有评论。（9）

王莽（前45—23），字巨君，西汉大臣，公元9年篡汉，建立新朝。9—23年在位。后为起义军所杀。（9）

王肃（195—256），字子雍。三国时期魏国大臣、学者，晋文帝司马昭的岳父，曾师从大儒宋忠。遍注群经，伪造《孔子家语》《孔丛子》《古文尚书》等书，利用已有材料，加入自己的思想，适应当时的形势，受到推崇。他的所注经学被称作"王学"，被列入官学。（3）

王维（701—761），字摩诘，世称"王右丞"。唐代诗人，山水田园诗的重要作家。代表诗作有《终南山》《山居秋暝》《鸟鸣涧》《观猎》《使至塞上》《九月九日忆山东兄弟》《送元二使安西》等。（12）

王逸（生卒年不详），字叔师，东汉学者、文学家。所作《楚辞章句》是《楚辞》最早的完整注本。另有诗赋作品，多佚。（11）

王禹偁（chēng）（954—1001），字元之，北宋文学家，诗学杜甫，诗歌代表作有《对雪》《感流亡》《村行》等。又有散文名篇《待漏院记》《黄冈竹楼记》等。（12）

王允（137—192），字子师，东汉末年大臣。他与吕布联合，除掉董卓，后被董卓余党所杀。他对《史记》评价过低。（9）

温庭筠（约812—约866），字飞卿，晚唐诗人，擅长香艳题材。代表诗词有《商山早行》《菩萨蛮·小山重叠金明灭》《梦江南·梳洗罢》等。（12）

吴承恩（1500—1582），字汝忠，号射阳山人，明代山阳（今江苏淮安）人。撰有小说《西游记》。（13）

吴澄（1249—1333），字幼清，元代学者。曾任经筵讲官，参与核定经书及诸子著作，指出《古文尚书》之伪。（3）

吴德旋（1767—1840），字仲伦，清代学者，师事姚鼐，有古文理论著作《初月楼古文绪论》。（13）

吴棫（yù）（约1100—1154），字才老，宋朝音韵学家，撰有《稗传》《韵补》等书。他是第一个怀疑《古文尚书》的学者。（3）

吴之振（1640—1717），字孟举，号橙斋。清初学者，编有《宋诗钞》，收陆游诗最多。（12）

X

夏侯建（生卒年不详），夏侯胜的堂弟（一说是他的侄子），师从夏侯胜及欧阳高研习《今文尚书》，对夏侯胜的学说有所驳正，开创"小夏侯学"。（3）

夏侯胜（生卒年不详），字长公，西汉学者，宣帝时立为博士，开创《今文尚书》"大夏侯学"。（3）

萧统（501—531），字德施，谥号昭明；南朝梁武帝萧衍长子，被册立为太子，早逝。酷爱读书，主持编选诗文总集《昭明文选》，录先秦至梁的诗文辞赋七百余篇，影响极大。后世形成研究《文选》成为专门的"选学"（12）

谢灵运（385—433），世称"谢客""谢康乐"，南朝宋文学家。山水诗派开创者。代表诗作有《石壁精舍还湖中作》《石门岩上宿》《登池上楼》等。（12）

许慎（约58—约147），字叔重，东汉著名的古文经学大师，汉文字学的开创者。撰有《说文解字》，是一部划时代的"字书"，详析六书造字原则，创建字典部首编排法。另有《五经异义》传世。（1）

许询（生卒年不详），字玄度。东晋文学家，也是玄言诗的代表人物。(12)

荀子（约前313—前238），名况，字卿，战国末期赵国人。儒家学派代表人物。他对孔孟思想有批判也有继承，提出性恶论，主张"礼法并施"，强调学习的作用，其《劝学篇》对后世影响甚大。(1)

Y

严武（726—765），字季鹰。唐代高官，曾任剑南节度使，对逃难入蜀的杜甫多有关照。(12)

阎若璩（1636—1704），字百诗，号潜丘。清代学者，考证严密，是清代汉学代表人物。所撰《尚书古文疏证》，确证东晋梅赜所献《古文尚书》为伪，又撰《四书释地》，对后世学者影响颇大。(3)

扬雄（前53—18），字子云，蜀人。汉代著名的辞赋家、学者。撰有《甘泉赋》《河东赋》，还著有《太玄》《法言》《方言》等著作。(1)

杨万里（1127—1206），字廷秀，号诚斋，南宋"中兴四大诗人"之一。诗歌自成一体，称"诚斋体"。代表作有《小池》《闲居初夏午睡起》《晓出净慈寺送林子方二首》《初入淮河四绝句》等。(12)

杨恽（？—前54），字子幼，西汉丞相杨敞之子，司马迁的外孙。《史记》手稿因他收藏而传之于世。(9)

杨朱（约前395—约前335），字子居，战国时魏国（一说秦国）

人,杨朱学派创始人,主张"贵己""重生""人人不损一毫"的思想。他的学说在当时影响很大,有"天下之言不归杨则归墨"的说法。关于杨朱学派,还可参见本书"诸子第十"的相关内容。(7)

尧,又称唐尧,传说中人物。上古部落联盟领袖。祁姓,名放勋,封于唐,故称陶唐氏,都于平阳(今山西临汾)。他统一了华夏各族,并派神箭手羿射日,又派鲧治水,还制定历法,推广农耕。是古代圣君楷模。(2)

姚鼐(1732—1815),字姬传,世称惜抱先生。清代安徽桐城人。"桐城派"重要作家。提出为文"义理、考据、词章三端相济"的主张,代表作有《登泰山记》《游灵岩记》等,编选古文选《古文辞类纂》等。(13)

姚兴(366—416),字子略,十六国时期后秦第二位皇帝。394—416年在位。(13)

羿(Yì)(约前1998—前1940),又称夷羿、后羿,夏代有穷氏首领。他驱逐了夏朝君主相,自立为君主,后被家臣寒浞(zhuó)所杀。(11)

雍正皇帝(1678—1735),胤禛(Yìn zhēn),清代第五位(入关后第三位)皇帝。1722—1735年在位。(13)

元结(719—772),字次山,唐代诗人,有新乐府诗《舂陵行》《系乐府十二首》等。(13)

元仁宗(1285—1320),孛儿只斤·爱育黎拔力八达,蒙古族,元朝第四位皇帝,1311—1320年在位。(7)

元稹(779—831),字微之,唐代诗人,与白居易共同倡导新乐府

运动,并称"元白"。代表诗作有《织妇词》《遣悲怀三首》等,另有传奇小说《莺莺传》。(12)

Z

曾巩(1019—1083),字子固,世称"南丰先生"。北宋散文家,"唐宋八大家"之一。散文代表作有《墨池记》《宜黄县学记》等。(13)

曾国藩(1811—1872),字伯涵,号涤生,谥"文正"。晚清朝廷重臣,继承桐城派而自创"湘乡派",选编《经史百家杂钞》作为文章典范。(13)

张霸(生卒年不详),西汉时人。成帝征求古文《尚书》,张霸伪造《尚书》,后事发下狱,几乎被杀。(3)

张仓(?—前152),又作张苍,西汉时人,早年师从荀子。汉文帝时任丞相。他曾献用古文字书写的《春秋左传》。(1)

张辅(?—305),字世伟,晋代学者,评价史书,认为《史记》远高于《汉书》。(9)

张衡(78—139),字平子,东汉辞赋家、科学家。撰有《二京赋》《归田赋》等。曾发明地动仪,在天文学及数学等方面有贡献。(11)

张籍(约766—约830),字文昌,中唐诗人。积极参与新乐府创作,代表作有《筑城词》《牧童词》等。(12)

张仪(?—前309),战国时纵横家代表人物。早年入鬼谷子门下学习纵横之术。出山后首创"连横"之策,为秦惠文王赏识,封为相国,出使游说各国,以"横"破"纵",受封武信

君。(8)

章学诚(1738—1801),字实斋,号少岩。清代史学家、方志学家。倡言"《六经》皆史",撰有《文史通义》。(9)

赵盾(前655—前601),赵宣子,春秋中前期晋国卿大夫。他曾与晋灵公发生矛盾,导致灵公被杀。

赵高(?—前207),嬴姓,赵氏。宦官起家,曾任中车府令。整理史籀大篆,撰字书《爰历篇》。(1)

赵孟(前589—前541),赵武,春秋时晋国赵氏宗主,即赵盾之孙,赵朔之子,后世文学作品《赵氏孤儿》中的"孤儿"。最早提出"诗言志"之说。

赵岐(?—201),字邠卿。东汉末年学者,对《孟子》有较深研究,清阮元《十三经注疏》中《孟子注疏》的注本,即赵岐所作。(7)

郑伯(前570—前530),郑简公,名嘉,春秋时郑国国君。另,郑庄公(前743—前701年在位)名寤生,也称郑伯。(4)

郑樵(1104—1162),字渔仲,于北宋末、南宋初隐居著书。所著《通志》是一部纪传体通史。

郑玄(127—200),字康成。东汉末年学者。曾师从马融,专攻古文经。并于东莱聚徒授课,弟子达数千人。他遍注《易》《书》《诗》《论语》《孝经》和"三礼"等,世称"郑学",多散佚。(3)

钟嵘(约468—约518),字仲伟,南朝梁人,文学理论家,撰有《诗品》,是现存最早的诗论专著。(12)

周公(生卒年不详),名姬旦,西周文王之子。武王死后,他辅佐

成王姬诵，平定了管叔、蔡叔叛乱，营建成周洛邑（今河南洛阳），制礼作乐。孔子对他推崇备至。（2）

周文王（约前1152—约前1056），名姬昌，岐周（今陕西岐山）人。他是周族的领袖，周朝开国之君周武王姬发的父亲。相传他被商纣王囚禁在羑（Yǒu）里，创制了六十四卦。（2）

纣（Zhòu）（？—前1046），帝辛，商朝末代君主，前1075—前1046年在位。暴虐无道，导致众叛亲离，周武王率诸侯起兵讨伐，商军大败，纣身死国灭。（11）

朱子（1130—1200），朱熹，字元晦，号晦庵，晚称晦翁，谥号"文"；南宋理学家、思想家。他继承并发展了程颢、程颐的学说，号"程朱理学"。著述颇多，其中的《四书章句集注》（"四书"）成为钦定的教科书及科举用书。《朱子语类》是他的门生记录老师言论所编撰的语录集。朱熹是较早质疑《古文尚书》真伪的学者。（3）

祝尧（生卒年不详），字君泽，元代学者。撰有《古赋辨体》，是研究赋体演变的重要参考书。（11）

庄子（约前369—约前286），名周，战国时宋国蒙（一说在安徽，一说在河南）人。先秦道家的代表人物，与老子并称"老庄"。他主张绝对的自由与平等，抹平是非、善恶、物我、生死的区别。《庄子》一书多寓言，文学色彩浓郁。关于庄子，还可参见本书"诸子第十"的相关内容。（4）

子产（？—前522），公孙氏，名侨。春秋时郑国贤相，先后辅佐郑简公、郑定公，深受孔子赞誉。（13）

子思（约前483—前402），孔伋（jí），孔子嫡孙、孔鲤之子。是

《礼记》中《中庸》的作者。(7)

子太叔(？—前506)，游吉，字子太叔，又作世叔，春秋时郑国正卿，曾为郑国执政。(4)

驺衍(约前324—前250)，也作邹衍，战国末期齐国人。阴阳家代表人物，倡导"五行终始"说，人称"谈天衍"。(10)

左丘明(约前556—约前451)，史学家，《春秋左氏传》的作者。一说为春秋末年鲁国史官，是孔子的朋友，一说为战国时人。或说他晚年失明，并撰写《国语》。(6)

子羽(生卒年不详)，公孙挥，春秋时郑国外交官，曾协助子产治理国家。(13)

左思(约250—305)，字太冲，西晋时文学家。诗赋作品有《咏史八首》《三都赋》等。(11)